ULLSTEIN

Das Buch

Sie verzauberten Millionen, jede auf ihre eigene unnachahmliche Weise. In ihnen brannte ein Feuer, das sie nicht selten selbst verglühen ließ. Sie verzehrten sich nach wahrer Liebe und wirklicher Anerkennung – und scheiterten zum Teil tragisch. 26 Göttinnen des 20. Jahrhunderts läßt Eva Gesine Baur in spannenden Porträts vor uns lebendig werden. Wir tauchen ein in den Glanz, die Schönheit und die Macht wahrer Diven. Und wir bekommen eine leise Ahnung von der Einsamkeit, der Sehnsucht und den Schmerzen dieser beinahe übermenschlichen Frauen.

Die Autorin

Eva Gesine Baur promovierte, nachdem sie Germanistik, Musikwissenschaften, Psychologie und Operngesang studiert hatte. Sie war Redakteurin und Chefredakteurin bei verschiedenen Zeitschriften. Heute arbeitet sie als Journalistin unter anderem für *Elle, Marie-Claire, SZ-Magazin* und *stern*. Zudem ist sie Drehbuch- und Buchautorin.

Eva Gesine Baur

Göttinnen des Jahrhunderts

26 Porträts

Ullstein

Der Ullstein Taschenbuchverlag ist ein Unternehmen der
Econ Ullstein List Verlag GmbH & Co. KG, München
2. Auflage 2001
© 2001 by Econ Ullstein List Verlag GmbH & Co. KG, München
© 1999 by Ullstein Buchverlage GmbH & Co. KG, Berlin
Umschlagkonzept: Lohmüller Werbeagentur GmbH & Co. KG, Berlin
Umschlaggestaltung: Morian & Bayer-Enyck, Berlin
Titelabbildung: Corbis
Innenabbildungen: Ullstein Bilderdienst, Berlin
Druck und Bindearbeiten: C & B, Leck
Printed in Germany
ISBN 3-548-36245-1

INHALT

DIVA DIVINA
Unsterbliche Frauen 9

MARILYN MONROE
Die strahlende Göttin mit der nächtlichen Seele 13

JUDY GARLAND
Die Stimme der Begierde und der Verzweiflung 24

AVA GARDNER
Das Tier, um das sich die Männer schlugen 34

ROMY SCHNEIDER
Die Verschwenderin, deren Herz niemals heilte 44

CATHÉRINE DENEUVE
Die rätselhafte Strategin 57

GINA LOLLOBRIGIDA
Die Diva mit dem Hirn eines Bankers 67

LAUREN BACALL
Der Star mit dem Herzen einer jiddischen Mamme 79

MARLENE DIETRICH
Die Soldatin, deren Schenkel die Welt erregten 91

SOPHIA LOREN
Die Madonna der Sinnlichkeit 101

ZARAH LEANDER
Die Traumfrau der Transvestiten   109

VIVIAN LEIGH
Die zähe Elfe   119

JEAN HARLOW
Die Sexbombe, die alle Lügner entblößte   129

RITA HAYWORTH
Das scheue Kind, das ein Vamp sein mußte   137

AUDREY HEPBURN
Der Großstadtengel mit den Sehnsuchtsaugen   148

EDITH PIAF
Das Gossenkind, das die Dämonen floh   158

ELIZABETH TAYLOR
Die Katze, die tausend Tode überlebte   168

KATHARINE HEPBURN
Die eiserne Queen mit dem sanften Gemüt   180

JEANNE MOREAU
Die Frau, die immer brannte   189

MAE WEST
Der Vamp, der eine Emanze war   199

BRIGITTE BARDOT
Die unwiderstehliche Extremistin   211

COCO CHANEL
Die Generalin, die heimlich weinte   221

INGRID BERGMAN
Die Heilige mit der Lust an der Sünde 232

MARIA CALLAS
Die Tigerin mit dem Liebeshunger 243

CLAUDIA CARDINALE
Das Prachtweib, in dem ein Kerl steckt 256

GRETA GARBO
Die Marmorschönheit mit rosa Träumen 266

GRACE KELLY
Die Schönheit, die dem Vater nie gefiel 278

PERSONENREGISTER 290

FOTONACHWEIS 296

DIVA DIVINA

Unsterbliche Frauen

Jeder weiß es. Aber keiner spricht es aus: Es gibt sie nicht mehr, die irdischen Göttinnen.

Dabei strengen sich alle gewaltig an, uns neue Göttinnen zu präsentieren, Filmgesellschaften wie Fernsehproduzenten, Presse wie PR-Leute.

Unermüdlich fahren sie neue Angebote an göttertauglichen Schönheiten auf.

Julia Roberts, Madonna, Carole Bouquet, Kim Basinger, Michelle Pfeiffer, Isabelle Adjani, Whitney Houston, Sharon Stone, Meg Ryan, Linda Evangelista, Jodie Foster, Sandra Bullock, Claudia Schiffer, Elizabeth Hurley.

Was uns daran hindert, sie anzubeten: Wir spüren instinktiv, daß ihr Mythos ein kurzes Haltbarkeitsdatum hat. Und das macht sie als Anbetungsobjekte ungeeignet. Diese Plastik-Göttinnen duften nach dem neuesten Trend, aber sie müßten nach Unsterblichkeit riechen. Zugegeben, Idole – das bedeutet wörtlich Götzenbilder, sind sie eine Zeit lang, Diven sind sie nicht.

Dea sagen die Italiener zu einer Göttin, dio zu einem Gott. Aber sie haben noch ein zweites Wort, eines für die irdische Göttin: Diva. Ein männliches Pendant dazu gibt es nicht. Ihre Vorstellung von Göttern und vor allem von Göttinnen haben die Italiener von den Römern und diese von den Griechen. Der antike Götterhimmel aber sieht gewaltig anders aus als die himmlischen Gefilde der Christenheit. Das Personal im Olymp ist unerreichbar und unsterblich und trotzdem den Sterblichen verwandt und nahe. Die Götter sind keine hehren Helden, keine Musterbeispiele an Moral und guter Erziehung, sondern äußerst menschlich in ihren Reaktionen und Gefühlen, reich bestückt mit Fehlern und Schwächen. Venus hat eine verhängnisvolle Schwäche für schöne junge Männer, lügt nach Strich und Faden und behumst ihren Gatten, wo es nur geht. Juno ist chronisch eifersüchtig und rachsüchtig, bestraft, verfolgt und vernichtet jede attraktive Konkurrentin. Diana ist verklemmt und machtbesessen, unbeherrscht und unbegabt im Verlieren.

Das alles darf auch eine irdische Göttin sein: eine wie Marilyn Monroe oder Maria Callas, Marlene Dietrich oder Edith Piaf, Romy Schneider oder Liz Taylor, Brigitte Bardot oder Audrey Hepburn.

Eine irdische Göttin darf hysterisch werden und neurotisch, sie darf intrigieren und verzweifeln, depressiv sein oder aggressiv, magersüchtig oder freßsüchtig, alkoholabhängig oder drogenabhängig. Sie darf sich auch mal vergreifen in der Wahl ihrer Liebhaber, ihrer Freunde, ihrer Kleider, sogar ihrer Auftritte.

Aber sie muß wie die antiken Göttinnen eines besitzen: eine einzigartige Kraft.

Göttinnen sind nicht nachzuahmen. Das beweisen die, die es versuchen; die Tausende billiger, vulgärer, oft lächerlicher Monroe-Imitatoren genauso wie die zahlreichen Sängerinnen, die als ›zweite Callas‹ verkauft und vergessen wurden. Mireille Matthieu, die Wiedergeburt der Piaf? Claudia Schiffer – die zweite Bardot? Nadja Auermann, wahlweise Ute Lemper – die neue Marlene Dietrich?

Schon das Etikett verrät, daß der Inhalt nicht erstklassig, sondern zweitklassig ist. Eine Kopie, ein Remake. Und Kunstexperten erkennen die Kopie immer daran, daß sie zu perfekt ist. Zu glatt, zu schön. Jeder antike Schrank hat eine unansehnliche Rückseite, die keiner sieht. Fälscher polieren auch die Rückseite wie eine Schauseite und verraten sich dadurch. Daß es nicht gnadenlos perfekt ist, das macht das Original aus. Und die wirklichen Diven.

Die Unnachahmlichkeit der irdischen Göttinnen besteht wie die der olympischen aus ihrer Gegensätzlichkeit. Sie sind genial und banal, fehlerhaft und vollkommen, mutig und ängstlich, siegessicher und schüchtern, selbstverliebt und selbstzerstörerisch, naiv und ausgebufft.

Alle, die es heute versuchen, eine Diva zu werden, scheitern an demselben: am Perfektionswahn. Eine Frau wie Cher, geliftet bis zum Bauchnabel, oder eine wie Madonna, strategisch durchdacht vom Bodybuilding bis zu den Evita-Tränen, eine Schönheit wie Claudia Schiffer, makellos bis zu den Zehen. Sie alle arbeiten fleißig an ihrem Vollkommenheitsimage. Stars wie Jodie Foster treten zu Interviews nur in Anwesenheit eines Agenten an, damit nicht ein schmutziges Wort, ein dreckiges Lachen, ein menschliches Bekenntnis das lückenlos versiegelte, metalliclackierte, hochglanzpolierte Image beflecken möge. Gegen Journalisten, die daran kratzen, wird prozessiert.

Virtuelle Stars, von Computern gezeugt, sind ihre Vorbilder, und ihre Sinnlichkeit ist ebenso synthetisch. Das fällt nicht auf den ersten Blick auf, aber beim ersten Herzschlag: Herzklopfen kriegt bei ihrem Anblick keiner. Es mangelt ihnen nicht an Schönheit oder Intelligenz, aber an Passion für das, was sie sind und tun.

Passion hat zwei Bedeutungen: Leid und Leidenschaft.

Und bei den letzten Göttinnen spüren wir beides: Sie litten, und sie glühten. Aus dem Wunsch, ihre Schwächen zu überwinden, ihre Mängel zu kompensieren, oft sogar aus der Sehnsucht, sich zu rächen an denen, die ihnen Leid zugefügt hatten, und es jenen zu zeigen, die sich als etwas Besseres wähnten, das nährte ihre Leidenschaft. Geboren als Töchter von Trinkern oder Trinkerinnen, aufgewachsen in zerrütteten Verhältnissen oder in lebensfeindlich sterilen, von den Eltern getriezt oder verdroschen, mit zuviel Ehrgeiz oder viel zuwenig Liebe versorgt. Großgeworden an der Seite einer Schwester, die immer vorgezogen wurde, oder in einer Gegend, die besser geeignet war, um fixen und stehlen zu lernen, als Karriere zu machen. Ausgebildet in einer Schule, in der jede Freiheit unterbunden wurde, bedrängt von bigotten Menschen, die jeden anderen ins Korsett ihres Glaubens schnüren wollen. Das sind die Konditionen, unter denen die meisten der Diven wurden, was sie sind. Hindernisse und Vorurteile zu überwinden, das hat ihnen jene Kraft gegeben, die sie berühmt machte: die Ausstrahlungskraft. Und Ausstrahlung kommt nicht durch die richtige Beleuchtung im Studio oder auf der Bühne, sie kommt von innen. Allerdings nur, wenn dort etwas brennt. Leidenschaft und Engagement, selbst wenn's dem Falschen gelten sollte.

Selbsternannte Diven heute glänzen oft nur, denn sie sind ja wirklich rundum poliert. Brillieren können sie – vor allem als Selbstdarstellerinnen.

Aber so wie der Kenner dem zu schönen van Gogh, dem zu perfekten Barockschrank, dem absolut makellosen Rembrandt die Echtheit nicht abnimmt, so sind auch diese neuen Stars meistens nicht glaubwürdig. Nicht würdig, daß jemand an sie glaubt, wie wir alle glauben an Marilyn und Marlene, an die Callas und die Piaf. Ihnen nehmen wir es ab, daß sie keine geklonten Vorbilder sind, sondern Diven aus Fleisch und Blut, mit äußeren Mängeln und inneren Fehlern. Deswegen taugen sie ja als Vorbilder und Leitbilder, weil jede Frau sich sagen kann: Wenn sie eine Chance hatte, habe ich auch eine.

»Die Menschen kommen durch nichts den Göttern näher, als wenn sie Menschen glücklich machen«, hat Cicero behauptet.

Die wahren Diven haben das gemacht – auf Kosten ihres eigenen Glücks.

MARILYN MONROE

Die strahlende Göttin mit der nächtlichen Seele

Ein Mann fährt mit seiner Frau aufs Land. Der Gärtner hat in ihrer Abwesenheit den Rasen gemäht. Die abgeschnittenen Blüten der Kapuzinerkresse liegen auf der Wiese. Da schreit die Frau, schreit und schreit, als wäre sie verwundet, springt aus dem Auto, sammelt die Blumen auf und steckt sie in die Erde, damit sie sich wieder erholen.

Diese Geschichte ist die Wahrheit über Marilyn Monroe. Über die Frau, deren Gesicht zur Ikone wurde, deren Körper zum Fetisch wurde.

Marilyn Monroe liebte und haßte diesen Körper, dieses Gesicht. Nackt ging sie durch den Garten, nackt spazierte sie im Haus von Freunden umher, streichelte ihre Brüste und ließ sie hüpfen. Nackt hatte sie sich schon in kindlichen Phantasien erlebt: in der Kirche, gestand sie, habe sie gezittert vor Verlangen, sich auszuziehen oder in einem Reifrock ohne Unterwäsche über die Leute hinwegzuschreiten.

Daß sie aber nur als Körper, als vollendetes Stück Fleisch gesehen wurde, das kränkte sie mehr als alles andere. »Hirn heiratet Körper«, war die Devise der Presse, als sie den Dramatiker Arthur Miller ehelichte.

Dabei entfernte sie sich immer mehr von diesem himmlischen Leib. »Sie müssen Ihren Körper benutzen wie ein Instrument«, hatte ein Schauspiellehrer ihr gesagt. Marilyn spielte dieses Instrument virtuoser als jede andere. Nur so konnte aus einer gedrungenen Frau mit großem Hintern, kurzen und, wie selbst die größten Verehrer beteuerten, unschönen Beinen die am meisten begehrte Frau der Welt werden.

Doch alle Virtuosität hätte nicht genügt, um Marilyn zur Göt-

13

tin zu machen. Was Marilyn Monroe leuchten ließ, war ein Feuer, das sie zugleich versengte. Für den Fotografen Cecil Beaton war sie »so spektakulär wie der silbrige Funkenregen eines Vulkanausbruchs«. Aber Marilyn wußte: Auch diese Funken werden zu Asche. Das Feuer in Marilyn überstrahlte die Nacht in ihr. Sie sprühte Leben aus Todessehnsucht. Sie strahlte, um ihre dunkle Seele zu beleuchten. Es war wahrhaftig ihr Lebenslicht. Und das drohte dauernd zu erlöschen im Regen der Zweifel.

Auf einer Party, vier Jahre vor ihrem Ende, sah ihr Freund Norman Rosten sie auf einer Fensterbank sitzen, ein Glas in der Hand. »Von hier nach unten, das geht ganz schnell. Wen interessiert das schon, wenn ich mich runterstürze?«

Ihm schreibt sie in demselben Jahr einen Brief – auf der Schreibmaschine –, auf den sie oben eine ertrinkende Strichfrau gekritzelt hat, die nach Hilfe schreit. »Wir nähern uns dem Kap ohne Hoffnung«, schreibt sie darin. Und als PS: »Liebe mich um meiner gelben Haare willen. Ich hätte dies mit der Hand geschrieben, aber sie zittert.«

Sie hat aus dem Abgrund in sich nie ein Geheimnis gemacht, sie hat ihre selbstzerstörerischen Neigungen weder vor sich selber noch vor anderen verborgen. Über ihren Filmpartner Montgomery Clift sagte sie: »Er ist der einzige Mensch, den ich kenne, der in schlimmerer Verfassung ist als ich.« Und dem Presseagenten Rupert Allen erzählte sie, sie habe bereits auf dem Fensterbrett gestanden in ihrem Appartement im 13. Stock, um zu springen, als unten eine Frau im braunen Tweedkostüm vorbeiging und ihr klar wurde, daß sie sich umbringen würde mit ihrem Sprung. Aber die Frau blieb einfach stehen. Nach zehn Minuten wurde es Marilyn kalt, und sie legte sich wieder ins Bett.

Marilyn Monroe hielt nur eines am Leben: der Wille, andere von ihrer Lebenslust zu überzeugen. Und sich selber auch. Und es hielt sie nur eines zusammen: der Wille, ihr inneres und äußeres Chaos zu beherrschen. Daß es in ihr aussah wie in ihrer Wohnung oder ihrem Kofferraum, das wußten die Freunde alle:

ein heilloses Durcheinander von Kleidern, Schmuck, Schminke, Büchern und Lockenwicklern.

Die Göttin Marilyn Monroe kam mit dem Alltag nie zurecht. Je mehr sie sich bemühte, desto weniger. Denn ihre Energien brauchte sie für etwas anderes. Etwas Überlebenswichtiges.

Geboren im Sternzeichen des Zwillings, wurde sie von einem Journalisten darauf angesprochen.

»Was sind Zwillinge für Menschen?«

»Jeckyll und Hyde. Zwei in einem.«

»Und das sind Sie?«

»Mehr als zwei. In mir stecken eine Menge Leute. Manchmal erschrecken sie mich. Ich wünschte, ich wäre ich selbst. Früher dachte ich, ich wäre verrückt, bis ich entdeckte, daß einige Menschen, die ich bewunderte, genauso waren.« Sie war ein Vamp und eine Jungfrau, sie war das Sexsymbol, das in jedem Soldatenspind, jeder Lastwagenkabine, in jedem Männerkopf hing, und war ein kleines Mädchen.

»Sie war«, sagte der Kostümdesigner Billy Travilla, »eine Frau und ein kleines Kind zugleich, Männer und Frauen vergötterten sie. Als Mann konnte man sich nicht entscheiden, ob man sie auf den Schoß nehmen und tätscheln oder in die Arme nehmen und auf die Matratze schleppen sollte.« Sein Verständnis für sie war weich, aber seine Diagnose war hart: »Sie hatte eine gespaltene Persönlichkeit.«

Ob sie die von ihrer Mutter Gladys Baker geerbt hat, die in einer psychiatrischen Klinik starb und bei der die Diagnose Schizophrenie einwandfrei war, oder ob sie als ein Kind dazu geworden war, das bei zehn verschiedenen Pflegeeltern aufwuchs, ist nicht zu klären. Daß sie aber schon früh diese Gespaltenheit spürte, ist sicher.

Der Teenager, der noch Norma Jean Baker hieß, zog die Jungen an wie der Honig die Bienen. Und der Teenager konnte sich bereits perfekt inszenieren, schminken und präsentieren in atemberaubend engen Pullovern und Jeans. »In Wahrheit«, sagte Marilyn aber, »war ich ja mit all meinem Lippenstift, meiner

Wimperntusche und meinen frühreifen Kurven so kalt und unempfänglich für das wie ein Fossil.«

Ihr Körper war damals schon für sie ein Mittel zum Zweck, eine herrliche Architektur, in der sie sich nie zu Hause fühlte. Das erklärt auch, warum sie ihr Leben lang immer wieder in völliger Verwahrlosung versumpfte.

Der Friseur George Masters sah sie kurz nach ihrer Gallenblasenoperation. Sie »trug einen zerrissenen Frottee-Bademantel. Sie sagte, sie ernähre sich von Kaviar, Champagner und hartgekochten Eiern. Sie schaffte es, zwei Wochen lang total verschlampt herumzulaufen. Manchmal roch sie und kämmte sich die Haare zwei Wochen lang nicht.«

Und gleichzeitig ist sie die strahlende Erscheinung, die vor den in Korea stationierten Soldaten auftritt wie eine Jeanne d'Arc. Dort holte sie sich Brennmaterial für das Feuer: Bestätigung pur. Schließlich hatte auch Venus, die Göttin, der Marilyn so ähnlich war, den Schiedsrichter Paris bestochen mit der Versprechung, ihm die schönste Frau der Welt zu beschaffen, um zur schönsten Göttin gekürt zu werden. »Als ich vor den johlenden Soldaten stand, hatte ich zum ersten Mal vor nichts Angst«, erklärte Marilyn und meinte später, dieser Auftritt sei »vielleicht das Schönste« gewesen, »was ich überhaupt erlebt habe«. Ein Augenblick der Angstlosigkeit – das war für sie das Kostbarste. Sie zeigte ihren Körper her, um ihre Seele zu retten.

Marilyn war exhibitionistisch und unschuldig, gerissen und rührend naiv. Sie beherrschte jede Menge Tricks, mit denen sie imponieren und betören wollte, aber sie verführte gerade deswegen, weil diese Tricks durchschaubar waren. So wie Venus, die Göttin der Schönheit, der Liebe und der Fruchtbarkeit, trotz aller Betrügereien und Lügen angebetet wurde. Zeigt das doch, daß die Göttliche schwach werden kann, daß die Verführerin verführbar ist.

Tischgespräche bereitete Marilyn vor, denn nichts war ihr wichtiger, als intellektuell etwas zu gelten. Robert Kennedy, der sich wunderte, wie genau sie informiert war über politische Themen, sah, wie sie auf einen Notizzettel in der Handtasche spickte. Einen Liebesbrief an Joe Di Maggio schrieb sie einfach ab aus dem Werk eines romantischen englischen Dichters.

Als der Kostümdesigner Billy Travilla ihr für die Rollschuhszene in *Liebling, ich werde jünger* einen weitgeschnittenen Rock verpaßte, sah er, »wie sie nach hinten griff und sich sorgfältig ein paar Rockfalten zwischen die Pobacken klemmte«. »Hab ich dich reingelegt, Billy, stimmt's?« sagte sie hinterher. »Du und dein großer blöder Rock.«

Als sie hörte, daß Jean Harlow sich erigierte Brustwarzen besorgt hatte, indem sie diese mit Eiswasser einrieb, probierte sie das auch. Aber es funktionierte nicht. Da ließ sie in ihren BH an den richtigen Stellen zwei kleine Knöpfe einnähen.

Keine Frau beherrschte es besser, zufällig Träger rutschen oder auch einmal reißen zu lassen, um die göttlichen Brüste zu zeigen. Böse konnte ihr deswegen keiner sein, denn trotz dieser Tricks waren ihre Gefühle echt. Wenn sie sich bei Billy Travilla wie Kolleginnen auch beschweren kam, hatte Marilyn »immer ein Tränchen, eine echte Träne im Auge, und ihre Lippen zitterten«.

Der Sohn ihres Psychiaters, der gegen alle Berufseinsicht Marilyn sein privates Haus öffnete, erwartete »ein reiches Miststück aus Hollywood« und liebte sie dann, weil sie »überhaupt nicht affektiert und künstlich« war, weil sie »echte Wärme ausstrahlte«.

Sie verschenkte ihre Liebe und Zuneigung aus der Sehnsucht heraus, dafür geliebt zu werden. Das größte Sexsymbol des Planeten begehrte nicht sexuelle, sondern seelische Liebe. Und das war von Anfang an so gewesen. Jim Dougherty, der Techniker, den sie mit 16 geheiratet hatte, erklärte unumwunden: »Sie bekam nie einen Höhepunkt, obwohl sie sich große Mühe gab.«

Nicos Minardos, ein 20jähriger griechischer Jungschauspieler, mit dem Marilyn 1952 ein Verhältnis hatte (das sie später wieder aufwärmte), offenbarte, Marilyn sei immer schön gewesen, »wenn sie morgens ohne Make-up aufwachte – wundervoll. Sie war gescheit, vielleicht eher gewitzt als hochintelligent, und so ein sensibles Kind. Und doch war sie mies im Bett.«

Tony Curtis sagte, Marilyn zu küssen sei, »wie wenn man Hitler küßt«. Und Tommy Noonan verkündete nach einem Bühnenkuß mit Marilyn: »Es war, als würde man von einem Staubsauger aufgesogen.«

Marilyns Psychiater Ralph Greenson sagte nach ihrem Tod zu einem Kollegen, seiner Patientin sei es »schwergefallen, mit ein und demselben Individuum eine Reihe von Orgasmen zu erleben«. Und Marilyns Freundin und Nachbarin am Doheny Drive, Jeanne Carmen, verriet, nach Marilyns eigenen Angaben habe ihr Sex nichts bedeutet. »Sie hatte nie einen Orgasmus, sie tat immer nur so. Sie war furchtbar unsicher.«

Sex beglückte sie nicht, er bestätigte sie. Denn so absurd es klingt: Marilyn zweifelte an dem, was sie in den Augen aller im Übermaß besaß – an ihrer Fraulichkeit. Nach der Hochzeit mit Arthur Miller erklärte sie Journalisten: »Die Ehe bewirkt, daß ich mich fraulicher fühle, daß ich stolzer bin als früher.« Was sie aber noch dringender brauchte als Bestätigung, wonach sie gierte, um die Todessehnsucht in sich zu überwinden, um ihr zerbrechliches Ich zu kitten, um das Feuer in sich am Lodern zu halten, war Vertrauen.

»Liebe ist Vertrauen.« Ein Jahr bevor sie Arthur Miller heiratete, offenbarte sie das. Denn die Angst, nichts wert zu sein und verlassen zu werden, trieb sie um. Ihre Freundin Jeanne Carmen sagte: »Für sie stand fest, daß sie sogar ihre besten Freunde verlöre, wenn sie je alt, häßlich und aus dem Rennen wäre.« Sie selbst sah keinen Widerspruch darin, daß sie jeden ihrer Ehemänner sexuell betrog und dennoch deren unverbrüchliches Vertrauen wollte. Denn Sex hatte für das Sexsymbol mit Liebe nicht viel zu tun. Ihr Glück mit Arthur Miller, bekannte Marilyn, sei daran zerbrochen, daß er ihr nicht mehr vertraut habe: also von dem Augenblick, als sie einen Notizzettel fand, auf den er geschrieben hatte, er habe Marilyn für einen Engel gehalten, aber sie sei wie seine erste Frau – eine Hure.

Sie fühlte sich unschuldig, und sie wirkte auch so.

Simone Signoret, die Frau von Yves Montand, der Marilyn

den Mann ausspannte, sagte, Marilyn sehe aus wie »das schönste Bauernmädel von der Ile-de-France, das man sich vorstellen kann, von dem Typ, der seit Jahrhunderten gefeiert wird«.

Und letztlich waren auch ihre Träume vom Glück die eines Bauernmädchens: rein und klar und einfach. Mutter wollte sie werden, unter allen Umständen.

Venus war bekanntlich auch die Göttin der Fruchtbarkeit.

Als Marilyn zu einer Blinddarmoperation in den OP geschoben wurde, fand die Schwester unter dem Kittel einen Zettel, den sie sich mit Klebestreifen auf den Bauch geklebt hatte, ein Brief an den Chirurgen.

»... daß ich eine Frau bin, ist wichtig und bedeutet mir viel. Retten Sie bitte (kann ich Sie gar nicht genug bitten), was Sie können – ich bin in Ihren Händen. Sie haben Kinder, und Sie müssen wissen, was das bedeutet.«

Begeistert übernahm sie die Rolle als Stiefmutter von Jane und Robert, Millers Kindern aus erster Ehe. Eine wichtige Konferenz in Hollywood verließ sie kommentarlos und erklärte nachher, sie habe »die Kinder zur Schule bringen müssen«. In dem Zimmer, in dem sie starb, fanden sich Fotos der Kinder, zu denen sie den Kontakt nie aufgegeben hatte.

An Arthurs Farm, jenes Bauernhaus auf dem Land, das sie ihrem Mann zuliebe gekauft hatte, wurde ein Seitentrakt angebaut, den Marilyn »das Kinderzimmer« nannte. Aber sie mußte den Wunsch begraben nach zwei, vielleicht auch drei schlimmen Fehlgeburten.

Tiere wurden für sie der Kinderersatz. In New York zahlte sie zwei Jungs, die Tauben gefangen hatten, 50 Cent Lösegeld, damit sie die Vögel wieder freiließen. Und das tagelang. Sie küßte ihre Hunde hemmungslos ab, ungestraft durften sie ihre Notdurft auf Marilyns weißen Teppichen verrichten. Sie warf sogar Fische, die die Fischer aussortiert hatten, ins Meer zurück. Und sagte dann glücklich: »Manche von ihnen leben jetzt weiter, bis ins hohe Alter ... und sehen ihre Kinder groß werden.«

Von einem Kind hätte sie sich den Beweis ihrer Fraulichkeit erhofft, allen anderen Beweisen mißtraute sie.

Nach *Blondinen bevorzugt* bekam Marilyn Monroe 5000 Fanbriefe pro Woche. Und zugleich Depressionen und schwere Selbstzweifel.

Sie, die körperlich Frühreife, wurde nie erwachsen. Ewige Jugend haben die Götter. Und das ist nicht nur ein Geschenk, es ist auch eine Strafe.

Wegen ihrer Kindlichkeit wurde Marilyn alles verziehen. »Sie hatte so etwas Kindliches an sich«, sagte Billy Travilla, »daß sie sich alles leisten konnte, und man konnte ihr nicht böse sein.«

Während der Dreharbeiten zu *Machen wir's in Liebe* machte Marilyn einfach einen Tag blau. Yves Montand tobte. Miller rief schließlich an und sagte, Marilyn habe mit ihm telefoniert, sie sollten zu ihr gehen. »Plötzlich lag ein weinendes Mädchen in meinen Armen, das immerzu sagte: ›Ich bin schlecht, ich bin schlecht, ich bin schlecht. Ich werd's nicht wieder tun, das verspreche ich.‹« Ihr wurde vergeben.

Sie wollte ein Kind sein und suchte ein Leben lang den Vater, den sie nicht hatte. Daddy sagte sie zu fast allen ihren Männern und Liebhabern. Sie rief Arthur Miller »Pa«, er nannte sie »Penny Dreadful« – Groschenroman. Schmachtend schwor sie in einem ihrer berühmtesten Songs: *»My heart belongs to Daddy.«* Ihr Wunschvater war Clark Gable. Er klebte auf der ersten Seite ihres Fotoalbums. Die Mutter hatte Marilyn in der Kindheit ein Foto gezeigt, auf dem angeblich ihr Vater zu sehen war: ein gutaussehender Mann mit schmalem Schnurrbärtchen. Und von da an stellte sie sich den lieben Gott und ihren Vater vor wie Clark Gable.

Nach den Dreharbeiten zu *Misfits* starb er, und Marilyn warf sich vor, daran schuld zu sein, weil sie ihn schlecht behandelt habe. »Wollte ich dadurch meinen Vater bestrafen, ihm all die Jahre heimzahlen, die er mich hat warten lassen?« quälte sie sich.

Marilyns Magie wuchs aus dem Glauben an Magie. Und der wurde, bis über ihren Tod hinaus, immer wieder bestätigt.

In Marilyns Wohnung stand ein weißer Flügel, auf dem sie *To a Wild Rose* klimperte oder *Für Elise*. Durch einen Zufall war der kostbarste Besitz ihrer Kindheit aus Kalifornien zu ihr zurückgekehrt. Die Mutter hatte ihn dereinst leicht lädiert auf einer Auktion erstanden. Als sie völlig bankrott war, hatte sie ihn verkaufen müssen.

Auch ihr zweiter Mann, das ehemalige Basketballidol Joe Di Maggio, war kurz vor ihrem Ende wieder in ihr Leben getreten, hatte sie aus der psychiatrischen Klinik befreit, sich so zum Helden gemacht, als Daddy bewährt. Sie wollte ihn nochmals heiraten.

Marilyns Bannkreis war unentrinnbar, kaum einer ihrer vielen Liebhaber konnte sich ganz daraus entfernen, fast alle umkreisten sie ihr Leben lang und darüber hinaus.

Der Polizist, der das Appartement der Toten zu durchsuchen hatte, war ihr erster Ehemann Jim Dougherty.

Magische Zirkelschläge. Und symbolische. Der Tag, an dem die nackte Leiche Marilyns gefunden wurde, eine Überdosis Schlafmittel im Leib, war der fünfte Jahrestag ihrer ersten Fehlgeburt. Marilyn wurde zu einem überirdischen Wesen, weil sie so irdisch war.

»An diese Umlaufbahn«, sagte Billy Wilder, »reicht keine ran. Verglichen mit ihr, sitzen wir alle noch auf der Erde.«

Daß sie bei allen Zweifeln an ihre Zauberkraft glaubte, gab ihr das Leuchten des göttlichen Stars.

Marilyn hat daran geglaubt, die abgemähten Blumen würden wieder wachsen.

Marilyn Monroe

1926: Am 1. Juni wird Norma Jean Mortenson (oder Baker) als uneheliches Kind Gladys Pearl Mortenson (oder Baker) in Los Angeles geboren.

1942: Sie heiratet drei Wochen nach ihrem 16. Geburtstag den Flugzeugmechaniker James (Jim) Dougherty, von dem sie zwei Jahre später geschieden wird.

1944/45: Erfolge als Fotomodell, vor allem als Pin-up

1948: Der erste Hollywood-Film mit MM: *Scudda Hoo! Scudda Hay!* entsteht bei der 20th Century Fox.

1953: Marilyn dreht *Niagara, Blondinen bevorzugt* und *Wie angelt man sich einen Millionär*.

1954: Heirat mit dem Basketball-Idol Joe Di Maggio (Scheidung 1955); sie lernt bei Lee Strasberg auf der »Actors Studio School of Dramatic Arts« in New York City.

1955: Sie dreht unter Regie von Billy Wilder *Das verflixte 7. Jahr*.

1956: MM schließt die 3. Ehe mit dem Dramatiker Arthur Miller.

1957: *Der Prinz und die Tänzerin*.

1959: Sie ist der weibliche Star in *Manche mögen's heiß* (neben Tony Curtis und Jack Lemmon).

1960: Sie dreht *Machen wir's in Liebe* (mit Yves Montand) und *Nicht gesellschaftsfähig* (mit Clark Gable), eine Arthur-Miller-Verfilmung.

1961: Die Ehe Monroe/Miller wird geschieden.

1962: Im April beginnt MM die Dreharbeiten zu *Something's got to give* (unvollendet). Am 5. August stirbt Marilyn Monroe in ihrer Wohnung in Brentwood/Hollywood an einer Schlafmittelvergiftung. Ob es sich dabei um einen Unfall, Selbstmord oder Mord gehandelt hat, ist bis heute nicht einwandfrei geklärt.

JUDY GARLAND

Die Stimme der Begierde und der Verzweiflung

Eigentlich brauchte sich keiner zu wundern über die neue Patientin. Keiner der diskreten Spezialisten für menschliche Wracks im Windschatten von Hollywood. Gut, sie ist Trinkerin, sie ist abhängig von Tabletten und anderen Rauschgiften der gesellschaftstauglichen Sorte, sie ist aufgedunsen, fett und mit den Nerven am Ende. Aber so etwas ist hier Alltag. Schließlich hat sie schon fast 15 Jahre Karriere hinter sich und gilt als einer der größten Stars in den USA. Und Hollywoodstars zahlen für ihren Ruhm meistens so wie diese Frances Gumm.

Was die Ärzte in der Entzugsklinik wundert, ist das Alter: Sie ist noch keine 18. Und es ist nicht ihr erster Besuch in diesem Typ Sanatorium, den hat sie schon mit 14 von innen kennengelernt, zwei Jahre nachdem die Mutter sie nach Hollywood geschleift und zum Vorsingen genötigt hatte. Zwei Jahre nachdem sie bei MGM Boß Louis B. Mayer einen Siebenjahresvertrag unterschrieben und sich Judy Garland genannt hatte. Und diesen Namen haben die Amerikaner genauso im Ohr wie Judy Garlands Stimme, wenn sie »Over the Rainbow« singt. Hier, in der Klinik, darf sie keiner sehen.

Alle sollen sie so sehen, wie sie berühmt wurde, in dem Märchenfilm *Der Zauberer von Oz*: ein zartes Wesen im Baumwollkleidchen, das von einem Wind ins Land der Träume getragen wird. Aber es ist ein Land der Alpträume, in das es Judy Garland getragen hat. Das pummelige Mädchen wird in Korsetts gesperrt, bekommt Zahnklappen verpaßt, weil die Maskenbildner seine Zähne scheußlich finden, und spezielle Plastikteile in die Nase gesteckt, damit deren Form gefälliger wird.

Was die Öffentlichkeit weiß, ist, daß Judy Garland für ihre

Rolle im *Zauberer von Oz* den Oscar für Minderjährige gewonnen hat. Und daß sie danach in New York aufgetreten ist mit ihrem juvenilen Filmpartner Mickey Rooney. Aber den Rest wissen sie nicht. Daß die Studiobosse ihre beiden ausgewachsenen Kinderstars siebenmal am Tag auf die Bühnen der Broadwaytheater jagten und dann in die nächsten Dreharbeiten. Und daß sie die beiden längst zu Sklaven gemacht haben, gefangen im System Hollywood.

»Sie ließen uns ohne Unterlaß Tag und Nacht arbeiten«, erzählt Judy später über die Zeit mit Mickey in Hollywood. »Sie gaben uns Aufputschmittel, damit wir weitermachten, wenn wir total erschöpft waren. Dann brachten sie uns in die Studio-Krankenstation und knockten uns mit Schlaftabletten aus. Vier Stunden später weckten sie uns und gaben uns wieder Aufputschmittel, damit wir wieder 72 Stunden arbeiten konnten.«

Das Argument der Studiobosse: »Wir haben 14 Millionen Dollar in die Kids investiert.«

Außerhalb der Studios ist es nicht bekannt, daß Louis B. Mayer für blutjunge weibliche Schützlinge mehr als nur väterliche Neigungen empfindet.

Und daß die »Kleine Bucklige«, wie er Judy ruft, zu ihm »Onkel« sagt. Außerhalb der Studios werden Mickey und Judy als süßes Teenie-Liebespaar verkauft. Aber Mickey läßt die Finger von seiner Leidensgefährtin. Weil er, so gesteht er Freunden, derartig fertig sei, daß es keine Rettung mehr gäbe. Und er die Kleine nicht mit reinziehen wolle. Jetzt, mit 18, ist Judy dran gewöhnt, in einem Überwachungsstaat zu leben. Schon mit zwölf hat sie die Mutter keifen hören: »Für das Kind nur Hühnersuppe.« Schon mit 14 hat sie Abmagerungspillen schlucken müssen. Sie war nicht weiter erstaunt, daß die Mutter sie ins Gesicht schlug, als Judy meinte, ihre Honorare könne man doch in einem Hauskauf anlegen und die Appartements vermieten. Die Mutter investierte das Geld der Tochter lieber in ein kalifornisches Nickelbergwerk, das gar nicht existierte. Und als Judy jetzt, mit 18, ihre erste eigene Wohnung bezieht, wundert es sie nicht, daß ihr eine Aufpasserin ins Nest gesetzt wird, die als Spionin für den lieben Onkel Mayer arbeitet.

Aus diesem Strudel, der die Stars in die Tiefe reißt, in die Tiefe von Sucht und Verzweiflung, rettet nur die Liebe. Und Judy Garland, das Mädel aus Grand Rapids/Minnesota, findet sie bei einem, der die zartesten Töne beherrscht: Sie verliebt sich in den englischen Komponisten David Rose, den Mann, der die Geige in die Jazzorchester brachte. Judy heiratet ihn. Und ihr Boß tobt. Schließlich ließe sich die 19jährige mit ihrem runden Gesicht und ihren eineinhalb Metern noch gut als Kinderstar verhökern, aber nicht, wenn sie Ehefrau ist. Judy wird schwanger. Und damit wird ihre Liebe für David Rose zur wirtschaftlichen Gefährdung. Mutter Gumm zerrt Tochter Judy zum Studiogynäkologen, und der treibt diskret ab. Im Interesse der Studios. Und auch Judys Mutter, eine drittklassige Revuesängerin, will die Karriere, die ihre Tochter an ihrer Stelle machen muß, mit allen Mitteln weiter vorantreiben. Offiziell ist Judy Garland ein Star, der bereits 14 Filme gedreht hat. In Wirklichkeit ist sie schon mit 18 ein Flüchtling. Sie flieht aus der verbotenen Liebe in eine Ehe mit dem Regisseur Vincente Minelli. Und sie flieht aus der unersprießlichen Ehe in Tabletten und Alkohol. Liza, ihr erstes Kind, das als Liza Minelli berühmt werden wird, ist für die 23jährige mehr als ein Kind: Es ist die Chance, sich selber zu retten.

Die Ehe allerdings rettet sie damit nicht. Als Vincente Minelli sie sitzenläßt, flüchtet Judy in noch mehr Arbeit und noch mehr Tabletten.

Da sitzt sie beim Mittagessen im Studio und erfährt, daß Meyer sie rausschmeißt. Judy Garland schließt sich zu Hause ins Bad ein und versucht sich mit einem Rasiermesser die Halsschlagader durchzuschneiden.

Aber das Karussell des Wahnsinns erlaubt ihr noch nicht, abzuspringen. Sie wird gefunden, gerettet und dreht sich weiter in diesem Kreis. »Knochenarbeit, Hungerkur, Migräne, Tabletten«, wie sie ihn skizziert. Dann schmeißt Onkel Louis sie endgültig raus, per Telegramm. Die Zeitungen melden, Judys Gesundheit sei der Grund, und sie formulieren es so, daß klarwerden soll: Eine hysterische Alkoholikerin, eine absolut unzuverlässige Drogenabhängige kann und darf sich MGM nicht leisten. Judy Garland schließt sich zu Hause ins Bad ein und versucht, diesmal mit Glasscherben, sich die Pulsadern zu öffnen. Aber das Karussell des Wahnsinns entläßt sie noch immer nicht. Das Dienstmädchen findet sie. Pleite und verzweifelt lernt sie den Filmproduzenten Sid Luft kennen, ist überwältigt von seinem Charme und flieht in Ehe Nr. 3. Aber die Freude währt kurz. »Die Geburt unserer Tochter Lorna war der einzige Lichtblick im ersten Ehejahr. Für mich gab es nur Arbeit, weil Sid dauernd unterwegs war, um neue Kontrakte für mich abzuschließen.« Nicht nur dafür. Und das weiß Judy genau. Sie wird immer dicker. Und hat niemanden, mit dem sie reden kann.

Immerhin: Sid verschafft ihr die Gelegenheit zur Rache, zum triumphalen Comeback. *A Star is Born* heißt der Film, und die Wiedergeburt des Stars Judy Garland ist eine Sensation. Nicht für lange, allerdings. Auch die Ehe mit Sid Luft zerbricht. Und Judy zieht, mit mittlerweile drei Kindern und meistens ohne Geld, durch die Gegend.

Eines der großen Hotels, irgendwo in Amerika. Die Frau mit den beiden Mädchen und dem kleinen Buben geht abends noch aus. Dem Portier fällt nicht auf, daß alle vier deutlich dicker wirken als noch am Vormittag. Gefaßt verläßt die Familie die Lobby. Erst am nächsten Morgen stellt das Zimmermädchen fest, daß die Gäste abgehauen sind und die Zeche geprellt haben. »Wenn Mutter kein Geld hatte, die Hotelrechnung zu zahlen, mußten wir möglichst viele Kleider übereinander anziehen, meistens fünf Lagen. Und was wir nicht mitnehmen konnten, haben wir eben zurückgelassen«, erinnert sich Liza. »Aber uns hat das nie was ausgemacht, klammheimlich abzuhauen, weil Mammie das immer aufzog wie einen großen Spaß. Sie war eine der lustigsten Frauen, die ich kannte.«

Vier Selbstmordversuche unternimmt die lustige Frau, aber

nach eigenen Angaben nie, um wirklich zu sterben. »Ich wollte
nur Aufsehen erregen«, behauptet sie. Aber das gelingt ihr auch
anders. Durch neue Ehen (insgesamt fünf) oder durch Auftritte,
grandiose wie katastrophale. 1958 tritt sie in Las Vegas auf.
»Nach meinem fünften Lied brüllte eine Frau im Zuschauerraum: ›Schmeißt die Dicke raus. Uns geht das Gekrächze auf die
Nerven.‹« Und mit ihrer üblichen Ironie kommentiert Judy das.
»Wenn einem so was an den Kopf geschmissen wird, ist es nicht
leicht, ein Lied wie ›You Made Me Love You‹ anzustimmen.«

Aber auch ein Abend, an dem das Publikum sie in den Himmel jubelt, gerät danach für sie zur Hölle. »Der Abgrund zwischen dem brausenden Applaus, der Verehrung des Publikums
und der Stille meines Zimmers ist zu tief. Ich kann diese Stille
nicht ertragen, ich weiß nicht, wie ich mit diesen langen Nächten fertig werden soll. Ich weiß nur, daß mir ein paar zärtliche
Worte wichtiger wären als die Anerkennung von Tausenden.«
Sie flieht aus der unerträglichen Einsamkeit in einen künstli-
chen Schlaf. Und provoziert mit der Sucht auf ihre chemischen
Fluchthelfer neue Niederlagen.

Aus ihren Niederlagen macht sie nie ein Geheimnis und aus
ihren wahren finanziellen Verhältnissen genausowenig.

»Es gab eine Zeit, da war ich einer der größten Filmstars und
sicher der mit der schäbigsten Unterwäsche«, sagt sie. »Ich hatte
nicht einen heilen Unterrock.«

Dafür hat sie recht prominente Bekannte.

Wenn sie nach einer Fernsehsendung das Gefühl hat, nicht
recht weiterzukommen, ruft sie im Weißen Haus an und läßt
sich zu Mister President durchstellen. Kennedy berät sie. Und
wünscht sich als Bezahlung, daß sie ihm die letzten acht Takte
aus *Over the Rainbow* in den Hörer singt. Aber als Freund in der
Not ist Kennedy nicht grade berühmt. Dafür hat Judy ihre
Freundin Katharine Hepburn. Wenn sie erledigt im Bett liegt
und deren klappriges Auto um die Kurve fahren hört, geht es ihr
gleich besser. »Dann wußte ich, ich werde gesund.«

Katharine holt Judy zu sich, jagt sie siebenmal am Tag in den

Pool, zum Joggen oder zur Gymnastik. Aber langfristig bleibt Judy eben das, was ihre Mutter und die Leute in Hollywood aus ihr gemacht haben: ein Flüchtling. Aber vor dem Leben, behauptet sie, sei sie nie geflohen. »Eigentlich liebe ich das Leben«, schreibt sie mit 46. Wenn sie nur zum Leben käme und nicht dauernd auf der Flucht wäre. »Ich wollte nie ein Star werden«, sagt Judy, »ich wollte nur ein bißchen tanzen und singen.« Aber sie wird getrieben, seit sie als verrotztes Kind mit der Puppe im Arm zum ersten Mal auf der Bühne stand, in ihres Vaters Schmierentheater, und »Jingle Bells« sang. Sie wird gejagt von den Filmmogulen, den Agenten, den Reportern.

Eine Hotelsuite in Melbourne. Der Star aus den USA kommt herein und stutzt: In die Wand des Zimmers und des Badezimmers hat jemand Löcher gebohrt. Der Star ahnt, was los ist, umwickelt Holzstäbchen mit Watte und stopft sie energisch in die Löcher. Da schreit einer auf der anderen Seite der Wand: für einen der Reporter, die die Suite neben Judy Garland gemietet haben, um sie auszuspionieren, ging das Experiment ins Auge.

Ein Leben lang ist Judy Garland auf der Flucht. Und verliert dabei eines nicht: ihren Humor, der freilich etwas bitter schmeckt. Sie weiß, daß sie nicht mehr entkommen kann. »Ich dürfte nie mehr Mittag essen«, sagt sie. »Alles Schlimme passiert mir immer beim Mittagessen.« Kündigungen zum Beispiel. Trotz der miesen Erfahrungen läßt sie sich vom Essen sowenig abbringen wie vom Heiraten. Ihr vierter Versuch heißt Mark Herron. Auf dem Papier hat die Verbindung mit dem acht Jahre jüngeren Schauspieler neun Monate gehalten. »Aber nachdem ich mit Mark verheiratet war«, sagt Judy, »habe ich ihn praktisch nicht mehr gesehen.«

Könnte sein, daß ihre berüchtigten hysterischen Kreischereien und Tobsuchtsanfälle die Männer vertrieben haben. Darunter hatten auch die Kinder zu leiden. Aber Liza, die sich an die heißkalten Wechselbäder zu Hause genau erinnert, an den jähen Bruch zwischen Zärtlichkeit und Haltlosigkeit, preist trotzdem bis heute die Wärme ihrer Mutter. Und daß sie nie herumgeredet habe um das, was Sache war, weder um Sucht noch um Sex. Als die pubertierende Liza gesteht, sie habe Angst vor der Menstruation, sagt Judy: »Das wird ein wundervoller Tag werden, denn da wirst du eine Frau. Und wir werden mit Sherry drauf anstoßen.«

Der Tag kommt, Judy strahlt, geht zum Schrank mit den Getränken und ist wütend: Ihr Ehemann hat ihn vorsorglich abgeschlossen. Da greift sich die Mutter eben eine Flasche Kochwein aus der Küche und feiert so die Tochter. Nicht nur Liza, auch andere spüren, daß diese Frau leben kann und will. Eine Party in Schauspielerkreisen. Judy Garland wandert von einem Zimmer ins andere. Und hinter ihr drein, auf Schritt und Tritt, eine Kollegin, blond und schön und recht bekannt. »Ich möchte mich nicht zu weit von Ihnen entfernen«, erklärt sie. »Weil ich weiß, Sie würden mich verstehen.«

Aber leider ist Judy Garland dann doch zu weit entfernt, als die Blonde sie braucht. Als Marilyn Monroe stirbt, ist sie alleine.

»Ich habe das liebe süße Mädel nicht wiedergesehen«, schreibt Judy Garland später. »Ich glaube nicht, daß sie sich etwas antun wollte. Es waren eben zu viele Tabletten in greifbarer Nähe, und außerdem war sie von ihren Freunden im Stich gelassen worden. Es ist so einfach, zu vergessen. Man nimmt ein paar Tabletten, wacht 20 Minuten später wieder auf und hat vergessen, daß man welche genommen hat. Dann nimmt man noch ein paar, und ehe man sich versieht, hat man zuviel genommen.«

Ein Jahr, nachdem Judy Garland das notiert, tritt sie in London auf, im Nachtclub-Theater eines gewissen Mickey Deans, Diskotheken- und Kinobesitzer. Sie kommt mehr als eine Stunde zu spät, trifft die Töne nicht, kann die Texte nicht. Das Publikum wirft nach ihr mit Sektgläsern und Zigarettenkippen. Die Garland flieht. In die fünfte Ehe, mit Mickey Deans. Denn vor nichts fürchtet sie sich mehr als vor der Einsamkeit. »Am schlimmsten sind für mich die Abende«, gesteht sie. »Ein Mann kann sich immer ein Mädchen kaufen. Aber eine Dame tut so was nicht.«

99 Tage nach der Hochzeit will der Ehemann sie ans Telefon

holen. Klopft an die Badezimmertür, ruft, hämmert. Schließlich klettert er von außen durchs Fenster rein.

Am Boden liegt eine aufgedunsene kleine Frau. Sie ist tot. Der Pathologe, Dr. Pocack, erklärt, er habe im Blut der Leiche tödliche Mengen an Schlafmittelsubstanz gefunden. Aber von Selbstmordabsichten sei nicht auszugehen. Der behandelnde Arzt Judy Garlands, Dr. Traherne, betont, er habe sie ein paar Tage vorher gesehen. Sie habe sehr glücklich gewirkt. Und der Pathologe ist sich ziemlich sicher, wie sie zu Tode kam: Sie habe am Samstag abend, vor dem Schlafengehen, Schlaftabletten genommen, sei ganz früh am Sonntag aufgewacht und habe wieder welche geschluckt.

»Und ehe man sich versieht«, hatte Judy geschrieben, »hat man zuviel genommen.«

Die Hoffnung auf Glück jedenfalls hatte Judy noch nicht aufgegeben. Ein Jahr vor ihrem Tod erschien ein Artikel, in dem sie sagte: »Ich bin mir sicher, daß ich manches, was ich mir wünsche, noch bekommen kann. Zum Beispiel einen Ehemann, der jeden Abend bei mir ist. Was könnte sich eine Frau schon mehr wünschen?«

Judy Garland

1922: Am 10. Juni wird sie als Frances Gumm in Grand Rapids, Minnesota, geboren.

1925: Mit ihren Eltern und zwei älteren Schwestern steht sie in einer Musikshow auf der Bühne.

1935: Judy singt dem MGM-Boß vor und bekommt sofort einen Siebenjahresvertrag.

1938: *Broadway-Melodie* wird ihr erster Erfolg.

1939: Als Dorothy in dem Musical *Das zauberhafte Land* wird sie berühmt.

1941: Judy heiratet den Bandleader David Rose.

1943: Sie ist tablettensüchtig und wird psychiatrisch betreut.

1945: Judy heiratet Vincente Minelli und bekommt ein Jahr später ihre Tochter Liza Minelli.

1948: Sie dreht ohne Unterbrechung, zum Beispiel *Ziegfeld Follies* und *The Good Old Summertime*.

1949: Bei den Aufnahmen zu *Annie Get Your Gun* bricht sie zusammen und wird durch eine andere Schauspielerin ersetzt.

1950: Mit Fred Astaire soll sie *Royal Wedding* drehen. Da Judy mehrfach nicht am Set erscheint, wird sie fristlos entlassen.

1953: Sie bekommt Tochter Lorna aus ihrer dritten Ehe mit Sidney Luft. Zwei Jahre später wird Sohn Joe geboren.

1955: Sie dreht *A Star Is Born*, die Geschichte ihres Lebens.

1965: Judy heiratet den Schauspieler Mark Herron.

1968: Fünfte Ehe mit dem 11 Jahre jüngeren Mickey Deans

1969: Judy Garland wird von ihrem Ehemann tot in ihrem Appartement in London aufgefunden.

AVA GARDNER

Das Tier, um das sich die
Männer schlugen

Alle sind nervös und gereizt. Die Requisiteure, die Stars, der
Regisseur. Da soll laut Drehbuch eine Kuh gemolken werden,
und keiner weiß, wie's geht. Die Bosse lassen in allen Abteilun-
gen von MGM recherchieren. Und stoßen auf eine Neue, neunzehn Jahre alt, ein Mädchen aus den Südstaaten. Sie ist noch
nicht mal ein Starlet, posiert nur als Badenixe, als Reh mit
Plüschohren oder als neckischer Nikolaus für Anzeigen und Ka-
lender. Aber es heißt, sie könne melken. »Kann ich nicht«, sagt
sie. »Denn was da steht, ist ein Ochse, keine Kuh.« Als die Kuh
beschafft wird, geht ihr die junge Dame gekonnt ans Euter. Und
so kommt sie zu ihrer ersten tragenden Rolle im Film, als Stall-
magd. Die technischen Voraussetzungen hat sie von zu Hause:
Geboren ist sie am Heiligen Abend in einem Kaff namens Grab-
ton, North Carolina, als jüngstes von sechs Kindern auf einer
ärmlichen Tabakfarm. Einen einzigen Pullover besitzt sie als
Schulmädchen und muß sich, wenn der in der Wäsche ist, eine
Strickjacke bei der Freundin ausleihen. Als Ava zwölf ist, stirbt
der Vater und hinterläßt nichts als Familie, mit vierzehn muß sie
arbeiten, büffelt Steno und zieht mit 17 zur Schwester Bappie
nach New York, um dort eine Stelle als Sekretärin zu ergattern.
Bappies Mann Larry hat einen Fotoladen, knipst die knackige
kleine Schwägerin, stellt das Bild im Schaufenster aus. Und kurz
drauf fährt Ava, beschützt von Bappie, nach Hollywood.

Ava Gardners Karriere beginnt eher kläglich, denn sie hat
nichts zu bieten, weder Stimme noch Ausbildung, noch schauspielerisches Talent, nur Schönheit. Davon aber satt: Sie ist eine
Südstaatenschönheit mit tiefschwarzem schwerem Haar, gefähr-
lichen grünen Augen und einer geschmeidigen Figur mit prallen

Brüsten. Daß sie in Hollywood schon bald als »der Welt schönstes Tier« gehandelt wird, hat aber nicht nur mit ihrem katzenhaften Aussehen zu tun, sondern vor allem mit ihrem animalischen Wesen.

Als erster lernt das ein ausgewachsener Kinderstar namens Mickey Rooney kennen, der gerade mit Judy Garland dreht. Zwei Jahre älter nur als Ava, mehr als einen Kopf kleiner, aber erheblich schwerer: Er bekommt pro Woche 5000 Dollar und Ava nur 50. Mickey weiß, was er will: Sex mit Ava. Und Ava weiß, was sie will: vorher heiraten, aus Gründen des Selbstschutzes.

»Ich wäre nur als Matratze berühmt geworden, wenn Mickey nicht gekommen wäre«, gesteht sie später. Die Nächte sind anfangs gut und unterhaltend, denn Mickey läßt sich so nette Gags einfallen wie den, vom Kronleuchter in die Arme der Geliebten zu springen. MGM-Chef Louis B. Mayer sieht es ungern, daß sein Jungstar Mickey, der noch immer als Teenager vermarktet wird, als Ehemann dieses Image zerstört. Die Heirat kann er nicht verhindern, aber dafür die Scheidung betreiben. Er läßt Schlagzeilen über Avas Seitensprünge produzieren, auch wenn die gar nicht gesprungen war. Nach zwei Monaten Ehe kehrt Ava Gardner nach einer Blinddarmoperation ins traute Heim zurück und findet im Bett frische Hinweise darauf, wie der junge Gatte die Zeit genutzt hat, nach drei Monaten ist die Ehe kaputt, nach einem Jahr und fünf Tagen wird sie geschieden. Mickey Rooney hatte schon vor und während der Ehe viel getrunken. Danach trank er nur noch.

»Männer, die mit Ava zusammen waren, brauchen anschließend ein Sanatorium«, diagnostiziert der Filmanwalt Greg Bautzer, »während Ava nach jeder wilden Nacht aufblüht wie eine Rose.«

Damit behält er recht. Denn die Opferrolle spielt Ava immer nur kurz und dramatisch. Die längere Version überläßt sie den ausrangierten Liebhabern. Und an ihrer Rosenblüte arbeitet sie konsequent. »Ich fand es aufregend zu filmen«, sagt sie später, »aber noch aufregender fand ich, daß die Männer hinter mir her waren.« Und Ava hinter ihnen. Ihrem Regisseur Robert Siodmak verriet Ava Gardner, sie hätte vielleicht doch das Zeug für eine ordentliche Schauspielerin. »Wenn ich mich auf den Text konzentrieren könnte, anstatt mich von strammen Männerschenkeln ablenken zu lassen.«

Beim nächsten Ehemann imponieren ihr allerdings nicht nur die Schenkel, sondern auch der Kopf. Artie Shaw ist Jazzmusiker, Bandleader, vor allem aber ein jüdischer Intellektueller. Er hat in Avas Augen nur einen Fehler, den sie leider erst nach der Hochzeit entdeckt. »Er wollte mich erziehen. Er wollte aus mir eine bessere Ava machen. Seine Welt – Musik, Kunst, Literatur, Politik, Psychologie – war mir fremd. Und das schlimmste daran: Es ließ sich nicht verheimlichen, daß ich keine Ahnung von diesen schöngeistigen Dingen hatte.« Das sympathische daran: daß Ava es zugibt. So wie sie ungeniert eingesteht, sie habe, als sie Artie kennenlernte, nur ein einziges Buch gekannt: »*Vom Winde verweht*«. Er nötigt sie, Thomas Mann, Sinclair Lewis und Dostojewski zu lesen. Erwischt er sie über Schundromanen, gibt es Zoff. Nach einem Krach zitiert er sie in sein Büro, sie hofft auf Versöhnung und kommt als unwiderstehliche Schönheit an. »Hast du«, fragt er sie, »etwas gegen eine Blitzscheidung in Mexiko?« Acht Monate nach der Hochzeit wird sie vollzogen. Amerikas Männer atmen auf: Ava ist wieder frei. Und das nutzt sie.

Aus ihren Liebschaften macht Ava Gardner längst einen Kult, und dann eine Filmrolle: In *Venus macht Seitensprünge* spielt sie eigentlich sich selber, und damit überzeugt sie. Hemingway betet sie an und erbettelt sich nach einer Gallenblasenoperation die Gallensteine der Diva als Liebesgabe. Dann wird Ava als *Die barfüßige Gräfin* mit 32 zum Weltstar. Weltstar schlüpfriger Schlagzeilen ist sie längst. Dabei hat Ava durchaus Prinzipien.

Frank Sinatra kennt sie schon eine Weile, aber sie kennt auch seine familiären Verhältnisse: verheiratet, Kinder. Also läßt sie die Finger weg. Dann geht sie mit ihm essen, fragt ihn nach seiner Ehe und hört erfreut, da sei eigentlich nichts mehr. In derselben Nacht werden die beiden ein Liebespaar, eines der leidenschaftlichsten und lautesten, die Hollywood je erlebte. Zuerst aber geht es noch leise und verschwiegen zu, der Gattin und der Kinder wegen. Da treibt die Leidenschaft Ava, »das Tier«, dem Geliebten nach Texas nachzureisen, wo er bei einer Hoteleröffnung singt. Auf diese Weise wird die Eröffnung zu einem Medienereignis: Frank Sinatra und Ava Gardner, melden die Zeitungen am nächsten Tag zufrieden, seien weit mehr als gute Freunde. Die Priester im Lande prangern die Sünderin Ava an und schicken ihre Seele zur Hölle, fromme Schülerinnen beten auf priesterliches Geheiß für Frankies sitzengelassene Gattin. Aber die erklärt kühl, sie löse die Ehe auf. Für Ava ist der kleine Mann von 60 Kilogramm ein ganz großer Fang. Und sie macht daraus kein Geheimnis. Als John Ford sie fragt, was sie eigentlich an ihm so aufregend finde, sagt sie: »Weißt du, Frank wiegt eigentlich nur fünf Kilo. Der Rest ist seine Männlichkeit.«

Frank brennt nicht nur vor Begierde, er brennt auch vor Eifersucht. Auf Howard Hughes, der nicht aufhört, Ava anzubaggern, und auf den Ex-Ehemann Artie. Und er scheut vor nichts zurück, um ihr zu demonstrieren, daß er sie will, und zwar alleine, für immer und ohne zu warten. Als sie mit Kollegen und Freunden ausgeht und erst spät ins Hotel zurückkommt, ruft Frankie in ihrer Suite an: »Ich halte das nicht mehr aus. Ich bringe mich um.« Ava hört durchs Telefon einen dumpfen Knall, hetzt hysterisch in sein Zimmer, sieht ihn reglos auf dem Bett liegen, den Kopf im Kissen, neben sich den rauchenden Revolver. Kreischend wirft sie sich auf ihn. Da dreht er sich um und sagt lächelnd: »Hallo.« Er hatte durch das Kissen in die Matratze geschossen. Frankie unternimmt auch ernsthafte Selbstmordversuche, schneidet sich die Pulsadern auf oder nimmt eine Überdosis Schlaftabletten.

Aber beide ahnen, daß diese brennende Leidenschaft sie auf Dauer versengen würde. Zweimal treibt Ava ab, als sie von ihm schwanger ist. Das erstemal angeblich, weil sie Angst hat, John Ford könne ihr vertragsgemäß deswegen kündigen. Obwohl der sie davon abhalten will. »Das darfst du«, sagt er, »dir und deinem Mann nicht antun.« Sie tut es dennoch. Weil sie und Frankie, meint Ava, zuwenig Geld und zuviel Streit hätten. Bei der zweiten Schwangerschaft wird Frank romantisch, singt der werdenden Mutter allmorgendlich ein Lied und träumt von Idylle. Aber Ava bleibt nüchtern. Sie findet sich und Frank erziehungsuntauglich. Zur zweiten Abtreibung fliegt Frank mit nach London. Als sie aus der Narkose aufwacht, sitzt er heulend auf ihrer Bettkante. Aber er wird noch heftiger heulen. Sinatra hat ein Gastspiel in Neapel. Die Gattin sitzt ziemlich weit links in der zweiten Reihe. Sinatra tritt auf. Das Publikum ist nicht eben begeistert. Das erste Lied. Das Publikum zieht noch immer nicht. Da schwenken die Beleuchter um, auf die zweite Reihe, ziemlich weit links. Und wie die Diva im Scheinwerferlicht erstrahlt, brennt und schreit und tobt das Publikum.

»Es war die schlimmste Demütigung seines Lebens«, kommentiert Ava nüchtern. »Am nächsten Tag brachten alle Zeitungen gehässige Kommentare über das ungleiche Paar – die Filmkönigin und ihr abgewirtschafteter Sänger. O Mann, so was tut weh.«

Und Sinatra hatte Mittel und Methoden, sich für diese Schmerzen an Ava zu rächen. Zuerst nimmt er heimlich Rache und geht heimlich fremd. Was allerdings schnell auffliegt, wenn sich die Liftboys in den großen Hotels wundern, daß Ava Gardner mit ihm unterwegs ist. Das letzte Mal, trompeten sie fröhlich, sei es doch eine andere gewesen, mit der Mr. Sinatra hier übernachtet habe. Dann rächt der abgewirtschaftete Sänger sich ganz offen. Ruft zu Hause bei Ava an und grunzt zufrieden, er läge grade mit einer Geliebten im Bett. Die zynische Rechtfertigung. »Du verdächtigst mich ohnehin, auch wenn ich treu bin. Also kann ich auch gleich mit einer anderen Frau schlafen.«

Aber Ava wird ihrem Ruf als Tier gerecht, gerne und leidenschaftlich. Sie braucht neue Beute und reißt sie, wo sie sie bekommen kann.

Eine Party in Madrid. Die Stadt, in der sich die barfüßige Gräfin, die Humphrey Bogart eine Dorfzigeunerin nennt, wie zu

Hause fühlt. Ava hört auf einmal auf zu reden. Atemlos und wortlos starrt sie auf den großen schönen Mann, elegant und weltläufig, um den die Damen schwirren. Luis Miguel Dominguin, der berühmteste Stierkämpfer der Welt. Ein enger Freund von Picasso und Hemingway, den großen aficonados, den leidenschaftlichen Liebhabern des Stierkampfs. Ausgerechnet er ist ein Mann, der sich um Ava kümmert, nicht nur sexuell. Als sie einmal nachts wach wird von stechenden Schmerzen, bringt er sie ins Krankenhaus, läßt sich neben dem Bett der Geliebten ein Feldbett aufstellen und bleibt zwei Wochen Tag und Nacht bei ihr. So lange, bis die Nierensteine entfernt sind.

Ava erholt sich in Kalifornien. Und Howard Hughes gibt nicht auf. Er geht mal schnell einen Saphirring kaufen für eine Million Dollar, zieht ausnahmsweise einen Anzug an, überreicht den Ring als Appetizer, geht ausnahmsweise mal fein essen mit Ava, danach in eine Show und dann hoffnungsfroh aufs Hotelzimmer. Howard entkorkt den Champagner, Ava liest kichernd Comics in der Zeitung. Howard räuspert sich für den Antrag, Ava kichert. Da reißt er ihr wütend die Zeitung aus der Hand und zerknüllt sie. Ihre Schwester stöhnt: »Weißt du nicht, daß der einen Schuhkarton voll Tiffany-Schmuck dabei hat für dich, wenn du dich mit ihm verlobst?« Ava hat keinen Sinn für eine finanziell abgesicherte Zukunft, um so mehr dafür für Männer. Kurz danach reist Luis, der Matador, zu Ava, und beide fangen an, sich beim Essen zu streiten. Zurück im eigenen Haus, geht Ava in ihr Zimmer und donnert die Tür hinter sich zu. Die Hausangestellten wissen, was sie nun zu tun haben, schließlich werden sie dafür bezahlt: Sie rufen Howard Hughes und melden, die Gelegenheit sei günstig. Der verschmähte Verehrer schickt seinen Intimus Johnny Meyer ins Haus von Ava, aber nicht zu ihr, sondern zu Luis. So eine Blamage, impft er den Spanier, könne er als echter Kerl sich doch von einem Weib nicht bieten lassen. Damit seine Wut nicht abkühlt und er auf die Idee kommt, sich mit Ava zu versöhnen, hat der umsichtige Howard Hughes bereits eine Privatmaschine für Luis bereitstellen lassen, die ihn in derselben Nacht noch nach Los Angeles bringt. Dort kann er zügig in eine TWA-Maschine nach Madrid umsteigen. Die Fluglinie gehört Herrn Hughes, und der Platz ist bereits reserviert.

Ava Gardner reagiert filmreif: Sie rast zu dem Intriganten und wirft ihm den Ring vor die Füße.

»Heute könnte ich mich dafür in den Hintern beißen. Ein so wunderbarer Ring!« Das Tier Ava gilt als gefährlich. Und nicht alle riskieren es, in seine Fänge zu geraten. Stewart Granger, mit dem sie in Pakistan dreht, hat Angst davor. Gleich am ersten Drehtag erklärt er, er denke nicht dran, seine Ehefrau Jean Simmons mit ihr zu betrügen. Aber ein Stierkämpfer fürchtet sich nicht vor Tieren. Mario Cobre, der Nachfolger von Luis bei Ava, verschwendet seine Kräfte in der erotischen Arena, trainiert nicht mehr und verblutet vor Avas Augen beim Stierkampf. Vor Avas trockenen Augen, wohlgemerkt. Sie hat den Ruf, der Welt schönstes Tier zu sein, angenommen. Und Tiere weinen nicht, wenn ein anderes verendet. Sie suchen sich einen neuen Sexualpartner. Ava findet da immer etwas. Walter Chiari, zum Beispiel, einen damals berühmten italienischen Komiker, danach reißt sie sogar etwas sehr Edles: den englischen Historiker und Dichter Robert von Ranke-Graves.

Zwischendrin versumpft sie immer wieder. Mitte Vierzig ist sie, als sie, mit nichts als BH und Slip am füllig gewordenen Leib, durch die Straßen irrt, schließlich in einem Luxushotel landet und dort in der Lobby einem dringenden menschlichen Bedürfnis nachgibt. Schuld sind nicht die Männer, sondern diese Medizin, die man ihr schon mit neunzehn in Pappbechern gegen das Lampenfieber gegeben hat, gemeinhin als Whisky bekannt.

Mit 59 ist Ava eine vom Alkohol verquollene dicke Spaziergängerin, die in London, Stadtteil Kensington, ihren Corghie im Park schnell zum Pinkeln führt. Eine schmuddlige alte Frau im Anorak, die keiner kennt. Die Tage und Wochen in ihrem cremefarbenen Appartement im Messingbett dümpelt, alte Filme sieht und sich ein, zwei Flaschen Rotwein reinzieht.

Sie behauptet zwar: »Nichtstun ist das wahre Leben für mich

– so angenehm, wie in warmem Wasser zu treiben.« Aber für ihr Äußeres ist es nicht das Wahre. Kurz danach strahlt ihr Alabastergesicht weiß und glatt und makellos, die Haare schimmern, der Busen ruht prächtig im schönen Dekolleté. Sie glänzt wieder, sinnigerweise in einem Fernsehfilm mit dem Titel *Die Bibel*.

Mit 60 kriegt Ava auf noch ungeklärte, aber gewaltfreie Weise den Sohn von Anthony Quinn auf ihr Liebeslager. Francesco Quinn ist neunzehn. Trotzdem beklagt sie sich. »Das Schicksal ist gegen uns Frauen. Wenn wir uns erlauben, was Männer sich gestatten, nennt man uns Huren. Und wenn wir altern, schenkt man uns nichts mehr als ein mitleidiges Lächeln.« Ihr aber schenkt es immer wieder eine Gelegenheit. Als 62jährige schafft sie es, bei Dreharbeiten zu *Anno Domini* in Tunesien den Regisseur Stuart Cooper für sich zu entflammen, der zwanzig Jahre jünger ist.

Aber im Jahr danach, an Weihnachten, ist es kein Liebhaber, sondern ein Schlaganfall, der sie aufs Bett wirft. Der Welt schönstes Tier ist halbseitig gelähmt.

Anfang des Jahres 1988 wird eine Trage von Bord des Jumbos aus London getragen, der gerade in Los Angeles gelandet ist. Darauf liegt, festgeschnallt und dick eingehüllt, eine ältere Frau namens Lucy Johnson, begleitet wird sie von einem Arzt und einer Schwester. Am Flughafen steht eine Limousine bereit, alles ist organisiert, die Kranke wird sofort zum Spezialisten ins St. John's Hospital in Santa Monica chauffiert, Leibwächter beziehen Stellung vor der Tür. Arrangiert und mit Platin-Card bezahlt hat den teuren Krankentransport nebst Operation ein Geschäftsmann aus Palm Springs, Kalifornien. Offiziell zumindest. In Wirklichkeit ist es Frank Sinatra, der die hilflose Ava Gardner nach ihrem zweiten Schlaganfall hierher holt, um ihr zu helfen. 34 Jahre nach der Scheidung.

»Weiß der Himmel«, stöhnte Ava, »warum ich in meinem Leben immer an Männer geraten bin, die perfekt lügen konnten.«

Frank hatte behauptet: »Sie ist die Liebe meines Lebens.«

Und damit zumindest hatte er wohl die Wahrheit gesagt. Nicht einmal ihre Lieblingsfarbe hat er je vergessen.

Als Ava Gardner zwei Jahre nach der Operation in einem rosafarbenen Ballkleid im Kirschholzsarg liegt, in dem Kaff in North Carolina, aus dem sie kam, bringen die Boten einen Kranz von Frank Sinatra.

Blaßrosa Rosen und blaßrosa Nelken.

Ava Gardner

1922: Ava wird am 24. Dezember in Smithfield in North Carolina geboren.

1940: Mit 18 zieht sie zur ihrer Schwester nach New York, um Sekretärin zu werden.

1941: Einem Hollywoodproduzenten flattern Fotos von ihr auf den Tisch. Sie erhält einen Vertrag von MGM.

1942: Sie heiratet den Schauspieler Mickey Rooney. Die Ehe wurde nach 16 Monaten geschieden.

1944: Ava wird als »schönste Frau der Welt« gefeiert und dreht erste, unbedeutende Filme.

1945: Sie heiratet den Jazz-Klarinettisten Artie Shaw.

1946: Die erste große Rolle in der Hemingway-Verfilmung *Rächer der Unterwelt*

1948: Sie dreht den Publikumserfolg *Venus macht Seitensprünge*.

1950: Ava rückt zur Nachfolgerin von Rita Hayworth als Königin von Hollywood auf.

1951: In dritter Ehe heiratet sie Frank Sinatra. Diese Ehe hält sechs Jahre.

1954: Ava Gardner wird als *Barfüßige Gräfin* gefeiert.

1964: Sie wird in San Sebastian für ihre Rolle in *Die Nacht des Leguan* ausgezeichnet.

1986: Mit Anthony Quinn dreht Ava *Regina*, ihren letzten Film. Im selben Jahr erleidet sie einen Schlaganfall.

1990: Ava Gardner stirbt am 25. Januar in London.

ROMY SCHNEIDER

Die Verschwenderin, deren Herz
niemals heilte

Götter sind Verschwender. Kein Wunder: Sie haben ja keinen
über sich, der sie kontrolliert. Verschwendung gibt ein göttliches
Gefühl.

Und das bringt Sterbliche, die danach süchtig sind, um.

Romy Schneider war eine Verschwenderin. In jeder Hinsicht,
in jeder Beziehung, in jeder Situation. Energien hat sie genauso
verschwendet wie Geld, Liebe genauso wie Haß, sogar ihr Können hat sie oft verschwendet. Keinen wirklich großen Film habe
sie je gedreht, schrieb der *SPIEGEL* in seinem Nachruf, groß sei-
en viele ihrer Filme nur durch sie geworden.

In einem, meinte der treue Freund Jean-Claude Brialy, sei sie
ihrer großen Liebe Alain Delon sehr ähnlich gewesen: genauso
exzessiv. Grenzenlos hungrig auf Liebe, Erfolg, Bestätigung. Walt
Disney hat Romy Schneider schon 1957 als »das hübscheste
Mädchen der Welt« bezeichnet. Von da an waren Superlative das
Mindeste, was sie erwartete.

Romy Schneider kannte keine Grenzen und ertrug Begren-
zungen nicht, auch keine geistigen. Das Max-Reinhardt-Semi-
nar, die berühmte Schauspielschule, hat sie blitzartig wieder verlassen, denn der intellektuelle Anspruch war für sie, als versuche
jemand, mit einem Zaun aus Stacheldraht einen wild wuchern-
den Garten einzugrenzen, der nur aus der Überfülle seine
Schönheit bezieht. Einengungen jagten Romy lebenslang Atem-
not ein.

»Wenn man zwei- oder dreimal dieselbe Person spielt, wird
sie zu einer Art Zwangskorsett«, sagte Romy. Die Rolle der *Sissi*
war das erste und einzige, das sie zu tragen bereit war. Und als
sie es ablegte, legte sie damit die harte, widernatürliche Mieder-

ware der sogenannten guten Erziehung ab, die bürgerlichen Vorstellungen von dem, was sich gehört.

Da war sie zwanzig. 1958 beschloß nämlich der Ungar Geza Radvanyi eine Neuverfilmung von *Mädchen in Uniform*. Die Geschichte spielt in einem Mädchenpensionat und dreht sich um die leidenschaftliche Schwärmerei der Mädchen für eine Lehrerin, die bei einem von ihnen fast bis zum Selbstmord führt. Wer gesehen hat, wie Romy Schneider in diesem Film mit geschlossenen Augen und schwellenden Lippen ihr Gesicht Lilly Palmer entgegenhebt, der weiß, wie Hingabe ausschaut.

1958 war das Jahr, in dem Romy Schneider die rosa getünchten Mauern um sich einriß, die ihre Mutter Magda Schneider um sie erbaut hatte. Ausgerechnet durch eine Neuverfilmung von Arthur Schnitzlers *Liebelei* bekam sie dazu Gelegenheit. In der Ophüls-Verfilmung genau dieser Geschichte hatte ihre Mutter Karriere gemacht. *Christine* hieß nun die aktuelle Version. Und zusagen hieß für Romy Schneider: Paris begegnen und Alain Delon. Was die Kritiker an Delon verwerflich oder verdorben fanden und noch immer finden, war das, was im Unbewußten von Romy Schneider einen Flächenbrand auslöste. Er sei »frei von Moral und Unmoral«, hat Cocteau über Delon gesagt. Das genau entzündete Romy Schneider, der die Moral der 50er Jahre eingetrimmt worden war in dem selbstgerechten Wahn, man wolle nur ihr Bestes.

Delon war groß geworden in einem Wurstwarenladen, in den trostlosen Außenbezirken von Paris, er war Dschungelkämpfer in Indochina gewesen, hatte sich als Taxifahrer und Straßenmusiker durchgeschlagen. Kläglich in allem war sein Leben verlaufen, doch in Romys Augen luxuriös, denn er hatte verschwenderisch Freiheit gelebt, und das erregte sie.

Delons Mutter behauptete, sie habe mit ihrem Sohn 16 Psychiater aufgesucht; erst der 16. habe unumwunden gesagt, er könne nichts für sie tun. »Ihr Sohn hat kein Herz und wird nie eines haben.« Wer mit den Herzigkeiten einer Sissi-Welt, mit verlogener Herzlichkeit und kaltem Geherze, groß wurde, findet eben das befreiend. Und Befreier vergißt man nie. Jahre nach der Trennung von Delon verriet Romy in einem Wahrheitsspiel mit Melina Mercouri und dem Fotografen Giancarlo Botti in einem Madrider Hotelzimmer, den Spielregeln treu, die Wahrheit.

»War Alain wirklich die große Liebe deines Lebens?« wurde sie gefragt. Und Romy sagte ja.

Daß sie bürgerliche Träume befriedigt hatte in einem Nachkriegsdeutschland, in dem man mit dem Zuckerguß der K&K-Sentimentalität die braunschwarze NS-Vergangenheit zugoß, machte sie als Sissi berühmt. Danach wollte sie nichts dringlicher, als diese Bürgerlichkeit loswerden.

Daß Delon bei der offiziellen Verlobung im schmuddeligen Pulli lautstark seine Suppe schlürfte, gefiel ihr, daß er sich mit schmutzigen Gummistiefeln aufs Bett legte, erst recht. Und als klebten noch letzte Fetzen des Sissi-Korsetts an ihr, nahm sie mit Begeisterung an, als ihr Visconti 1972 in seinem Film über Ludwig II. die Rolle der Kaiserin Elisabeth anbot: Dort war sie eine haltlose Revoluzzerin.

Romy Schneider war so exzessiv, daß sie sich vergaß und oft auch vergaß, wie sie ankam. Im Oktober 1974, als Talkshows noch Sensationen waren, lud Dietmar Schönherr sie in seine Sendung ein. Sie saß neben dem Bankräuber Burkhard Driest, der im Knast *Die Verrohung des Franz Blum* geschrieben hatte. Er saß da im Rocker-Look. Romy Schneider sagte: »Sie gefallen mir. Sie gefallen mir sogar sehr.« Das war satte Beute für die Spießer im deutschen Lande, Anlaß genug, ihr eine heiße Nacht mit ihm und Haltlosigkeit generell anzudichten. Dabei hatte sie nur wieder einmal bekannt, daß ihr der Stachel im Fleisch lieber war als dieses fette Fleisch des bundesdeutschen Wohlstands. Romy Schneider war eine Verschwenderin. Sie wollte das, sie wußte das, und sie fürchtete das. Seit ihr vergöttertes »Pappilein« Wolf Albach-Retty seine Frau Magda einer Jüngeren zuliebe hatte sitzenlassen, sehnte sich Romy nach Struktur. Nach selbstverständlicher Ordnung.

Statt dessen erlebte sie von Kind an Zwang und Kontrolle.

Mit 10 wurde sie im Internat Goldenstein bei Salzburg einge-schult, 14 Mädchen in einem Schlafsaal. Katholische Nonnen unterdrücken alles, die Phantasie und das erotische Frühlingser-wachen: Länger als eine Minute durfte keine auf der Toilette bleiben. Romy, der Zögling Nummer 144, kannte die einzige Methode auszubrechen: auf dem Luftschiff der Lügen. Sie kenne Rita Hayworth und Aga Khan, sie habe mitgespielt in *Peterchens Mondfahrt*, erzählte sie, verschwenderisch auch hier, was phan-tasievolle Ausschmückung angeht. Als »begabte Lügnerin« habe sie dort gegolten, schreibt auch ihr gewissenhaftester Biograph Michael Jürgs. *Die schöne Lügnerin* war ein Film, in dem sie später zeigte, was sie konnte.

Daß Tränen nicht lügen, muß Romy schon als Kind für eine Anfängerdummheit gehalten haben. Die *STERN*-Autorin Petra Schnitt begab sich 1982, in Romys Todesjahr, auf Spurensuche unter den ehemaligen Schülerinnen vom Internat Goldenstein. Eine Erkenntnis: Romy konnte so perfekt auf Kommando heu-len, daß keine mehr Mitleid hatte mit ihr, ob die Tränen nun echt waren oder nicht.

Kontrolle war auch die Methode der Mutter, um Romy an dem zu hindern, was keiner verhindern konnte: an der Ver-schwendung ihrer selbst.

Acht Filme, in denen Magda und Romy gemeinsam vor der Kamera stehen, bedeuteten für die Tochter achtmal Gefängnis auf Zeit. Die Mutter, die laut Romy »immer die Hand an meiner Taille« hatte, war ein erstklassiges Minensuchgerät: Sie spürte, wo etwas hochgehen, wo etwas explodieren konnte, und unter-drückte erfolgreich jede Affäre, auch die mit dem subversiven Berliner Gassenjungen Horst Buchholz.

Die Zwangsjacke der Kontrolle treibt eine wie Romy in den Wahnsinn, das maßgeschneiderte Jackett der klaren Strukturen und Anweisungen aber zu Höchstleistungen. Zum erstenmal erlebte sie das durch Luchino Visconti. Unter seiner Regie spiel-te sie an der Seite ihres Liebhabers Alain Delon, dreiundzwan-zig erst, in John Fords Stück *Schade, daß sie eine Dirne ist*. Ihren

Bühnenerfolg erlebten Ingrid Bergman und Anna Magnani, Edith Piaf und Cocteau in den ersten Reihen mit. »Das war eine ehrliche Leistung«, sagte Romy später. »Die einzige in meinem Leben, auf die ich stolz bin. Wer mit Visconti gearbeitet hat, dem kann nichts mehr passieren. Er ist der härteste Regisseur, den man sich vorstellen kann, und der beste Lehrmeister. Ihm verdanke ich es, wenn ich heute jedes Atelier ohne Angst betrete.«

Strukturen nehmen der Verschwenderin die Angst vor der Haltlosigkeit, die Angst vor dem Absturz. Aber sie verwechselt immer wieder Struktur und Kontrolle, Ordnung und Zwänge.

Ihr erster Ehemann Harry Meyen ist 14 Jahre älter als sie. Harry Meyen haßt das Chaos in jeder Form, er bekämpft es, und Romy genießt das – anfangs zumindest.

»Ich schau gerne hoch zu einem Mann«, verkündet sie stolz in einem Berlin des Aufbruchs, am Morgen der 68er Revolution.

Aber Meyens Kontrollbedürfnis erwächst aus Verlustangst, seine Sparsamkeit aus Furchtsamkeit vor dem Nichts. Verstehbar bei seinem Schicksal: 18jährig war er als Halbjude von den Nazis inhaftiert und ins Konzentrationslager gesteckt worden. Doch Verschwender wie Romy haben oft wenig Zeit, sich in die Vergangenheit anderer zu versenken, wo doch das Hier und Jetzt mit offenen Armen dastehen.

Das Kind von Harry Meyen wurde für Romy zum Symbol für Struktur, der kleine Sohn David wird der Mann in ihrem Leben: eine Bürde, die auch für ein frühreifes Kind zu schwer ist. Aber Verschwender denken nicht nach über Lasten, sie verschwenden ja die eigenen Kräfte auch, um alles zu tragen.

»Jetzt habe ich endlich einen Mann, der mich bis ans Ende meiner Tage lieben wird«, ist Romys dankbarer Kommentar zur Geburt ihres Sohns. Dessen Existenz hindert sie aber nicht daran, im materiellen Sinn verschwenderisch zu bleiben.

Für 70 000 Mark, erzählt Romys Freundin, die Berlinerin Christiane Höllger, habe sie nach einer Chanel-Modenschau Modelle bestellt.

Gerüchte werden nicht bewiesen, aber glaubhaft, durch ihre Umgebung. Oswalt Kolle warnte Romy nach einer Kauforgie, sie solle an später denken. Sie sagte: »Man lebt nur einmal. Soll ich dir eine schöne Uhr schenken?« – »Sie hatte eine Uhr für 10 000 Mark im Auge. Ich lehnte ab – und sie war tief beleidigt.« Wer Verschwender am Verschwenden hindert, wirkt auf sie wie einer, der ein sprühendes Feuerwerk löscht oder eine herrliche Fontäne abdreht. An vier Meter Schrankwand Chanel und Courrèges aus Romys Pariser Zeit erinnert sich die Freundin Christiane in Romys und Harrys Berliner Wohnung.

Dabei war Romy in Armut aufgewachsen, Mutter Magda wollte sie zur Sparsamkeit erziehen, und von ihren Millionengagen bekam sie anfangs nur ein Taschengeld. Auch das war für Romy Schneider ein Korsett, und sie zerschnitt es. In Berlin schenkte sie einer Klofrau 100 Mark. »Was ist schon Geld?« kommentiert sie das. Und schmeckte nicht die Bitternis im Lachen ihres Mannes Harry Meyen.

Daß sie ein Verhältnis zu Geld entwickelt, hat ihr Stiefvater, der Großgastronom Hans-Herbert Blatzheim, erfolgreich verhindert: Er gründete in Vaduz eine Holding namens Thyrsos. Von dort bekam sie eine monatliche Apanage von 5000, später 7000 Franken. Nichts provoziert die göttliche Verschwenderin mehr zur Explosion als der Versuch, diese zu unterdrücken. Thyrsos hatte Alain Delon trotz heftigen Widerstands von Blatzheim auf Romys Drängen 510 000 Franken für einen Hauskauf geliehen, von denen Delon nichts wissen wollte. »Was Romy Schneider mit der halben Million gemacht hat, ob sie alles ihrer unbändigen Kauflust geopfert – von Kleidern oder Pullovern, die ihr gefielen, nahm sie manchmal zehn Stück – oder in ihrer Großzügigkeit verschenkt hat, ist nicht mehr zu klären«, schreibt der gründliche Rechercheur Michael Jürgs. Zu erklären schon. Denn Einzelfälle erhellen das Ganze. Als George Beaume, dem gemeinsamen Freund und Agenten von Alain und Romy, goldene Cartier-Manschettenknöpfe geklaut worden waren, kaufte sie ihm umgehend neue.

Verschwender gelten als Menschen ohne Sinn fürs Geld, und das reizt die Wölfe zum Wildern, Wölfe im bürgerlichen Schafspelz wie Blatzheim erst recht. Harry Meyen wurde deswegen deutlich: »Sie wußten natürlich«, schrieb er dem Stiefvater seiner Frau, »daß jeder neutrale Finanzberater verhindert hätte, daß Sie die Gagen Ihrer Stieftochter in die Firma Thyrsos einfließen ließen, anstatt sie, wie es selbstverständlich gewesen wäre, mündelsicher anzulegen.«

Romy, die Verschwenderin, riecht aber auch die Luxusbegierde des ewig zu kurz gekommenen Harry Meyen, der noch bei einem selbstgekochten Gulasch betonte, was das Fleisch gekostet habe. Seine Existenzängste deckt sie zu mit maßgeschneiderten Morgenmänteln, mit Hemden und Pyjamas von Viscontis Schneider in Rom. Seine Panik vor Verlust sediert sie mit Antiquitäten. Meyens Ängste waren berechtigt, sein Mißtrauen auch.

1968, nach Blatzheims Tod, ergab die Bestandsaufnahme laut Michael Jürgs: Thyrsos schuldete Romy Schneider 1 251 418,15 Franken.

Das paradoxe ist nur: Erfährt ein Verschwender, er sei ausgebeutet worden, sucht er sich den nächsten Ausbeuter.

1973 stellt Romy Schneider einen gewissen Daniel Biasini als Sekretär ein. Er wird ihr schlechtester Gefährte und ihr erfolgreichster Ausbeuter: Autos kauft sie für ihn, den Berufsangeber, einen Bentley, einen Porsche, einen Cadillac, einen Rolls-Royce, einen Ferrari, alle auf Romys Namen zugelassen, die nicht einmal ihren Mini benutzt.

Die gemeinsame Wohnung wird für 600 000 Mark mit Teppichen und Kostbarkeiten ausgebaut zu einer Festung gegen alle, die Romy Daniel Biasini ausreden wollen. Wenn sie sich an jemanden verschwendet, dann richtig. Auch, was die Verschwendung von Vertrauen angeht. Daniel bekommt eine Bankvollmacht und kommt so auch in den Besitz einer Yacht.

Haie werden angelockt durch blutende Wunden. Und Romy lockte sie an. Einen, der offiziell als Schweizer Anwalt unter dem

Namen Henrik Kaestlin auftrat und eine Gesellschaft namens Cinecustodia gegründet hatte. Sein Angebot an die Cinestars: alle ihre Einnahmen über seine Gesellschaft laufen zu lassen, um legal Steuern zu sparen. Zum Zeitpunkt ihres Todes am 29. Mai 1982 hatte sie eine Klage auf neun Millionen Francs Steuerschulden am Hals und besaß kein Land, kein Haus, kein Barvermögen.

Wer keine Grenzen kennen will, sehnt sich auch nach den letzten Entgrenzungen. Der Verdacht, daß Romy Schneider nicht nur für Uppers und Downer, für Aufputsch- und Beruhigungsmittel, Geld ausgegeben hat, für Burgunder- und Bordeauxweine, Champagner und Whisky, sondern auch für Kokain, erscheint alles andere als unbegründet.

Die Reaktion der Verschwenderin auf Kontrolle heißt: ausgeben und sich verausgaben. Noch heftiger aber sind ihre Reaktionen auf die, die sie verfolgen: Das provozierte sie nur zu noch heftigerer Provokation.

Als sie 1959 die Verlobung mit Delon am Luganer See gefeiert hatte, reagierte die deutsche Presse mit verbaler Lynchjustiz. Sie knüpfte den Windhund, der das Denkmal ihrer schönen heilen Welt geschändet hatte, an der deutschen Eiche auf. Prompt drehte Romy den ersten Film, in dem sie nackt zu sehen war. Und ließt sich an der Côte d'Azur nackt fotografieren. Nachdem sie aus Deutschland zum zweiten Mal geflohen war, aus der Ehe mit Harry Meyen, empörte sich die bundesbürgerliche Öffentlichkeit erneut. Also drehte sie 1974 *Trio Infernal*, wo sie ihren Partner Michel Piccoli kniend befriedigt. Da rissen die Nonnen ihrer Klosterschule die Bilder der prominenten Schülerin ab und verbannten sie auf immer.

»Wir sind die beiden meistverfolgten Frauen in Deutschland«, hat Romy Schneider zu Alice Schwarzer gesagt. Vielleicht hat aus dieser Gemeinsamkeit heraus Alice Schwarzer das Scharfsinnigste gesagt, was über Romy je verbreitet wurde. »Sie ist der absoluteste Mensch, dem ich je begegnet bin.« Absolut kommt von absolutus, abgelöst.

Wie sehr sie, die das vibrierende Leben so überzeugend spielen konnte, abgelöst war vom Leben und von der Wirklichkeit, offenbarte sich immer wieder bei Trennungen.

1963 ging Romy Schneider für Dreharbeiten mit Jack Lemmon nach Hollywood. Als sie zurückkam, erfuhr sie auf einem jämmerlichen Zettel von Delon, was sie schon auf Fotos gesehen hatte und nicht glauben wollte: Er war mit seiner neuen Liebe Nathalie auf und davon. Romys Reaktion war verschwenderisch: zuerst Haßtiraden, dann Wasserfälle verbaler Toleranz und schließlich ein Selbstmordversuch.

Verschwenderisch und losgelöst von Rücksichtnahme war sie immer in ihrem Gefühlsleben. Wer verschwenderisch umgeht mit seinen Gefühlen, geizt nicht mit Bekenntnissen. Sie bekannte sich zu Liebesverhältnissen mit dem amerikanischen Filmproduzenten Robert Evans, mit dem Schauspieler und Sänger Serge Reggiani, mit dem Star der Berliner Schaubühne Bruno Ganz. Schüchterner war sie, was die Leidenschaft für Frauen anging.

Christiane Höllger, der Berliner Freundin, sagte sie, nach Delons üblem Abgang habe sie sich trösten lassen »von einer viel älteren Freundin, Simone, einer Kollegin, weiblich, erotisch, alles, was du willst, die Signoret«.

Verschwenderisch, wie Romy Schneider ist, geht sie nicht klaren Geistes neue Beziehungen an, sie taumelt in sie hinein wie ein Falter ins Feuer, den es nicht kümmert, ob es ihn verbrennt.

Wer alle Grenzen ablehnt, der entgrenzt auch die Liebe: Daß Romy Schneider lesbische Liebschaften nachgesagt wurden, mit Yves Montands Ehefrau Simone Signoret, mit der Ehefrau eines Masseurs, einer Kostümbildnerin, einer verheirateten Ärztin, kümmerte sie nicht. »Irgendwann werde ich nur noch mit Frauen leben«, schrieb sie auf einen ihrer zahlreichen Zettel.

Wer das Absolute sucht, ruht nicht, bis er oben oder unten Extreme berührt. »Wenn sie jemanden liebte«, hat Jean-Claude Brialy gesagt, »erstickte sie ihn mit Liebe.« Und Romy selber schrieb einem Freund: »Lieber eine unglückliche Leidenschaft erleben, als im Glück zu schnarchen.«

Zum Schnarchen kam sie nie: Harry Meyen erhängte sich, der Sohn David starb, als er einen Zaun überklettern wollte und von dessen eisernen Spitzen durchbohrt wurde. Der Schrecken hielt sie wach, als sie bereits müde wurde, die schlimmsten Bilder füllten sie aus, als sie innere Leere zu spüren begann. Die Panik vor dem Mittelmaß gebiert Extremisten wie Romy Schneider, denen jeder Mittelweg banal erscheint und jede Konzession verlogen, ihre Besitzansprüche sind so absolut wie die Ansprüche ans Leben.

»Jeder soll mich liebhaben«, schrieb sie als Kind in ihr Tagebuch. Und beim Theaterspielen in der Schule halluzinierte sie bereits, »die Spitze des Erfolgs« erreicht zu haben, um schließlich »in einem Blumenmeer« zu versinken.

Hemmungslos, grenzenlos bekannte sie sich zu all ihren Entscheidungen. Öffentlich erklärte die heilige Jungfrau der Wirtschaftswunderjahre 1971 in einer Aktion des *STERN* gegen den Paragraphen 218: »Ich habe abgetrieben. Und zwar zweimal.«

Sie, die zwei Césars einheimste und im *Paris Match* vom 3. Juli 1971 als »der größte europäische Star« gefeiert wurde, als eine Diva vom Format der Garbo, der Dietrich und Marilyn Monroe, kam mit dem Alltag nicht zurecht.

Dabei sah sie so aus, als sei sie für den Alltag gebaut, fürs Hinlangen, fürs Anfassen, fürs sichere Auftreten. Kräftige Hände hatte Romy und kurze, dralle Beine. Sie ging, fanden die meisten, hart und energisch, befehlend, fast herrisch wie ein Soldat. Aber das alles wollte sie ja nicht sein, nicht preußisch, sondern französisch, nicht kräftig, sondern elegisch, kein Mensch der kühlen Entschlüsse, sondern der heißen Empfindungen.

»Ich bekomme den Alltag einfach nicht in den Griff«, bekannte sie selber.

Alltag delegierte sie wie Bankgeschäfte. Die Freundin Christiane ernannte sie zur »Expertin fürs normale Leben«. Und doch ahnte sie, daß ihre Männer sich danach sehnten. Für Harry Meyen übte sie, Königsberger Klopse zu kochen und Milchreispudding.

Sie wollte alles erreichen und gab daher einfach alles her, was sie besaß. Und geriet in einen immer rasanteren Schlingerkurs zwischen den Extremen ihres Wesens. »Was für ein entwaffnendes Nebeneinander von Dominanz und Demut, von Intelligenz und Irrationalität«, erkannte Alice Schwarzer. Aber sie sah auch, daß Romy, die Verschwenderin, von anderen dasselbe forderte. Daß ihre Existenz ein Befehl war. »Hier! Heute! Jetzt! Sofort! Alles! Oder nichts.«

Romy Schneider hat sich nicht bewußt das Leben genommen. Sie hat ihr Leben bewußt verschwendet. Und sich damit zu einer Göttin gemacht.

Romy Schneider

1938: Romy wird am 23. September in Wien geboren.

1953: Erste Filmrolle in *Wenn der weiße Flieder wieder blüht*, zusammen mit ihrer Mutter Magda Schneider, einem Ufa-Star

1955: Durchbruch mit *Sissi*

1959: Umzug nach Paris, Verlobung mit Alain Delon

1961: Großer Bühnenerfolg in Luchino Viscontis *Schade, daß sie eine Dirne ist*

1963: Romy erhält den Preis der Französischen Filmakademie für ihre Rolle in der Orson Welles Verfilmung von Kafkas *Prozeß*.

1966: Heirat mit dem Schauspieler Harry Meyen. Im gleichen Jahr wird Sohn David geboren.

1969: Romy dreht mit Alain Delon den Film *Der Swimmingpool*.

1975: Scheidung von Harry Meyen

1976: Heirat mit ihrem Sekretär Daniel Biasini. Ein Jahr später kommt Tochter Sarah Biasini zur Welt.

1976: Für *Nachtblende* bekommt Romy ihren ersten Cesar.

1977: Bundesfilmpreis und Filmband in Gold für die Böll-Verfilmung *Gruppenbild mit Dame*

1981: Romy wird die rechte Niere entfernt, Scheidung von Biasini. Im gleichen Jahr fällt ihr 14jähriger Sohn David beim

Spielen in die Metallspitzen eines Gartenzaunes und verblutet.

1982: Romy lernt ihren letzten Lebensgefährten Laurent Petin
kennen und dreht ihren letzten Film *Die Spaziergängerin
von Sanssouci*.

1982: Romy Schneider stirbt am 29. Mai im Alter von 43 Jahren
in Paris. Offizielle Todesursache: Herzversagen

CATHÉRINE DENEUVE

Die rätselhafte Strategin

Die Frau von fast 50 Jahren mit rötlich schimmerndem Schopf über blassem Engelsgesicht zögert nicht: Entschlossen wirft sie den Papiersack in die Flammen. Ein unangenehmer, beißender Geruch macht sich breit, denn was hier verbrennt, sind menschliche Haare.

Als die Presse von all dem erfährt, klagt sie die Frau an wie eine Mörderin. Denn sie hat eine Göttin umgebracht oder zumindest geschändet: Cathérine Deneuve, von ihren Landsleuten als die schönste Frau der Welt angebetet, hat ihre langen blonden Haare abgeschnitten und verbrannt. Und das, finden die Franzosen, stehe ihr nicht zu, auch wenn es Denkmalsschändung in eigener Sache ist. An Nationalheiligtümern vergreift man sich nicht, zumal damit in allen Rathäusern von Frankreich und in zahlreichen Privathaushalten auch eine Anschaffung von etwa 1500 Mark schrottreif ist: die Büste der Marianne, die nach dem Bilde der langhaarigen blonden Filmheldin geformt worden ist. Womit sie Brigitte Bardot aus diesem Kultstatus verdrängte, die davor Modell gesessen hatte für die Heilige der Republik.

Zugegeben: An dieser Marianne à la Cathérine hatten ein paar Leute Kritik geübt. Das Satireblatt *LE CANARD ENCHAINÉ* lästerte, diese fade Frau mit platter Brust und ohne Lächeln verkörpere so gar nicht das fidele Frankreich. Nein: Sie verkörpert das ideale Frankreich, dem wir die Vokabeln »Eleganz« und »Etikette« verdanken, aber auch »Haute Couture« und »Charme«.

Und das ist in der Muse von Yves Saint Laurent verdichtet. Deneuve ist Frankreich instant. Und wird daher von den Franzosen zur Siegerin über Marilyn Monroe und alle anderen Göttinnen des Jahrhunderts erklärt. Begonnen hatte der unaufhaltsame Aufstieg der Pariserin an einem heißen Junitag 1967. Da rast die französische Filmschauspielerin Françoise Dorléac über die Autobahn von Estrel in Richtung Flughafen Nizza. Die zerbrechliche, dunkelhaarige Frau am Steuer hat ein Talent, das die Filmemacher entzückt. Sie knallt auf einen Lichtmasten, das Auto geht in Flammen auf, sie verbrennt bei lebendigem Leibe. Und macht damit Platz für die Frau in ihrem Schatten, die jüngere ungelernte Kollegin, mit der sie schon zwei Filme gedreht hat und die sich verzweifelt von der älteren abzusetzen versucht. Die dunklen Haare hat sie sich nur aus diesem Grund blond färben lassen. Jetzt, da die Schwester tot ist, hat Cathérine Dorléac, die sich nach dem Künstlernamen ihrer Mutter »Deneuve« nennt, eine Chance, die erste Rolle zu spielen. Kühl, blaß und langweilig hatten die Filmleute sie vorher gefunden. Jetzt aber erklären sie das Kühle für erregend, das Langweilige für geheimnisvoll und die Blässe für schön. Ein Mysterium ist geboren. Und Cathérine Deneuve beschließt, mit ihm zu leben, auch zu sterben und es vorher niemals abzulegen. Zu keinen Bedingungen, unter keinen Umständen. Auch nicht unter den sogenannten anderen.

Das Image der Deneuve ist klar und einfach aufgebaut; widersprüchlich soll sie sein. Kühl, aber leidenschaftlich, männermordend, aber mütterlich, beherrscht, aber exzessiv. »Unwiderstehlich schamlos«, lobte sie Hemingway, königlich keusch – selbst wenn sie eine Nutte spiele – pries sie die Presse seit *Belle du Jour*. Spannend ist nicht das Gesicht der Deneuve, nur ihr Nimbus. Spannung aber wird aufrechterhalten, wenn keiner die Lösung kennt. Und dafür sorgt Cathérine Deneuve, denn sie ist als Schauspielerin Laie, als Selbstdarstellerin aber ein Profi. Vom Privatleben gibt sie nur das zu erkennen, was so genau zum Mythos Deneuve paßt wie die Abendkleider von Yves Saint Laurent zu ihrem nicht eben vollkommenen Körper.

»Ich habe keine gute Figur«, sagt die Deneuve. »Ich habe kein Selbstbewußtsein. Ich muß mir immer Mut machen.« Und doch

sagt sie ganz unmißverständlich: »Ich liebe mich.« Natürlich liebt sie auch die Männer, aber immer etwas weniger, denn sonst liefe sie Gefahr, sich zu verschenken

»Ich gehöre nur mir selber«, heißt der Leitsatz der Deneuve. Ihr Lebensgefährte Roger Vadim hatte das wohl mißverstanden und keinerlei Anstalten gemacht, sie zu heiraten. Das ist Anfang der 60er noch ziemlich ungewöhnlich und ungemütlich für die Geliebte. Da wird Cathérine von ihm schwanger. Und er macht ihr einen Heiratsantrag. Erhobenen Hauptes geht die Göttin von hinnen. »Er wollte mich nur des Kindes wegen heiraten, aus Anstand. Der Stolz machte mich so blind wie vorher die Leidenschaft: Ich stieß ihn von mir.« Von da an gehört »Stolz« zu den unveränderlichen Merkmalen in ihrem Katalog. 1967, nach dem Tod der Schwester, verwandelt sie ihren echt empfundenen Schmerz in ein weiteres Markenzeichen: das eiserne Schweigen über ihre Gefühle. »Ein uneingelöstes Versprechen« hat Charlie Chaplin in Cathérine gesehen. Dumm wäre sie gewesen, das einzulösen und mit einem wasserklaren Informationsschwall ein für allemal die brennende Neugierde und Begierde zu löschen. François Truffaut schwärmte noch bis zu seinem Tod, er sei »mit der schönsten Frau der Welt der glücklichste Mann der Welt gewesen«. Für sie hatte er seine schlampigen Bohemien-Klamotten aus- und Lanvin-Anzüge angezogen, für sie ging er ins gnadenlos mondäne Saint-Tropez, statt sich mit Kumpeln durch die Bars von Montmartre zu saufen. Aber sogar er hat klar diagnostiziert: »Sie fürchtet sich nicht davor, angeschaut zu werden, sie fürchtet sich davor, enträtselt zu werden.«

Dieses Rätsel um sich trägt sie wie Jeanne d'Arc ihre Rüstung.

Und wenn es ihr einer vom Leib reißen will, wird sie aggressiv.

Damals zum Beispiel, als eine Journalistin sie eine Sphinx ohne Geheimnis nannte. Könne ja sein, das Geheimnis sei nur vorgeblendet, um eines zu verbergen: die Leere, mutmaßte die Dame. Schließlich betont Exgatte Roger Vadim. »Sie spielt gemein gut Poker. Blufft mit der Unschuld eines Engels und der Frechheit eines Profis.«

Aber eine geheimnisumwaberte Jungfrau zu sein, das reicht nicht mehr nach Brigitte Bardot. Ein Geheimnis muß nach Erfahrungen riechen. Cathérine Deneuve ist eine von hundert Frauen in Frankreich, die in den 70er Jahren dazu stehen, abgetrieben zu haben. Und sie ist eine, die die Reihe ihrer Liebhaber trägt wie eine Perlenkette. In der Auswahl der Perlen gibt sich die Deneuve wählerisch, an ihre Qualität stellt sie höchste Ansprüche.

»Was ich von einem Mann verlange, kann unmöglich in einem vereinigt werden.« Also sammelt sie es bei mehreren zusammen. Der zweite wichtige Mann von Cathérine Deneuve, der Modefotograf David Bailey, heiratet sie zwar, aber er wagt es, die Göttin zu betrügen. Nach einem Jahr war die Liebe tot, nach fünf Jahren die Ehe offiziell begraben. Bailey verrät: »Völlig grundlos warf sie mir einen Teller Spaghetti an den Kopf.« Und Cathérine verrät imagegetreu: »Mich hat nur erschreckt, wie leicht es mir fiel, um die Scheidung zu bitten.«

François Truffaut, mit dem Cathérine Deneuve ihre besten Filme drehte, kollidiert nicht mit Spaghettitellern, sondern mit dem ebenso harten Siegeswillen der Göttin. Die Deneuve weiß es eben: Wenn sie einmal verliert, hat sie ihren Nimbus für immer verloren. Cathérine wollte ein Kind von ihm, er wollte keins von ihr. Doch dieser Frau schlägt man nichts aus. Dankbar müssen Männer sein, ihr etwas zu Füßen legen zu dürfen. »Ich bin die Frau, die die schönsten Blumen geschenkt bekommt«, sagt sie triumphierend.

Das schmückt. Auch ihre Liebhaber schmücken Cathérine Deneuve: Luis Buñuel genauso wie der Komponist Serge Gainsbourgh, Rockstar Johnny Halliday genauso wie der geheimnisumwitterte »französische Staatspräsident«, dessen Namen sie nicht preisgibt. Das kurze Resümee der Göttin: »Ich habe immer solche Männer bevorzugt, die irgend etwas zurückhalten.« Und: »Alle Frauen arbeiten mehr als Männer, denn alle Männer sind faul.«

Trotzdem lohnt es sich offenbar auch in Cathérines Augen, sie zu erobern. Denn nichts macht eine Frau begehrenswerter als ein Mann, nach dem alle Frauen verrückt sind. Einer wie Marcello Mastroianni.

Marcello liegt im Krankenhaus, blaß und eingefallen. Das erotische Charisma ist erloschen, nur in den dunklen Augen glimmt es noch. Aber an seinem Bett stehen zwei überirdisch schöne Frauen, eine langhaarige, langbeinige und eine kleinere mit rötlich schimmerndem Schopf. Sie streicheln ihn, liebkosen ihn, denn die eine ist seine Tochter, Charlotte-Chiara, die andere ist seine ehemalige Geliebte, Cathérine Deneuve. Sie kam ans Sterbelager, und die Treue, die sie darin zeigte, steht ihr noch besser als das Outfit von YSL. Manche wundern sich, daß sie kam, denn schließlich hatte sich Marcello damals geweigert, für Cathérine seine Frau, seine Rosen und seine Kinder zu verlassen. Die sich wundern, wissen nicht Bescheid über die wahren Machtverhältnisse: Gewonnen hatte damals Cathérine, und zwar den höchsten Preis, um den es ging: die gemeinsame Tochter. Da fällt später das Vergeben leichter. Und auch die resignierende Einsicht: »Schauspieler sind für ein Leben zu zweit nicht geeignet. Wir vergeuden unsere Energie vor der Kamera. Für eine feste Beziehung bleibt da nicht mehr genug Kraft.«

»Ich« sagt Cathérine Deneuve fast nie, wenn es um Gefühle, nur wenn es um Definitionen geht. »Ich bin exzessiv.« Oder: »Ich bin leidenschaftlich.«

Aber wenn's ums Große geht, dann schiebt sie andere vor. »Frauen leben ihre Gefühle im Gegensatz zu Männern aus«, behauptet sie. »In allem, was sie tun, ist Liebe.«

Erstaunlich geradezu, daß sie über ihre Neigung zum »Grausehen« redet, auch zum »Schwarzsehen«. »Manchmal geht es mir richtig gut, es gibt solche Tage«, sagt sie. »Tage, an denen alles klappt.« Aber die sind die Ausnahme.

Wie sehen die Nächte aus im Leben der Cathérine Deneuve? Das treibt Frankreichs Männer schließlich um. »Manchmal fühle ich mich wie eine Katze. Nachts kommt meine Stunde. Da kann ich reden, da blühe ich auf. Aber dann erliege ich wieder der Melancholie, die mich niederknüppelt.«

Wer meint, solche Geständnisse entschlüpften den zarten Lippen der Deneuve aus Versehen, hat keine Ahnung von ihr. Sie weiß genau, daß jede Lichtgestalt eine nächtliche Seite braucht, um magisch zu sein. Erst dann bekommen Männer das Bedürfnis, die Frau zu erlösen. Erst dann mutieren sie zu Rittern. Kein Zufall, daß *Belle du Jour* ihr berühmtester Film geblieben ist, in dem sie eine Frau aus guter Gesellschaft spielt, die sich tagsüber als Nutte verdingt, um ihre Frigidität loszuwerden.

Die Deneuve poliert ihre doppelte Identität. Übersichtliche Frauen langweilen uns alle, also setzte sie auf Widersprüche. Gibt sich bieder und lüstern, brav und verrucht, elegant und triebhaft. Und die Männer in ihrem Leben sind so nett, das zu bestätigen. Keuschheit voller Sex-Appeal bescheinigt ihr Vadim, Roman Polanski den »Charme einer professionellen Jungfrau«. Sie sei, sagt der Regisseur, mit dem sie *Ekel* drehte, »verführerisch wie ein kleines Mädchen, das von seinem Onkel auf den Schoß genommen wird«. Und sie ist genauso schlau. Denn auch kleine Mädchen leben von dem Trick, daß keiner Berechnung wittert hinter ihrem süßen Schmelz. Erfolg aber ist für die Deneuve Strategie. »Fängt damit an«, sagt sie kennerhaft, »welche Stimmlage man beim Flirten wählt. Dann ein leises Zittern als Unterton.«

Aber eine Göttin muß auch absichtslos sein, beschenkt von einem gütigen Geschick. »Eines bin ich nicht: eitel«, behauptet sie und erklärt ihre Schönheit offiziell zum Naturwunder. Die Haut sei ein Erbe der Mama – »in der Normandie, wo sie herkommt, haben fast alle Frauen so eine schöne Haut« –, die Pflege sei kein Geheimnis (keine Zaubercremes, nur viel Wasser), und von Lifting könne nicht die Rede sein. »Wenn sie geliftet ist«, schreibt die *SUNDAY TIMES* pünktlich zu ihrem 50. Geburtstag, »ist es verdammt gut gemacht.« In Frankreich werden solche gotteslästerlichen Fragen nicht diskutiert. »Cathérine Deneuve ist Frankreich«, hat der Regisseur von *Indochine*, einem ihrer letzten großen Erfolge, behauptet.

Nur so läßt es sich erklären, daß dieses Land seiner Heiligen, seiner Göttin soviel verzeiht. Sogar wenn sie ihren Landsleuten schadet. Wie vor zehn Jahren, zum Beispiel.

Da ist sie täglich auf dem Bildschirm zu sehen, vornehm und unfehlbar. Und fordert den landesweiten Verehrerclub auf: »Denkt nach.« Nach dem Denken allerdings sollen sie handeln. Aktien kaufen von der Gesellschaft »Comagnie Financière de Suez«. Die Fans verwandeln sich in Kleinaktionäre, die Früchte des Nachdenkens in faule Früchte: 317 Francs betrug der Stückpreis einer Aktie bei der Ausgabe, aber in Rekordgeschwindigkeit stürzte er auf 261 Francs ab. Eines allerdings war gesichert: das Honorar der Deneuve für den Spot, angeblich vier Millionen Francs.

Keiner soll sich beklagen, die Göttin habe ihn reingelegt. »Ein Gesicht, ein Körper, sie müssen verwaltet werden«, hat sie schließlich unverblümt erklärt. »Sie sind ein Kapital.« Eines, das sie so optimal verwaltet wie die Verwertung ihres Namens und die Vermarktung ihres Gesichts »Meine Karriere ist in besten Händen«, sagt sie. »In meinen.«

Und aus denen fressen die Franzosen nahezu alles.

»Eigentlich ist mir mein Ruf ziemlich egal«, sagt sie. Und prozessiert mit Ingrimm und Erfolg gegen jeden, der daran kratzt.

Frankreich vergibt seiner unheiligen Heiligen sogar, wenn sie menschlich ist oder ein bißchen unmenschlich.

Modenschau in Tunis im Frühling 1997. Über den Laufsteg schwenken die teuren Mädchen in den Roben von Balmain, danach glitzert eine brillante Gesellschaft beim Gala-Diner. Unter ihnen ein Star, »unnahbar, blaß wie ein Stern in weiter Ferne«, begeistert sich das Blatt POINT-DE-VUE. Das Lächeln des Stars ist milde, denn das Ereignis wird zugunsten der Slum-Bewohner im Lande veranstaltet. Ob er vielleicht auch noch durch diese Slumviertel der Stadt gehen wolle, wird der Star gefragt.

»Das steht nicht in meinem Vertrag«, bafft der Engel namens Deneuve zurück. »Ich streichle gern ein, zwei Kinderköpfe, mehr aber nicht.«

100 000 Mark soll sie bekommen haben für diesen Auftritt.

Und dennoch werden ihre Landsleute die Mariannen nicht vom Sockel stoßen. Denn sie sind ihren Nationalhelden nun mal dankbarer als die Deutschen und behandeln sie besser. Zum Dank versichert die Deneuve: »Mein Gesicht werde ich nie verstecken.« Zum Dank tröstet sie die Frauen im Lande mit dem Bekenntnis, dieselben Ängste zu haben wie sie.

Eine Frau huscht nachts im Negligé durch ihre prachtvollen Räume. Und hält die Uhren an. Dann atmet sie auf: Sie hat die Zeit ausgeschaltet.

Das ist eine Szene aus Richard Strauss' Oper *Rosenkavalier*, aber es könnte auch eine Szene sein aus Cathérine Deneuves Leben. »Ich bin«, gesteht sie nämlich, »besessen von Uhren. Für mich wird die Zeit knapp. Ich will eigentlich immer mehr tun, als ich kann.«

Nicht vor dem Altsein, vor dem Altwerden fürchtet sie sich.

»Frauen lügen, wenn sie behaupten, es sei amüsant, zu altern. Ich lüge in anderen Dingen, aber nicht in dieser Sache. Und weil ich hochmütig bin, gebe ich mein Alter preis. Koketterie ist mir verhaßt.«

Und was haßt sie am meisten?

»Selbstmitleid. Jedes Mitleid hat etwas mit Verachtung zu tun. Darum liegt im Selbstmitleid soviel Selbstverachtung.«

Daß sie zu ihrer Angst steht, auch zu der größten aller menschlichen Ängste, beweist die Stärke der zarten Cathérine Deneuve.

»Ich glaube nicht an ein Leben nach dem Tod«, sagt sie. »Der Schmerz im Angesicht des Todes ist unendlich. In Sachen Tod kann ich niemanden trösten. Nichts versöhnt mit dem Tod, nicht einmal die Zeit.«

Wenn sie das Gefühl habe, es sei genug, dann wolle sie aufhören.

»Denken Sie an Selbstmord?« hat da ein Reporter zurückgefragt.

»Fragen Sie mich das, wenn es soweit ist«, sagte die Deneuve.

Cathérine Deneuve

1943: Sie wird am 22. Oktober in Paris als Cathérine Dorléac geboren.

1962: Roger Vadim entdeckt sie für den Film. Sie bekommt von ihm Sohn Christian.

1963: Cathérine dreht mit ihrer Schwester Françoise *Die Regenschirme von Cherbourg* und erhält dafür die Goldene Palme.

1965: Großer Erfolg mit *Ekel*. Im gleichen Jahr heiratet sie den Fotografen David Bailey.

1971: Sie dreht mit Marcello Mastroianni und bekommt ein Jahr später von ihm Tochter Chiara.

1980: Die Deneuve beweist in *Le Dernier Métro* ihr Talent als Charakterschauspielerin.

1985: Sie steht für die »Marianne« Modell, die Symbolfigur Frankreichs.

1992: Für *Indochine* bekommt sie einen César.

1994: Cathérine Deneuve wird zur UNESCO-Botschafterin für das Filmerbe ernannt.

GINA LOLLOBRIGIDA

Die Diva mit dem Hirn
eines Bankers

Der Strauß, den ein Bote bei der vollbusigen Schönheit abgibt, kommt von einem der begehrtesten Männer der Welt. Besonders üppig ist er allerdings nicht: ein Bund Veilchen hat Marcello Mastroianni geschickt. Wütend schmeißt die Schöne das in ihren Augen erbärmliche Gebinde die Treppe hinunter. Und starrt fassungslos, wie aus dem Sträußchen etwas Glitzerndes herausfällt: Diamantohrringe. Sofort ist sie die Treppe drunten und im Pfandleihhaus. »Damals war ich knapp bei Kasse«, gesteht sie später.

An den finanziellen Verhältnissen hat sich seither einiges geändert: Längst zählt Gina Lollobrigida zu den reichsten Frauen Italiens, weil sie ihre Gagen schlau angelegt hat in Hochhäusern, den richtigen Aktien und braven Wäschereien. Und von Mastroianni eine Tugend übernomen hat, die den Finanzen guttut: »Ich bin geizig«, sagt sie. Aber ansonsten ist alles beim alten geblieben, was Gina angeht. Noch immer malt sie ihr Gesicht hochdramatisch an wie vor dreißig, vierzig Jahren. Noch immer findet sie Reduktion schäbig, Schlichtheit gähnend langweilig, Frauen ohne Schmuck und Schminke ärmlich und den exaltierten Auftritt ganz natürlich. Film und Wirklichkeit sind bei ihr kaum zu trennen.

Gina Lollobrigida glitzert am Montagmorgen beim Einkaufen, sie glänzt vom toupierten Haar bis zu den Stöckelschuhen, vom Geschmeide bis zu den Pailletten auf dem Kleid, wenn sie nur auf die Bank muß. Und wenn sie damit als Dame im Pensionsalter im filmfestlichen Cannes immer noch Verkehrsstaus und Auffahrunfälle auslöst, freut sie das. Sie behauptet zwar, am besten schmecke ihr Tiramisu, aber noch besser schmeckt ihr Bewunderung. An diese Kost ist sie gewöhnt seit 70 Jahren.

»Das süßeste Baby der Welt«, flüstert ein gewisser Möbelfa-
brikant namens Giovanni Mercuri verzückt, als er das Wesen im
Arm hält, aus dem Gina Lollobrigida werden wird. Mit drei wird
sie zum »schönsten Kleinkind Italiens« gekürt. Der Vater stilisiert sie zur Prinzessin: Sie bekommt private Stunden in Tanz,
Gesang, Sprachen und Zeichnen. Aber dann kracht das kleine
Königreich des Giovanni Mercuri im friedlichen Subiaco zusammen: Seine Fabrik fällt kurz vor Kriegsende in Schutt und Asche.
Die Familie zieht aus dem Abbruzzendorf nach Rom in einfach-
ste Verhältnisse. Bei Mißwahlen schafft Signorina Mercuri es
mal auf Platz drei, mal auf Platz zwei. Und mit 19 bekommt sie
als junge Statistin für 12 Tage Arbeit ganze 12 000 Lire.

Ein Jahr drauf wird ihr eine große Rolle angeboten in Mario
Costas *Opernrausch*. Aber Gina hat wenig Lust. Weil sie lieber in
der wirklichen Oper als Sängerin rauschenden Beifall ernten
würde und gar nicht zum Film will, fordert sie eine Million Lire.
In der Hoffnung, die unverschämte Forderung schrecke ab. Aber
sie wird akzeptiert.

Gina Lollobrigida wird zu Gina Nazionale, denn sie verkörpert
den Traum von himmlischer Gerechtigkeit im Film. Eine Venus
in Lumpen, ein göttlich schönes Weib, das barfuß durch die Gas-
sen geht. Eine Madonna der Bettler, die der Herr mit Armut
straft und mit Reizen überhäuft; das sind die Rollen, die sie zur
berühmtesten Frau Italiens machen.

Im Privatleben allerdings praktiziert Gina bereits konsequent
das, was sie für angemessen hält: Eine Diva muß glänzen, glit-
zern und immer wieder deutlich machen, daß für sie andere
Gesetze gelten als für den Rest der Welt.

Mit 22 heiratet sie im Wintersportort Terminillo den jugoslawischen Arzt Mirko Skofic. Im engen Skidreß, weil ein Braut-
kleid einfach nicht zeigt, was Lollo zu bieten hat. Sie, die nie auf
dem obersten Treppchen der Schönsten von Rom, geschweige
denn Italiens stand, spielt wenig später im Film *Die schönste Frau
der Welt*. Und hat keine Lust mehr, sich für den Film in pittoreske
Fetzen zu wickeln: Auch auf der Leinwand will sie nun glänzen.

Es muß klar sein, daß es prinzipiell um die Lollobrigida geht, um die Glutäugige, in deren Dekolleté die männlichen Sehnsüchte abstürzen. Es geht auch dann um Gina, wenn offziell etwas anderes angekündigt ist.

Pressekonferenz 1957. Aufmerksame Journalisten erwarten Informationen zum neuesten Film. Aber Gina verkündet Wichtigeres: Sie erwarte ein Kind. Die katholische Presse empört sich über diese Schamlosigkeit, die Fans jubeln, daß die Göttin eine Mamma wird. Der kleine Sohn Milko allerdings jubelt selten. Er weint meistens. Vor allem, wenn sich das Kindermädchen umzieht. Alarmzeichen für ihn: Sie will ausgehen. Und das ist, als gehe die Mamma weg, denn die eigentliche Mamma ist für ihn nur, was sie spielt. Mal ein Zigeunermädchen, mal die Königin von Saba oder die schönste Frau der Welt. »Daß die vielen Kostümwechsel zu Rollen gehören, hat ihn völlig durcheinandergebracht«, meint Gina später. Der Ersatzmutter ist sie allerdings nicht dankbar.

»Sie hat mir meinen Sohn entfremdet«, schimpft sie, denn anders kann sich Gina Nazionale nicht erklären, daß der Sohn sie nicht anbetet.

Bewunderung ist für sie so normal wie für andere Spaghetti. Kritik ist für sie grobe Beleidigung und das Ausbleiben der Bewunderung schon fast Kritik. Aber die erntet sie selten. Und Konkurrenz hat sie lange gar keine, bis Sophia Loren aufkreuzt. Jünger, größer, kühner. Der Kampf der Königinnen allerdings trägt nur zum Ruhm der beiden bei. Doch das Alter macht Gina nicht sanfter. Eine Königin wird schließlich nicht abgewählt, sie herrscht auf Lebenszeit. Gina, Mitte Sechzig, und Marina Ripa di Meana, die Frau des Umweltministers, unübersehbar vierzehn Jahre jünger, treffen zusammen. Marina hat nicht nur einen Mann mit Renommee, sie hat eigenes Geld und dreht als Regisseurin eigene Filme. Und sie hat die Frechheit, die Nazionale als »alte Schabracke« zu bezeichnen. »Hast du keine Spiegel?« zischt Lollo. »Dein Filmchen kannst du doch nur drehen, weil dein Mann dir den Geldsack von der Filmförderung besorgt hat.«

Wäre es so einfach, mit Lollo zu leben. Ein bißchen Applaus, und sie sprüht alles aus, was eine Diva in Italien aussprühen muß: Temperament und Leidenschaft, Glut und Sinnlichkeit. Und wenn sie sprüht, wird ihr alles verziehen und alles vergessen. Sie selber findet das im nachhinein allerdings weniger lustig. »Ich war wie ein Geldautomat, wußte nichts, entschied nichts, spuckte nur die Kohle für den Produzenten aus.«

Entschieden wurde vom Gatten, der sich zu ihrem Manager gemacht hatte. Bis 1968. Da tritt Gina Lollobrigida aus dem Rathaus von Latina, einer verschlafenen Kleinstadt. Neben ihr ein Mann, den keiner kennt. »Brava Gina, brava Gina«, kreischen sie. Nicht, weil sie sich gerade hat scheiden lassen von diesem Herrn, sondern weil sie einfach immer jubeln, wenn sie ihre Gina Nazionale zu sehen kriegen. Und wenn die dann hinterdrein über den Exgatten verlautbart: »Zehn Jahre habe ich neben ihm geschlafen, aber ich kann mich an keine einzige Nacht mehr erinnern«, dann sagt sich der frömmste Katholik im Lande noch: »Recht hat sie. Ein Vollblutweib braucht eben einen Vollblutmann.« Davon aber gibt es, zumindest auf dem finanziellen Niveau, das Gina gewöhnt ist, wenige. Doch wenn kein Kerl da ist, der die Klunker schenkt, die ihr stehen und zustehen, dann verdient sie die lächelnd selber.

Mit Ende Fünfzig gibt sie, die nie kochen wollte, sich als begeisterte Köchin aus, weil die Honorare der Spaghettifirma das Lächeln so leichtmachen. Sie begeistert sich auftragsgemäß für neapolitanischen Porzellannippes und, mit schon deutlich mehr Überzeugung, für Pelzmäntel. Und strahlt dabei im Glanz ihrer nationalen Würde: »Ich bin glücklich, wenn ich meinem geliebten Italien einen Dienst erweisen kann.«

Ein Star muß eben nicht nur Glamour haben, sondern auch die Begabung zum Pathos. Und das Talent, in der Diskussion zu bleiben. Womit auch immer. Widersprüche, je eklatanter, desto besser, sind da recht effektiv. Die Koketterie, zu behaupten, die bewundernden Blicke seien lästig, gehört genauso zu Lollo wie der Nerzmantel. »Wie ein Schimpanse im Käfig« fühle sie sich,

71

klagt die Diva. »Ich habe mich daran gewöhnt, angegafft zu werden. Aber ich habe es mitgespielt, weil das Publikum es will. Bewundert zu werden ist mir immer noch peinlich«, schwindelt sie herzig mit siebzig. Widersprüche liefert sie der Presse jede Menge, denn das bringt Zeilen. Was sie von der Treue halte, wurde sie gefragt. »Davon halte ich gar nichts, weil wirkliche Treue nicht existiert. Die Untreue ist in uns eingebaut«, offenbart Lollo kühl.

Und trotzdem erzählt sie mit 66 noch in *IL MESSAGGIERO:* »Ich bin in meinem Leben keusch gewesen.« Schon weil sie so katholisch erzogen worden sei. »Keuschheit«, vertraute sie dem erstaunten Reporter an, »ist ein wichtiger Teil meines Wesens.« Daß sie gerade in Amerika so viele Fans hat, heute mehr als in Italien, hat auch damit zu tun, daß sie die Gesetze des Marketing beherrscht. Keine verkauft sich besser als die Primadonna assoluta. Als leicht hysterische, überdrehte, grandiose Exzentrikerin. Als ein Luxusgeschöpf, das sich den Gesetzen der Vernunft niemals unterwerfen wird. Das kriegen vernünftige Menschen zu spüren.

Das Interview mit der *VOGUE* ist generalstabsmäßig geplant. Den Treffpunkt in Rom hat der Star persönlich ausgesucht: ein brasilianisches Lokal, dessen Dekoration mit dem Ausdruck »üppig« nur unzureichend erfaßt ist. Viel Gold (in Gestalt von Kolibris), viel Rosa (in Gestalt von Gerberabuketts), viel Glanz, Glitter und Pastell. Und welcher Zufall: Der Star paßt so vollendet in dieses Ambiente, als sei es eigens für den Besuch erbaut worden. Sie trägt Pastell (Lippenstift und Nagellack), Gold und Silber (Oberteil von Balenciaga) und bringt sogar einen braungebrannten Begleiter mit, der sich in das brasilianische Lokalkolorit fügt. Die Katastrophe geschieht, als der Fotograf sagt, er wolle gerne in Schwarzweiß fotografieren. Denn das ist für Gina, als ob Luciano Pavarotti erführe, daß das Video mit ihm ohne Ton produziert werde. Bei diesem Eklat ist Gina fast siebzig. Aber sie hat weder innerlich noch äußerlich etwas an sich geändert. Sie weiß, was sich für Ikonen gehört. Sie bleibt ihren Vorlieben treu für ausufernde Roben (wenn die Modewelt das Schlichte feiert, dann entwirft sie eben selber), für Perücken, falsche Wimpern, lackierte Nägel, Diamantklunker, Puder, toupierte Frisuren, dicken Lidstrich und Stöckelschuhe.

»Ich kleide mich so, wie das Publikum es von mir erwartet«, gibt sie sich volksnah. Aber sie gibt sich eigentlich so, wie sie glaubt, daß die Männer es von ihr erwarten. Sie erwartet sich von denen allerdings meistens zuviel.

Auch von Howard Hughes, dem reichsten aller Exzentriker, der Diven wie Briefmarken sammelte und um Gina Nazionale buhlte. Aber sie gibt sich als italienisches Prachtexemplar für seine Kollektion nicht her. Und was macht der Abgewiesene? »Erst macht er dir 13 Jahre lang den Hof, und dann«, empört sich Lollo, »spielt er mit deinem Exmann Tennis, als sei nichts gewesen. Was für ein Mangel an Stil! Unverzeihlich!«

Eine Diva hat aber auch Klischees zu erfüllen. Das zum Beispiel, eine Diva sei unpolitisch, weil Künstler sich nie für Politik interessieren.

1986 ist Gina Jury-Präsidentin der Berliner Filmfestspiele.

Als der Goldene Bär für Reinhard Hauffs Film *Stammheim* vergeben wird, tobt sie: »Das Kino ist eine Traumwelt, und auf einem Festival muß dieser Traum in der Realität weitergeführt werden. Ich würde nie in Bluejeans auftreten. Nicht einmal, wenn ich ganz für mich alleine bin.« Leider sterben Männer, die das so grandios finden wie Lollos 24-Stunden-Make-up, allmählich aus.

Fast alle US-Präsidenten von Eisenhower bis Bill Clinton haben ihr die kleine feinmanikürte Hand geküßt. Und die Liste der Liebhaber, die ihr unterstellt werden, ist mindestens so erhebend wie die Ernennung zum Ritter der Ehrenlegion durch François Mitterand: Fidel Castro, Frank Sinatra, Juan Péron, Christian Barnard. Vielleicht auch Orson Welles, denn der hat heimlich ein filmisches Porträt über Gina gdreht. Nicht zu den Fans gehört Jean-Paul Sartre. Als Lollo 66 ist, wird ein bis dahin unbekannter Brief des Philosophen aus den 50er Jahren veröffentlicht, in dem er an seine Lebensgefährtin Simone de Beauvoir über Lollo schreibt: »Sie ist eine Vogelscheuche.«

»Hat Sartre mal selber in den Spiegel geschaut? Vielleicht hatte er keinen«, meint die Geschmähte nur milde. »Aber meine Bewunderung für Sartre hält an.«

Mit der Kritik von häßlichen toten Intellektuellen kommt sie zu Rande.

Mit ihrer unerfüllten Sehnsucht nach einem liebenden Mann weniger.

Aber Lollo weiß: Eine Diva verliert nicht. Zumindest gibt sie's nicht zu.

»Es ist leichter, einen Mann zu finden, als ihn wieder loszuwerden«, erklärt die alte Dame frech. Und mit 67 teilt sie den Reportern ihr Geheimrezept für ewige Jugend mit: »In mein Bett kommt kein Kerl über 40. Ich liebe die jungen Männer. Sie haben noch keine Komplexe und sind voller Energie und Enthusiasmus. Sie wirken auf mich wie ein Jungbrunnen. Ich finde, jede Frau sollte einmal aus ihm kosten.« Denn Männer, beschwert sie sich, dächten ab einem bestimmten Alter nur noch an Karriere. Als muß man sie vorher pflücken und dann auf den Kompost werfen, wo die anderen schon verwesen.

Lollo weiß, was sie ihrem Image schuldig ist. »Ich bin eine Künstlerin und interessiere mich nicht für Politik.« Sie denkt jedenfalls bei der Liebe nur an die Liebe. Nicht an störende ethische Grundsätze.

»Mit Fidel war ich einen Monat lang glücklicher als in meinem ganzen übrigen Leben.« Schwärmt sie heute noch von dem Fototermin mit Fidel Castro. Sie hat sich als Prominentenporträtistin ganz gewitzt Zugang zu den Privatzimmern der Stars verschafft. Und ein gewisses Renommee, denn immerhin hat sie mal an der Kunstakademie in Rom studiert und knipst nicht nur wie jeder Mallorcaurlauber. Berühmter allerdings als die Fotokunst der Nazionale bleibt ihr hervorstechendstes Merkmal. »Sie hat noch immer das berühmteste Dekolleté des Jahrhunderts«, schreibt *IL MESSAGGIERO* an Lollos 70. Sie nutzt die Chance wie eine ausgebuffte Presseagentin. Daß sie auch als Bildhauerin arbeitet, brachte ihr bisher weniger Ehre ein als Spott.

»Togetherness of Life« hat sie, des internationalen Anspruchs wegen englisch, einen selbstentworfenen Bronzeadler getauft, der, wie dereinst Jupiters Adler den kleinen Ganymed, ein Baby spazienträgt. Ausgestellt wurde er im italienischen Pavillon auf der Weltausstellung in Sevilla 1992. Das Ding müsse weg, forderten sogar italienische Kritiker, es sei zu scheußlich.

»Schreiben Sie«, diktiert Lollo dann in einem der 27 Zimmer ihrer panzerverglasten rosa Villa in der Via Appia 223 den Reportern, »daß ich den ganzen Streit mit Gelassenheit hingenommen habe.«

Sie findet, das Opus bringe zum Ausdruck, was sie habe sagen wollen: »Zusammenleben in Harmonie.« Davon allerdings hat Lollo wenig Ahnung. In ihrem Haus, vollgepackt mit Möbeln aus dem 18. Jahrhundert, Teppichen, Muranolüstern und den eigenen Fotos, vorbereitet auf verwöhnte Herren durch ein rotbeleuchtetes orientalisches Bad und ein opulentes Bett in schmeichelnder Beleuchtung, lebt sie seit Jahrzehnten allein. Und der erregende Schritt, der auf dem Kiesweg knirscht, die schwülen Küsse unter den Pinien, die schmachtenden Blicke im Park, wo Papageien krächzen und Pfauen flanieren: Sie finden nur in Ginas Träumen statt. Und sie hat noch Zeit zu träumen, denn sie will hundert werden und hat das Zeug dazu. Als sie mit 70 endlich wieder interviewt wird, verrät sie: Eine Tante von ihr sei gerade gestorben, mit 113. Sie macht auf abgeklärt, die alternde Gina Lollobrigida. Aber das nimmt ihr kaum einer ab. »Die Männer gefallen mir immer noch«, gibt sie zu. Und welche? »Wenn mich Clint Eastwood zum Abendessen einlüde, ich würde sofort ja sagen.« Nelson Mandela dürfte es auch sein. Und ein netter Fototermin bietet da ja Kontaktmöglichkeiten. Daß sie es nicht gernhat, wenn junge Konkurrenz um sie herumgebaggert wird, formuliert Gina genial klug: »Ich bin in meinem ganzen Leben auf so vielen Partys gewesen, dafür habe ich keine Zeit mehr.« Aber es gab früher Partys, die waren von vornherein Ginas Partys.

Ein Galaabend in Rom, die Klatschreporter erfreut: alles da, was sie brauchen. Von Christian Barnard aus Südafrika, der gerade durch die erste Herzverpflanzung an einem Menschen zum berühmtesten Chirurgen der Welt geworden ist, bis Gina Lollobrigida, Italiens teuerste Diva, in einem Kleid, das keine Fragen offen läßt. Nach der Privataudienz beim Papst hat Barnard Lust auf etwas weniger Frommes. Aber Lollo erklärt kühl, sie sei in Begleitung da. Barnard kennt nicht dieses Nein einer Lollo, das immer ja bedeutet. Er zieht sich zurück. Und Lollo zieht nach: Sie verabreden sich auf dem Parkplatz. Der anschließende Tanz im Nachtclub beweist dem Herzspezialisten, daß er hier soeben eines gewonnen hat und daß die zugehörige Dame seinen kundigen Händen auch andere Körperteile überlassen würde. Kurz nach Mitternacht sind die beiden mit einer Flasche Champagner allein in Lollos Schlafzimmer. Als der Morgen dämmert, bringt Lollo ihn in ihrem Jaguar zu seinem Hotel. Sie trägt Schuhe, einen Nerz und sonst nichts. Sie weiß, was sie ihrem Ruf schuldig ist. »Meine Verführungskünste sind immer besser geworden, je älter und erfahrener ich wurde«, lobt sie sich mit 67. »Und eines habe ich schon beizeiten gelernt: Männer wollen verführt werden.« Barnard wollte das auch, allerdings nur für eine Nacht.

»Wir hatten eine stürmische Affäre«, behauptet Lollo. »Ein ganzes Jahr lang schickte er mir jeden Tag ein kostbares Schmuckstück. Aber als die Leidenschaft verschwand, verloren auch die Juwelen an Wert. Zum Schluß bekam ich nur noch ein Imitat. Da wußte ich: Ich bin ihn los.«

Herr Barnard, der offenbar weder Herz noch Anstand besitzt, behauptete in seinen Memoiren, es habe sich um die Leidenschaft einer einzigen Nacht gehandelt.

Wer meint, Lollo lüge, täuscht sich.

Lollo betrachtet Wahrheit nur als ein saisonales Ereignis.

In der Herbstsaison, wenn man Einsicht trägt, sagt sie ehrlich, das größte Unglück seien Krieg, Krankheit und »Einsamkeit im Alter«.

Aber mittlerweile ist sie nicht mehr einsam.

Dimitri ist ein Kerl, den selbst Neider knackig nennen müssen. Und wie er »Gi« sagt, wenn sie ihn küßt, das läßt jeden schmelzen. Dimitri wird alles erben von Gina Nazionale, denn er ist sicher die letzte große Liebe in ihrem Leben.

Dimitri ist allerdings erst dreieinhalb.

Er könnte auch mal probehalber »Oma« sagen zu Gina Lollobrigida. Aber dann könnte es ihm ergehen wie Francesca Dellera, Italiens Sexidol der 90er. Mit ihr wurde der Film neu gedreht, der zu Ginas großen Triumphen gehörte. *La Romana –* die Römerin. Die junge Römerin spielt nicht wie damals Gina, die spielt Francesca. Und Gina spielt deren Mutter. »Ciao Oma«, begrüßt Francesca ihre Kollegin Lollobrigida vor der Kamera. Da schlägt Lollo zu. Und macht Schlagzeilen mit dieser Ohrfeige.

»Großmütter stehen mit einem Bein im Jenseits. Ich aber stehe im Diesseits«, kommentiert sie ihre Reaktion.

Und dort steht Gina wirklich, mit immer noch glühenden Augen.

Gina Lollobrigida

1927: Am 4. Juli wird sie in Subiaci geboren.

1930: Wahl zum »Schönsten Kleinkind Italiens«.

1945: Sie studiert Bildhauerei und Malerei und läßt sich zur Opernsängerin ausbilden.

1947: Von der Straße weg wird Gina für den Film engagiert.

1949: Sie heiratet den jugoslawischen Arzt Milko Sofic, der auch ihr Manager wird.

1952: Aufstieg zu internationalem Ruhm durch den Film *Fanfan, der Husar*

1956: Gina spielt an der Seite von Anthony Quinn im Film *Der Glöckner von Notre Dame*.

1970: Sie beginnt, als Fotografin zu arbeiten, und porträtiert unter anderen Fidel Castro, Paul Newman und Indira Gandhi.

1987: Gina kehrt auf die Leinwand zurück und spielt in der Serie *Falcon Crest* mit.

1990: Sie startet ihre dritte Karriere als Bildhauerin und verkauft ihre Skulpturen über die Ladenkette »Gina«.

LAUREN BACALL

Der Star mit dem Herzen einer jiddischen Mamme

Jeden Tag macht sie dieselbe Tour. Routiniert fährt sie den gefährlich kurvigen Coldwater Canyon Drive hoch, immer weiter
hinauf. Bis an die Stelle, an der sich ein herrlicher Blick eröffnet.
Auf der einen Seite nach Beverly Hills runter, auf der anderen
ins San-Fernando-Tal. Aber sie schaut nicht. An einem verlasse-
nen Platz parkt sie und zieht ein Buch aus der Tasche. *The Robe
– Das Gewand des Erlösers*; eine biblische Novelle von Lloyd C.
Douglas. Römische Exekutionsoffiziere würfeln nach der Kreu-
zigung Christi um dessen Gewand. Für ein neunzehnjähriges
Mädchen, das zudem noch aus einer jüdischen Familie kommt,
eine befremdliche Lektüre. Sie liest laut, sehr laut. Und betet, es
möge keiner vorbeikommen und der Polizei melden, eine
Wahnsinnige bei absurden Selbstgesprächen aufgegriffen zu haben.

Betty Joan Perske versucht mit dieser Methode, ihre dünne,
piepsige Stimmer tiefer, herber, maskuliner zu machen. So wie
es zu der Rolle paßt, die sie gerade spielt in Howard Hawks' Film
To Have and Have Not. Da nennt sie sich allerdings Betty Bacal.

Und sie schafft es. Da lehnt sie in der ersten Szene schon im
Türrahmen, groß und dünn, fast knochig, und breitschultrig.
Eine abgebrühte Tramperin mit breitem vollem Mund, die mehr
weiß, als es ihrem Alter angemessen ist. Dabei hat Betty außer
einer harmlosen Liebelei in der New Yorker Schauspielschule
mit einem kurzgewachsenen Mitschüler namens Kirk Douglas
noch keine erotischen Erfahrungen. »Wenn Sie irgendwas von
mir wollen«, sagt sie in der Szene mit tiefer, rauher Stimme,
»brauchen Sie nur zu pfeifen. Sie wissen, wie das geht, Steve?
Sie drücken die Lippen aufeinander und blasen.« Wie sie das

sagt, klingt es nach einer Aufforderung, Liebe zu machen, vor allem wegen ihres vielsagenden Blicks. Und der trifft einen Typen, für den die meisten Frauen in Amerika alles machen würden, ein leicht gebeugter, schmalbrüstiger Mann mit melancholischem Hundeblick und tiefen Nasolabialfalten. Humphrey Bogart heißt er und ist seit *Casablanca* und *Der Malteserfalke* ein Idol. Er weiß, daß die freche Tramperin eigentlich ein schüchternes Mädel ist, nervös bis auf die Knochen. »Ich hoffe nur, wir hören nicht ihre Knie schlottern«, lästert sogar der Tonmeister Bogart gegenüber. Aber sie hat den Trick raus, wie sie das Zittern ihres Kopfes unterdrücken kann. »Ich hab gemerkt«, verrät Betty später, »daß es ging, wenn ich meinen Kopf ganz tief senke, das Kinn fast auf den Brustkorb drücke und dann die Augen aufrichte zu Bogart.«

Mit diesem Blick wird Betty Bacal, die bald Lauren Bacall hieß, zum Star. Begehrenswert ist sie auch ohne diese Nummer, denn sie ist naiv und gewitzt, spröde und lieb. Vor allem aber ist sie sanft, stur und stark.

So gut wie alle Männer am Set sind hinter ihr her. Charlie Feldman, der Produzent des Films, allerdings nicht. Ihm ist, sagt die Kollegin Jean Howard, das große blonde Mädchen mit dem breiten Mund zu energisch. »Und ... zu jüdisch. Ich sage das nicht gern, er hatte keine Vorurteile gegen Juden, aber er hatte nie Affären mit einer von ihnen.« Obwohl Charlie Feldman selber Jude ist. Und zwar der einzige neben ihr, der bei Howard Hawks zu Hause eingeladen wird. Trotzdem himmelt Betty Mrs. Hawks an, mehr als 20 Jahre jünger als ihr Mann, nur sieben Jahre älter als Betty. Eine große elegante Frau, die immer in Garderobe ins Studio kommt, an der Seite einen grauen Pudel, dessen Fußnägel sie so lang hat wachsen lassen, daß es beim Gehen klickert, und die leuchtend rot lackiert sind. Schließlich verdankt Betty Mrs. Hawks den Karrierestart. Die hatte das Mädchen in *HARPER'S BAZAAR* entdeckt und sich nicht für die Bluse am mageren Körper der 18jährigen interessiert, nur für dieses Ausnahmegesicht mit den blaugrünen Augen. Das riecht

nach Starkarriere. Und auch Howard Hawks stieg dieser Geruch in die Nase, als er Betty Perske zum ersten Mal sah.

Aber ein paar Monate später brennt er vor Wut auf das Mädel: Sie flennt ihm vor, sie habe sich in Humphrey Bogart verliebt.

Betty wird zu Howard Hawks nach Hause zitiert. Mit ruhiger Stimme liest er der Jungschauspielerin die Leviten. Sie sei gerade dabei, nicht nur eine große Chance zu verschenken, sondern sich selber wegzuwerfen. Eines Mannes wegen, der nichts von ihr wolle. Und außerdem schon zum dritten Mal verheiratet sei. Die aktuelle Mrs. Bogart heißt Mayo Methot und ist vierzig. Von dem frechen Broadwaystar, der sie mal war, ist nichts mehr zu sehen. Mayo ist eine aufgedunsene, ungepflegte Frau geworden, mit glanzlosen Augen und stumpfem Haar. Eine Alkoholikerin, die schwere Depressionen plagen.

Dann kommt der Abend, an dem eine filmreife Geschichte beginnt. Lauren Bacall schminkt sich in ihrer Garderobe ab, Bogart kommt rein, reißt Witze, albert herum. Und geht plötzlich auf sie zu. In Hollywood hat er das Image, ein »verdammt schlechter Küsser« zu sein, der ängstlich Umarmungen und jede Art körperlicher Intimität zu meiden trachtet. Die meisten kichern über den Trick, den er sich ausgedacht hat, um solchen Peinlichkeiten zu entgehen: Er legt der Partnerin zwei Finger unters Kinn, hebt es hoch, sieht sie an und drückt dann flüchtig seine Lippen auf ihre. Und jetzt legt er Lauren zwei Finger unters Kinn, hebt es hoch, sieht sie an und drückt flüchtig seine Lippen auf ihre. Zum Abschluß dieser Liebeserklärung, die ihr beinahe die Sinne raubt, kritzelt sie auf eine Streichholzschachtel ihre Telefonnummer. Von da an hofft das Mädel, das er ein Leben lang »Betty« nennt. Sie hofft vergebens.

Er wolle, offenbart Humphrey ihr, nachdem er bereits ausgezogen war, einen letzten Versuch unternehmen, seine Ehe zu retten. Und Betty reagiert nicht hysterisch, sondern klug, beherrscht und verständnisvoll. »Ich habe ihm gesagt, daß ich seinen Entschluß respektieren, aber nicht mögen muß.«

Wer kreischende Diven gewohnt ist, den macht so eine Reaktion richtig dankbar. Kurz drauf schreibt Bogart seiner Betty: »Ich wollte, die Situation wäre anders. Sie wird es auch bald sein. Denn als ich das letzte Mal von dir fortgegangen bin, ist ein Teil in meinem Herzen gestorben.«

Am 19. Oktober 1944 wird in der gesamten US-Presse offiziell bekanntgegeben, das Paar, das sie »Battling Bogarts« nennen, weil es sich im Suff üble Szenen liefert und zuweilen Mobiliar zerlegt, habe sich getrennt. Bogie haust wieder allein im Hotel, Mayo dröhnt sich zu Hause mit Hochprozentigem zu und traktiert ihn mit Anrufen. Aber Bogart nimmt keinen Anruf an. Da spielt sie ein Telegramm ins Haus. Sie sei physisch und psychisch am Ende. Ein paar Stunden später hat sie Bogie an der Strippe, schwört, mit der Sauferei aufzuhören, und als der Hotelpage, der auch den Room-Service betreut, auf Humphreys Zimmer kommt, sieht er das traute Paar an einem Tischchen friedlich Versöhnung feiern bei einer Hochzeitstorte im Kleinformat.

Zwei Wochen vergehen, in denen auf dem Set, wo Bogie und Lauren alias Betty mittlerweile *The Big Sleep* drehen, immer für genügend Eisbeutel gesorgt wird: Anders sind die verschwollenen Augen des weiblichen Stars, der die Nächte durchheult, nicht hinzukriegen. Der Versuch von Mr. und Mrs. Hawks, sie bei einem intimen Abendessen mit Hollywoods heißestem Junggesellen, Clark Gable, zu verkuppeln, bringt nichts. »Ich liebe Bogart«, schluchzt sie nur.

Aber sie drängt nicht, sie nervt nicht. Sie heult sogar nur heimlich.

Es ist morgens um drei. Im Haus der Bogarts ist es still. Tagsüber hat sich der Frieden längst wieder gelegt, denn Mayo hängt wieder an der Flasche. Leise schleicht Humphrey zum Telefon, ruft Betty an, flüstert: »Baby, ich vermiß dich so.« Da wird ihm der Hörer aus der Hand gerissen. Und seine Betty hört eine andere Stimme. »Hör zu, du jüdische Hure«, kreischt diese. »Wer wird seine Socken waschen?« Und dann brechen wüste Obszönitäten aus ihr heraus. Die Medien melden mal wieder, Humphrey Bogart habe nach sechs Jahren Ehe seine Frau verlassen. Diesmal endgültig. Doch damit wird es nicht nett und glücklich, es wird dramatisch.

Alles wartet am Set, drehbereit, auf den Megastar, berüchtigt als Arbeitstier, das auch nach durchzechten Nächten pünktlich ist. Jetzt kommt er regelmäßig zu spät. Mal eine halbe Stunde, mal eineinhalb. Manchmal kommt er gar nicht. Es wird zähneknirschend geduldet. Doch die Lage verschärft sich. Bogart verschwindet, keiner hat eine Ahnung, wo er steckt. Am Weihnachstag kreuzt er kurz bei Betty auf und schenkt ihr eine goldene Uhr. Ein Kraftakt für ihn, der Schenken haßt, denn die Eltern, sagt er, hätten ihm den Geburtstag versaut, weil er an Weihnachten geboren wurde. Dann verzieht er sich. Seinen 45. Geburtstag feiert er zusammen mit seinem treuesten Freund: dem Scotch. Nach den Feiertagen ist die Geduld des Regisseurs zu Ende. Es wird eine Delegation zu Bogie geschickt, ein diskreter Arzt mit Notköfferchen. Aber sie erfahren nur, Bogie habe in mieser Verfassung das Haus verlassen. Mit roten Augen, zerknittert und unrasiert, kreuzt er schließlich auf.

Er zieht wieder in den »Garden of Allah«, dreht tagsüber an Laurens Seite und macht dann die Nächte durch. Ohne Frauen. Und kapiert ganz langsam, daß die schöne Blonde mit der Engelsgeduld seine Rettung bedeutet.

Für Humphrey, der drei Ehen mit Schauspielerinnen hinter sich hat, kaum faßbar, daß eine aus diesem Metier so ruhig und nett und lieb sein kann. An Mayos Seite hatte Bogart sich daran gewöhnt, ins Brackwasser eines Hafenbeckens geschubst zu werden, ein Küchenmesser in den Rücken gejagt zu kriegen oder nachts davon aufzuwachen, daß sie das Haus in Brand gesteckt hat. Er hatte sich an die fliegenden Flaschen gewöhnt und Mayos Aktionen ironisch kommentiert: »Sie ist eine schlechte Werferin, aber sie ist verrückt nach mir.« Verrückt ist auch Betty nach ihm, und sie zeigt es. Schließlich gibt Humphrey nach. Und zeigt sich mit Betty. Sogar in seiner Wahlheimat, dem »Garden of Allah«, einem windigen Bungalow-Hotel.

Die jüngste Bewohnerin dort heißt Sylvia. Sie ist unwiderstehlich und mixt für die Gäste ihrer Eltern Martinis. »Wie wollen Sie ihren Drink?« fragt sie die große Blonde. »Trag nur gerade mal den Wermut am Glas vorbei«, lächelt die. Und Sylvia betet die junge Frau sofort an. »Wie sie auftrat, das hat uns alle bezaubert«, schwärmt sie. So was kennt kaum einer in Hollywood: ein Star, der gerade einen Kassenrekord eingefahren hat, aber voller Wärme und Witz. Sylvia genießt diese Frau, die so erfrischend normal wirkt unter all den hysterischen Narzißten. Dabei ist Sylvia erst zehn, als sie Lauren Bacall kennenlernt. Trotzdem: Sie spürt, daß diesem unaffektierten Wesen alle erliegen. Und Bogart sieht das endlich auch ein. Seinem väterlichen Freund, dem Schriftsteller Bromfield, schreibt Bogie (46) über Lauren (19): »Sie ist zu alt für mich, und ich bin zu jung, um zu heiraten.« Das letzte Rückzugsgefecht. Er verliert es auch.

Am zehnten Mai werden die »Battling Bogarts« endlich geschieden. Die Hochzeit von Betty und Bogie ist für elf Tage später angesetzt.

Betty genießt den Countdown, hält Bogie jeden Tag die Finger entgegen. Noch fünf, noch vier, noch drei Tage. »Sie ist eine Tigerin, und ich fühle mich wie eine Maus, die von einem Kaninchen durch die Gegend gezerrt wird.«

Als die Blitzzeremonie am 21. Mai auf der Malabar-Farm von Louis Bromfield stattfindet, sagt der hartgesottene Held nicht etwa ganz cool: »Schau mir in die Augen, Kleines.« Er fängt, als der Hochzeitsmarsch erklingt, schlicht zu weinen an. Und seine Betty leuchtet.

Er fordert von ihr in der Ehe absolute Treue und den Verzicht auf allzuviel Karriereehrgeiz. Beides fällt Lauren Bacall zur großen Verwunderung ihrer Kolleginnen ziemlich leicht.

»Star sein« sagt sie, »ist kein Beruf, das ist ein Unfall.«

Sie will Kinder, sie will eine jiddische Mamme sein. Schließlich ist sie groß geworden in der Wärme einer jüdischen Großfamilie, mit Tanten und Onkeln, die das auffallend schöne Kind vergöttert haben, mit einer Großmutter, die aus Rumänien kam und Betty deutsche Lieder vorgesungen hat. Nur: Bogie will keine Kinder. Schon deswegen, weil die Geschenke erwarten und er das Schenken haßt. Und natürlich auch, weil man mit den Bälgern nichts anfangen kann, nicht mal einen trinken gehen. Aber Betty Bogart bleibt, was sie als Betty Perske war und als Lauren Bacall; sanft, aber stark und stur.

Äußerste Diskretion wird gewahrt bei dem Endokrinologen, der einem Mann von Ende Vierzig helfen soll, sich fortzupflanzen. Denn der Mann ist so bekannt wie Mr. President. Früher war er mal athletisch gewesen, aber nach konsequenter Dauerdiät mit Zigaretten, Scotch und Brandy, die er Tag und Nacht durchhält, ist der Kerl zwar noch potent, aber er produziert zuwenig zeugungsfähige Samen. Der Mediziner verordnet ihm etwas gesünderes Leben, Vitamine und Hormone. Und regelmäßige Fortpflanzungsübungen mit der jungen Gattin. Letzteres befolgt der Endvierziger freudig. »Sex ist der einzige Spaß«, sagt er, »den du haben kannst ohne zu lachen.« Die beiden haben ihn allabendlich. Und trainieren begeistert. Aber dann passiert es, an einem netten friedlichen Abend. Sie flüstert ihm was ins Ohr, er versinkt zuerst in tiefes Schweigen, zieht wortlos sein Abendessen rein und fängt dann an, loszubrüllen. »Habe ich dich geheiratet, daß sich jetzt jemand zwischen uns drängt?« Er gerät außer sich, ist panisch, nicht zu bremsen. Am nächsten Tag kommen ein paar seiner Saufkumpane vorbei und beruhigen ihn. Einer, Frank Sinatra, hat statt des üblichen Scotchs sogar Windeln dabei. So schlimm sei das auch wieder nicht, Vater zu werden. Mutter zu werden macht den Star Betty allerdings nervös. Zuerst räumt sie das Haus tagtäglich um, dann hilft das nicht mehr. »Andere Frauen wollen während der Schwangerschaft Gurken oder Erdbeeren«, offenbart der werdende Vater erschöpft seinem Freund Mike, dem Wirt seiner Stammkneipe »Romanoff's«, »meine ist da einfacher: Sie will nur Häuser.«

Und die Sorte Vorzeigehäuser, nebst Pool, Kamin und Tennisplatz, wie jeder Star sie in Hollywood hat, haßt Bogart so sehr wie alle Statussymbole Hollywoods. Betty bleibt sanft, aber stur.

Stephen wird in eine 14-Zimmer-Villa nebst Pool und Tennisplatz hineingeboren, wie sich das für ein Hollywood-Star-Baby gehört. Die Mutter ist selig, der Vater irritiert. Rettet sich vor dem Kind in die Stammkneipe, bestellt sein klassisches Menü aus 2 Scotch, 1 Soda, 1 French-Toast und 1 Brandy. Und Betty lebt mit Humphreys Gewohnheiten; sie weiß, daß er öfters auf angetrunkener macht, als er es ist, schon weil es mittlerweile zu seinem Image gehört, mit Spencer Tracy, Frank Sinatra, John Huston und David Niven zu testen, was eine gut trainierte Leber so mitmacht. Betty hat ihn sanft, aber energisch im Griff. Allerdings ist sie erleichtert, als Humphrey seine Ambitionen, Stephen bereits mit sieben zum Saufkumpan im Romanoff's zu inthronisieren, schiefgeht, weil der Bub sich langweilt. Anscheinend hat er was von der Mutter geerbt. Mit 52 wird Humphrey dann auch noch Vater einer Tochter Leslie. Und im Jahr nach Leslies Geburt interessiert sich die brave Frau, die Ehemann Humphrey als »verdammt gute Mutter« preist, plötzlich für eine andere Frage. *Wie angelt man sich einen Millionär?* Sie spielt neben Marilyn Monroe, erntet Beifall und gute Kritiken, aber das Mißfallen des Gatten. Und er ist es nun mal, der weiß, was für sie gut ist. Zumindest behauptet er das.

»Natürlich konnte er mich rasend machen, wenn er immer wieder sagte. ›Du wirst noch an meine Worte denken.‹ Aber er hat recht gehabt«, meint Lauren Bacall später noch als Witwe.

Denn an seiner Legende läßt sie niemanden kratzen.

Betty Bacall rühmt zu Lebzeiten und die vierzig Jahre danach alles an Bogie, vor allem seine Stärke. Dabei besitzt sie davon selber genug: Während der Kommunistenhatz in der Mac-Carthy-Ära wird sie mit Bogie vor das Komitee gegen antiamerikanische Umtriebe einbefohlen und verhört. Den beiden und ihrem Freund Gene Kelly hoffen die Hexenjäger ein paar delikate Details und ein paar interessante Namen zu entlocken, die sie auf die schwarze Liste setzen könnten. Aber sie beißen auf Granit. »Wir protestierten aus emotionalen Gründen«, sagt Lauren Bacall später bescheiden. Das Paar, das weitgehend gerüchtefrei und skandalbereinigt zusammenlebt, gilt als exotisch im Hollywood der üblichen Rosenkriege. Und es wird glorifiziert.

»Wenn ihre Blicke sich kreuzen, denkt man an Sex«, hat ein Filmkritiker geschrieben. Die beiden dachten auch an andere Dinge.

»Wir spielen Scrabble, sehen fern und gehen, wenn Bogart dreht, um halb zehn ins Bett«, skizziert Betty Bogart das Familienleben.

Aber sie spielt nicht nur Scrabble, sie spielt jedes Spiel von Bogart mit. Daß er sich vor dem Lunch auf seinen Normalpegel trinken muß, daß er, der eherne Monogamie von seiner Betty verlangt, seine Bettfreundin Verita Thompson nie aufgibt. Und schließlich, als er die Diagnose »Luftröhrenkrebs« bekommt, spielt er weiter den coolen Helden und tut, als wäre nichts. Betty spielt mit, obwohl Bogie nach Operationen und Bestrahlungen nur noch ein hautbezogenes Skelett von 35 Kilogramm ist. Am Tag nach Neujahr 1957 meldet sich die Klatschkolumnistin Hedda Hopper bei den Bogarts, und Humphrey krächzt »blendend«. Zwei Tage danach wird er in einem weißen Sack aus seiner 14-Zimmer-Villa geschleift. Und damit ist der romantische, dramatische, erotische und legendäre Teil von Lauren Bacalls Leben vorbei. Sie befindet sich von da an nur noch auf der Flucht, vor Bogies Fans und vor den Erinnerungen an ihn. Aus lauter Bemühungen, ihre Kinder normal großzuziehen, beschert sie denen erst den wahren Streß. In Hollywood fiel ein Sohn von Humphrey Bogart und Lauren Bacall nicht auf. Aber auf der öffentlichen Schule fühlt er sich wie ein seltenes Tier im Zoo. Lauren flieht in eine Affäre, mit Humphreys Busen- und Tresenfreund Frank Sinatra. Aber als ruchbar wird, Lauren und Frankieboy würden heiraten, zieht Frankieboy den Schwanz ein. Auf die schöne Witwe hat er Lust, aber nicht darauf, Verantwortung und Kinder zu übernehmen. Lauren Bacall flieht weiter, schließlich in die Ehe mit dem Schauspieler Jason Robards, einem Mann, der nicht ins Ehebett gehört, sondern auf die Couch des Psychiaters. Aber der Nachfolger von Bogart zu sein, das hätte auch ein stärkerer Typ nicht verkraftet. Sie verkraftet die Trennung leicht.

Mit 72 wird Lauren Bacall endlich für den Oscar nominiert, als beste Nebendarstellerin. Sie bekommt ihn nicht. Wer Humphrey Bogart hatte, denken die meisten wohl, braucht keinen Oscar.

Die dreifache Großmutter hat weniger Sehnsucht nach Ruhm als nach Nähe. Aber auch da hat sie sich im Griff. »Ich bemühe mich, meine Kinder nicht allzuoft anzurufen«, meint sie tapfer. Nach Ersatzbefriedigungen sucht sie nicht, nicht mal fürs Rauchen. »Ich male nicht, ich stricke nicht, ich mache keine Stickereien.« Und Ersatzbefriedigungen für Humphrey Bogart zu suchen, gibt sie auch auf, obwohl noch der 66jährigen eine Liebschaft mit Anthony Quinn nachgesagt wird, als sie mit ihm in Cannes dreht. »Ich war elf Jahre glücklich. Die waren ein Geschenk, und das reicht.« Mittlerweile sieht es mit Geschenken spärlich aus. Es zahlt keiner mehr für Betty. Sonst hätte es die große alte Dame nicht nötig, im Pariser Hotel »Ritz« einen Vortrag über Collagen und die Schönheit voller Lippen zu halten. Dabei könnte sie doch mit einer kleinen Auktion von Bogart-Reliquien satt Kohle machen, denken viele.

Kann sie nicht.

»In meinem Leben habe ich einen großen Fehler gemacht«, gesteht Lauren Bacall. »Nach Humphreys Tod warf ich seinen Trenchcoat weg und behielt nur seine Liebesbriefe.«

Dabei hat sie doch gelesen, daß sogar Henker um das Gewand Christi gewürfelt haben.

Lauren Bacall

1924: Am 16. September wird sie in New York geboren.

1940: Nach der High School geht sie zur Schauspielschule.

1942: Lauren gibt ihr Debüt auf dem Broadway.

1943: Ihr Foto erscheint auf dem Titel von *HARPER'S BAZAAR*. Sie bekommt einen 7-Jahres-Vertrag in Hollywood.

1943: Sie dreht *To Have And Have Not* und lernt Humphrey Bogart kennen.

1945: Bogart heiratet die 25 Jahre jüngere Bacall.

1945: Das Paar steht zusammen in *The Big Sleep* vor der Kamera.

1949: Sohn Stephen wird geboren, drei Jahre später Tochter Leslie.

1953: Die Bacall beweist ihr komisches Talent in *Wie angelt man sich einen Millionär?*.

1957: Humphrey Bogart stirbt. Zwei Jahre später geht die Bacall an den Broadway zurück.

1961: Sie heiratet Jason Robards und bekommt Sohn Sam.

1966: Zwei Jahre tritt sie in der *Kaktusblüte* auf.

1970: Lauren Bacall erhält einen »*Tony*« als beste Musicalschauspielerin.

1978: Ihre Autobiographie »By Mysell« erscheint.

1990: Sie dreht mit Anthony Quinn *Ein Stern für zwei* und ein Jahr später das Psycho-Drama *Misery*.

MARLENE DIETRICH

Die Soldatin, deren Schenkel
die Welt erregten

Der Verehrer ist erregt. Er kann an nichts anderes mehr denken als an diese Beine, diese weichen weißen Schenkel, die da übereinanderliegen und sich langsam, ganz langsam öffnen. Er schreibt mit feuchter Hand einen Brief. Und bittet um einen Fetisch. Etwas, was sie getragen hat, diese Frau, die seine Tagträume und Nachtträume beherrscht, mit dem kühlen Blick unter langen Lidern hervor.

Sie amüsiert sich über seinen Brief, ruft bei Dior an, bittet, ein paar Spitzenhöschen zur Auswahl zusammenzustellen, und läßt sie vom Hausmeister abholen. Das kleinste, aufreizendste besprüht sie mit ihrem Parfum und schickt es per Eilpost dem kalifornischen Arzt, der sie seit Monaten mit Briefen bestürmt.

Als Marlene Dietrich diesen Fan zufriedenstellt, ist sie 87.

Und hat drei Dinge nicht verloren, die sie groß gemacht haben: ihren Humor, ihren Willen und ihre Magie – die kühlste Erotik, die der Film je kannte. Und die die Männer so heißmachte wie die Stimme dieser Frau.

»Wenn sie nichts weiter hätte als ihre Stimme«, hat Ernest Hemingway gesagt, »es wäre genug, um dein Herz zu brechen.« Und er liebte es, wenn Marlene, während er sich rasierte, auf dem Badewannenrand saß und sang.

Denn in dieser Stimme lag alles, was Männer verwirrt: bebender Sex und Unschuld, leiser Spott und Zärtlichkeit, Verruchtheit und Mütterlichkeit. Als diese Stimme berühmt wurde, als *Der Blaue Engel* aus der 28jährigen Mutter Maria Magdalena Dietrich, verheiratete Sieber, einen Star machte, verfügte sie noch nicht über allzuviel Erfahrung. Und doch wirkte sie, wenn sie die Beine übereinanderschlug und den Celloklang ihres Or-

gans vibrieren ließ, als kenne sie alle Abgründe der Seele, als sei
sie zu Hause im Reich der wollüstigen Sünden. Sie konnte das
spielen, weil sie es wollte. Und sie wußte, daß die Macht des
Willens selbst einen stählern gepanzerten Gegner zur Kapitula-
tion bringen kann. Schließlich war ihr Vater Polizeileutnant gewesen und ihr Stiefvater Grenadierleutnant. Vor allem aber war
ihre Mutter eine Frau, die, als Marlene 15 war, schon zum zweitenmal Witwe wurde, eine Persönlichkeit, die vielen Generälen
die Schneid abgekauft hätte.

Marlene hatte Disziplin geübt, gnadenlos mit sich selber, hatte
sie geübt wie die endlosen Tonleitern auf der Geige und die
mühsamen Etüden am Klavier. Geigerin hätte sie werden sollen
nach dem Willen der Mutter, aber der Wille der Tochter setzte
sich durch. Angeblich zwang sie eine Handverletzung, Abschied
zu nehmen von der Musikerkarriere, aber sie kam nur allzu
gelegen. Denn Marlene wollte Schauspielerin werden. Wollen
heißt: nicht aufgeben. Das erste Mal wurde die Abiturientin im
braven Kleidchen abgelehnt an Max Reinhardts berühmter
Schule in Berlin, das zweite Mal schaffte sie es.

Marlene Dietrich, der Soldat, befehligte sich selber am streng-
sten. Schaffte sich an, verrucht zu sein, und war es. Komman-
dierte sich ab nach Hollywood, als Sternberg, der Regisseur des
Blauen Engels, sie dorthin beorderte, schluckte die Tränen, als sie
die kleine Tochter zurücklassen mußte, hungerte sich in wenigen Wochen 30 Pfund ab, wie es Sternberg wünschte, und
machte aus sich mit eiserner Konsequenz das, was die Filmwelt
brauchte: eine neue Göttin. Marlene Dietrich ahnte damals noch
nicht, wie hoch der Preis ist, den Göttinnen für den Aufstieg in
den Himmel der Anbetung zahlen. Den höchsten Preis zahlte sie
allerdings erst postum.

Die Erde auf dem Grab war noch feucht, als ihre Tochter anfing, das Denkmal der Mutter zu schänden. Es anzuspucken, mit
Dreck zu beschmieren und zu entstellen. Alle sollten sich grau-
sen vor der Göttin, der sie nie gleichkommen konnte. Das war
die einzige Methode für die erfolglose Schauspielerin Maria

Riva, die Mutter einmal wenigstens zu besiegen. Nicht einmal ein halbes Jahr nach dem Tod von Marlene Dietrich veröffentlichte sie dann ihre Erinnerungen und versuchte der Welt zu offenbaren, daß der blaue Engel ein bestialischer Teufel gewesen sei, der den Vater betrog, die Tochter vernachlässigte und im Alter verkommen sei zu einer bösartigen, verwahrlosten, widerlichen Greisin, einer tablettensüchtigen Alkoholikerin, die im Bett lebend verwesen wollte. Beschrieb mit abstoßenden Worten das monströse Reich aus Büchern, Drogen, Zetteln und zwanghaft geordneten Überflüssigkeiten, das Marlene rund ums Lager aufgebaut hatte und aus dem sie sich mit Greifzangen bediente. Wort für Wort bewies die Tochter der Welt damit nur eines: daß sie ihre Mutter nie verstanden hat, ihren Witz nicht und auch nicht ihre Lust am doppelten Spiel. Sie kapierte nicht, wie Marlene sich gehen lassen konnte. Denn die Tochter sah in ihrer Mutter immer nur ein gefühlskaltes Durchhalte-Monster. Eine Frau, die sich mit militärischer Strenge an der Kandare geführt hatte. Zugegeben: Marlene war stolz auf sich als Soldat. Im Krieg war sie von der US-Army nach Frankreich an die Front geschickt worden, als Lebenselixier für die Soldaten in dem schrecklichen Schlachthaus. Aber die Tochter bewunderte nicht den Mut der Mutter, die mit drei Kreuzen der französischen Ehrenlegion dekoriert worden war und mit der *Medal of Freedom*, die sich in den Ardennen die Hände erfroren hatte, die es riskierte, als Vaterlandsverräterin von den deutschen Besatzern kahlgeschoren, gesteinigt und zu Tode geschleift zu werden. Die erschöpft und verdreckt in Uniform ankam, um sich in Minutenschnelle für die GIs in jene glitzernde Göttin zu verwandeln, die ihnen mehr Überlebenswillen gab als viele Gebete. Maria Riva sah in allem, was Marlene tat, nur Berechnung.

Hätte sie mit liebendem Blick auf die Mutter gesehen, sie hätte gelächelt und geweint mit ihr. Über eine Szene wie diese:

Der Reporter weiß, was er rausschinden kann für diese Geschichte. Deswegen scheut er keinen Aufwand. Besorgt sich die Uniform und die Kappe der Auslieferer von Dior, nimmt ein

Päckchen von Dior in die Hand und klingelt im vierten Stock der Avenue Montaigne Nr. 12. Das Dienstmädchen, das ihm öffnet, trägt ausgetretene Pantoffeln, einen mehrfach geflickten altrosafarbenen Morgenrock und wirkt nicht eben frisch. Das graue Haar hängt ihr ins käsige Gesicht. Aber sie ist durchaus leutselig. Der falsche Bote schaut mit gierigem Blick über ihre Schulter in die Diele und fragt sie aus über die Chefin. »Hat sie noch Geld?« will er wissen. Und fragt schließlich listig: »Das Luxusappartement hier hat ihr doch Jean Gabin geschenkt, oder?« Da schlägt die Alte im Morgenrock die Tür zu.

Hätte der Reporter sein Ohr an die Tür gelegt, er hätte sie wahrscheinlich schluchzen hören. Die Rolle ihres eigenen Dienstmädchens spielte Marlene zwar perfekt, aber der Name von Jean Gabin ließ das Korsett ihres Willens zusammenbrechen. Denn das war das Codewort des Schmerzes, des Liebesschmerzes. Und der läßt mit dem Alter nicht nach.

»Jean ist«, hatte sie als Vierzigjährige Freunden gestanden, »die große Liebe meines Lebens.« Gefunden hatte sie die erst mit fünfunddreißig – in Amerika. Und sie gab alles her für Jean, diesen rotgesichtigen, stämmigen, bäurischen Macho. Büffelte mit ihm Englisch, kochte ihm gegen das Heimweh Chou farci, einen Kohlkopf, mit Hackfleisch gefüllt, und ertrug es, wenn er bei der herrlichsten klassischen Musik zu schnarchen anfing. Sie verlor ihn und fand ihn wieder an der Front. Und versank zwischen Panzern und Geschützen mit ihm in einem Kuß, in dem das Grauen ringsum vergessen war. Mit 45 hatte sie ihn dann aber endgültig verloren. Marlene war schwanger, dachte, sie sei zu alt für ein Kind, flog nach Amerika zur Abtreibung. Und als er ihr fiebrig nachreiste und sie überreden wollte, das Kind zu bekommen, lehnte sie ab.

»Ich war dumm«, hieß der Satz, mit dem sie später jene Erlebnisse kommentierte, die ihr das Herz zerrissen hatten. »Ich war dumm«, sagte sie, wenn sie mit Jean Marais im Café, gegenüber von Gabins Wohnung, darauf lauerte, den verlorenen Geliebten zu sehen. Mit diesem Satz fand Marlene zu jener Distanz zurück, mit der sie ihre verwundbare Seele zu retten versuchte. »Hier bin ich, und da ist die Dietrich«: Das war immer ihre Überlebensstrategie. Nur so meinte sie sich schützen zu können vor den Messerstichen aus dem Hinterhalt, wie sie in Hollywood schon damals an der Tagesordnung waren. Da schlug die Dietrich morgens eine Zeitung auf und sah eine Anzeige. Fettgedruckt stand ihr Name drin. Neben dem von Katherine Hepburn, Greta Garbo und Joan Crawford. Und oben drüber war zu lesen: »Folgende Schauspieler und Schauspielerinnen sind Box Office Poison – Kassengift.«

Das, sagte sie sich, galt der Dietrich. Die Marlene in ihr zuckte die Achseln und flog an die Côte d'Azur, um im teuren Hotel »Cap d'Antibes« Urlaub zu machen, mit den Kennedys zu schwimmen, Rilke zu lesen, die Tochter zu verwöhnen und mit Remarque zu flirten, während Rudi Sieber, der Mann, mit dem sie ein Leben lang verheiratet blieb, seine Geliebte im Arm hielt.

Mit der Zweiteilung ihrer Person hatte Marlene früh zu leben gelernt.

Damals, in Berlin schon, als ihr eine russische Bühnenkollegin namens Tamara Matul das Bild ihres Liebsten, einen gewissen Rudi, zeigte, hinter den Kulissen. »Zeig's nicht den anderen«, sagte die Dietrich nur. »Dein Rudi ist mein Mann.« Sie konnte mit allen und in allen Verhältnissen leben, wenn es klare Verhältnisse waren. Dann konnte sie nämlich auf Distanz gehen dazu und das Leben betrachten wie einen Film mit der Hauptdarstellerin Marlene Dietrich. Liften hätte sie sich nie lassen. Das wäre ja ein Eingriff an ihr selber gewesen. Und die Dietrich hinzaubern, dazu genügte ihr noch mit 70 eine Perücke, eine Schachtel Haarnadeln, Klebeband zum Straffen der Stirn, eine hautenge Glitzerrobe, unter der sie nie eine Unterhose trug – und der Applaus, die Bewunderung der Männer.

Mit sechzig, mit siebzig noch, wurden Marlene Rosen zu Füßen gelegt, als sie singend den Planeten bereiste und mit ihrer Stimme die Männer von München bis Melbourne betörte.

Aus einer Greisin eine Göttin zu machen, das war für Marlene

Dietrich eine Sache des Handwerks und des Willens. Drei Bühnenunfälle überstand sie mit dieser Wunderwaffe. Im Rollstuhl wurde sie bis hinter die Bühne geschoben. Und dann trat sie auf, eine Femme fatale, vom Hüftschwung bis in den kleinsten Wimpernschlag. Beides war sie wirklich: die abgeschminkte alternde Frau und die strahlende Göttin. Denn die Dietrich log nicht. Sie log niemanden an, am allerwenigsten sich selber.

Odette Miron-Boire, 17 Jahre lang Haushälterin, guter Geist und Krankenschwester bei ihr, erzählt, daß Marlene Dietrich ihren alternden Körper vor der Haushälterin nicht verborgen habe, sondern sich vor ihr als »altes verwelktes Huhn« verspottet habe und ihre Brüste als welkes Euter.

Aber Odette erzählte auch von der wunderbaren Verwandlung: Wann immer sie wollte, konnte sie sich in eine gleißende Schönheit verwandeln, lasziv und unwiderstehlich. Daß das funktionierte, bewies zum Beispiel ein Brief.

Der Eilbrief an Odette kam aus Melbourne und war ein Befehl.

»Kaufen Sie einen elektrischen Rasierapparat für das kleine Bad und gute Seife. Legen Sie bitte hübsche Tischdecken auf, nicht die grauen oder die schwarzen. Ziehen Sie das Plastik von den Stühlen in meinem Zimmer. Blumen wie immer, reservieren Sie ein kleines Zimmer ohne Bad im Hotel ›Montaigne‹, für Herrn Curnow, das billigste Zimmer bitte. Scotch, Champagner, trockenen Sherry besorgen. Jeden Tag Schinken, Eier, Butter, Früchte, Zeitungen, Zeitschriften.«

Herr Curnow traf an der Seite der Diva in Paris ein, an ihrem 63. Geburtstag.

Er war 29. »Wir wollen lange schlafen«, stand auf dem Zettel, den Odette am nächsten Morgen vor der Schlafzimmertür fand.

Aber Sex war für Marlene Dietrich nicht das Wesentliche an der Liebe.

Sie gab sogar offen zu, eine Schwäche für impotente Männer zu haben, weil es mit denen so cozy sei, so kuschelig und gemütlich.

Mit Männern, die sie liebte, sei sie ins Bett gegangen. »Aber ich tat das meist gezwungenermaßen«, sagte sei. »Denn wenn eine Frau nicht mit dem Mann schläft, der sie liebt, verläßt er sie.«

Sex machte sie, um Liebe zu bekommen, Zuwendung und Bestätigung. Und Mercedes de Acosta, eine knabenhafte Drehbuchautorin mit lackschwarzem Haar, kreideweißem Gesicht, glühenden Kohleaugen und einer Begabung für schwülstige Briefe, hatte außerdem heraus, was die kühle Göttin schmelzen ließ: Trostbedürftigkeit. Nachdem die Garbo ihre geliebte Mercedes für einen Mann hatte sitzen lassen, trocknete Marlene die Tränen und liebkoste das Opfer. Und Mercedes bedankte sich. »Ach du Wunderbare«, schrieb sie, »heute ist es eine Woche her, daß Deine wunderbare ›ungezogene‹ Hand eine weiße Rose öffnete.«

Marlene hüllte diese Liebe wie alle ihre Lieben in den dichten Mantel des Schweigens. Den rissen aber andere erbarmungslos herunter.

Marlene hatte es nicht nötig, die Hitliste ihrer Liebhaber von Willi Forst bis Hans Jaray, von Josef von Sternberg bis James Stewart oder Erich Maria Remarque herumzuzeigen als Leistungsbeweis einer funktionierenden Femme fatale. Und genausowenig hatte sie es nötig, sich 24 Stunden lang als perfekt geschminktes Idol aufzuführen.

Als ein Reporter sie auf der Tournee erwischte, wie sie in ihrer Garderobe den Boden schrubbte, grinste sie: »Ich bin die Königin von Ajax.« Kranken Freunden kochte sie Eintopf und putzte für sie das Haus durch. Wenn keine Scheinwerfer brannten, dachte sie nicht an ihr Image. Sie wußte, daß sie nicht die Diva herauskehren mußte, um geliebt zu werden. »Marlene«, hat Ernest Hemingway gesagt, »versteht mehr von der Liebe als sonst jemand auf der Welt.«

Sie wußte auch, daß sie nicht ihre Beine herzeigen mußte, um aufregend zu wirken: In Sternbergs *Marocco* machte sie die Männer kirre, als sie in Frack und Zylinder auftrat. Nicht auf ihren

Sex-Appeal und ihre Schönheit war Marlene stolz, sondern auf ihre Diskretion und ihren Anstand.

Nie, bekannte sogar die Tochter Maria Riva, habe einer von Mutters Liebhabern im Morgenmantel am Frühstückstisch gesessen. Die wurden frühzeitig rausgeschmissen, nach Hause geschickt und hatten artig gekleidet als nette Onkels pünktlich zum Brunch mit Rührei wieder aufzutauchen.

Marlene wirkte geheimnisvoll, weil sie Geheimnisse wahrte. »Bevor du liebst«, heißt ein türkisches Sprichwort, das sie oft zitierte, »lerne durch den Schnee zu gehen, ohne Fußstapfen zu hinterlassen.«

Vor allem aber hatte sie die Klasse einer Frau, die sich selber nicht als Mittelpunkt der Welt betrachtete. »Welche Menschen«, fragte sie der *SPIEGEL* ein Jahr vor ihrem Tod, »bewundern Sie am meisten?«

»Die, die sich selber nicht so wichtig nehmen.«

Auch das hat ihre Tochter nicht kapiert. Sie fand es nur makaber, als die Mutter ihr verriet, wie sie nach ihrem Tod ohne das Blitzlichtgewitter der Paparazzi aus der Wohnung gebracht werden könnte. »Du kaufst einen großen schwarzen Müllsack und stopfst mich hinein. Wahrscheinlich mußt du meine Arme und Beine brechen, daß ich ganz hineinpasse.«

In Berlin liegt Marlene würdig begraben. Aber eigentlich hatte sie sich einen Friedhofsplatz in der Normandie gekauft, in der Nähe eines Drei-Sterne-Restaurants.

»Dann sind«, freute sie sich, »die Leute gutgelaunt, wenn sie mein Grab besuchen.«

Marlene Dietrich

1901: Sie wird am 27. Dezember in Berlin geboren.

1921: Am Hamburger Operettenhaus gibt Marlene ihr Debüt als Revuegirl.

1922: Sie dreht ihren ersten Film *So sind die Männer*.

1924: Heirat mit Rudolf Sieber, ein Jahr später kommt Tochter Maria zur Welt.

1930: Josef von Sternberg engagiert Marlene für den Film *Der Blaue Engel*.

1931: Sie geht mit Sternberg nach Hollywood.

1937: Die Dietrich wird US-Staatsbürgerin.

1943: Drei Jahre lang macht sie Truppenbetreuung.

1953: Erster Auftritt als Showstar in Las Vegas.

1958: Marlene Dietrich dreht wieder. Der Film *Zeugin der Anklage* wird ein Riesenerfolg.

1960: Sie tritt erstmals nach dem Krieg wieder in Deutschland auf.

1973: Erste Gala-Fernsehshow für das ZDF

1975: In Sydney beendet ein Schenkelhalsbruch ihre Bühnenkarriere.

1979: Marlene bricht sich erneut ein Bein und zieht sich völlig aus der Öffentlichkeit zurück.

1984: In Maximilian Schells Dokumentarfilm *Marlene* hört man nur ihre Stimme. Filmen oder fotografieren lassen will sie sich nicht mehr.

1991: Die fast 90jährige gibt dem *SPIEGEL* ihr letztes Interview.

1992: Am 6. Mai stirbt Marlene Dietrich in ihrer Pariser Wohnung.

SOPHIA LOREN
Die Madonna der Sinnlichkeit

Der Himmel wölbt sich wolkenlos über der Stadt. Neapel erstrahlt im Licht eines Maitags. Für eine Frau von 48 Jahren ist es ein schwarzer Tag: Sie muß ins Gefängnis.

Als sie auf das Gefängnistor zugeht, ganz eine Heilige, die ihr Martyrium annimmt, obwohl sie sich schuldlos findet, jubeln über tausend Menschen, die auf sie gewartet haben: »Du Tapfere!«, und werfen Rosen auf die große vollbusige Frau mit den schwingenden Hüften. Das ist keine Heiligenlegende. Das ist ein Stück Justizgeschichte aus dem Jahr 1982, das den Richtern zeigte, was Santa Sophia ihren Landsleuten bedeutet.

Pedantische Urteile wegen einer Steuerhinterziehung können sie in ihrem Glauben an Sophia Loren nicht erschüttern. Sie teilen die Meinung der Gefängnisaufseherin, die bei der Entlassung 17 Tage später verkündete: »Sie ist eine gute und einfache Frau. In kurzer Zeit hat sie die Herzen aller gewonnen.« All der Nutten, Zigarettenschmugglerinnen und Diebinnen, mit denen sie vor der Dusche anstehen mußte.

Das Erfolgsrezept der Sofia Scicolone aus dem Armenviertel von Pozzuolo bei Neapel ist wie ein Rezept für hausgemachte Pasta: Einfache billige Zutaten können ein göttliches Ergebnis bescheren. Und sie verhindern, daß Neid aufkommt.

Kaviar-Stars brauchen Bodyguards. Sophia Loren aber geht in Paris, genauso wie in Rom, Genf oder Kalifornien, in irgendeinem Supermarkt einkaufen. Und wenn sie dort jemand überfällt, nur um ein Autogramm zu ergattern. Das gibt die Loren gerne, weil sie Anbetung genießt und daraus keinen Hehl macht. »Wäre ja schlimm«, sagt sie, »wenn sich auf der Straße keiner mehr nach mir umdreht.«

Bewundernde Blicke sind Rosenkränze für den Star.

Die Loren ist die Madonna aller, die an die Macht und die Pracht der Weiblichkeit glauben. Und daran, daß die Urreligionen dieser Welt recht hatten, die der großen Göttin huldigten, der schwerbrüstigen, fruchtbaren Mutter Erde. Loren ist Spohias Künstlername, aber ihr Vorname (wenn auch mit f geschrieben) ist echt. Und symbolisch: Die heiliggesprochene Sophia ist nämlich nur die christliche Variante der heidnischen Großen Mutter, die die weibliche Seele Gottes verkörpert, die Vernunft der Schöpfung, das Allmütterliche.

Der Sex-Appeal der Loren war und ist immer jugendfrei, weil er etwas Mütterliches hat – auch wenn das bei manchen frühen Erotikfilmchen die Sittenpolizei damals anders sah. Mit 26 schon spielte Sophia Loren eine 40jährige Mutter, deren Tochter vergewaltigt wurde. Und bekam für genau diese Rolle in *La Ciociara* »Und dennoch leben sie« ihren ersten Oscar. Zwanzig Jahre später spielte sie in einem autobiographischen Fernsehfilm *Mit dem Mut der Verzweiflung* ihre eigene Mutter. Und jeder, der nur irgendeinen Satz gelesen hat von Sophia Loren, der weiß, daß sie diese Mutter bis ans Lebensende jeden Morgen angerufen hatte. Dabei verdankt Sophia dieser Mutter aus konservativer Sicht vor allem miese Startbedingungen ins Leben: Romilda Villani brachte ihre erste Tochter am 20. September 1934 in der römischen Clinica Regina Margherita zur Welt – in der Abteilung für ledige Mütter ohne Geld.

Damals war es eine Schande, ein Bankert zu sein, erst recht im kreuzkatholischen Italien. Der Vater, ein Gelegenheitsarbeiter namens Riccardo Scicolone, adoptierte die Tochter später zwar, aber er ließ ihr außer einem einzigen Spielzeugauto bei seinem einzigen Besuch nichts zukommen, Liebe nicht und Geld erst recht nicht. Das Kapital verdankte Sophia nachweislich der Mama – auch wenn sie mit ihr und dem umfangreichen Rest der Sippschaft in einer neapolitanischen Zwei-Zimmer-Trostlosigkeit aufwuchs, wo alle in einem Bett schliefen: Mama Romilda sah fast so aus wie die Garbo. Bei einem Wettbewerb für

102

Garbo-Doubles war sie auf Platz zwei gelandet und sollte nach Hollywood fliegen. Aber ihr Geliebter Riccardo Scicolone stellte sie vor die Wahl: Karriere oder er. Sie entschied sich für ihn. Und damit für einen Weg, der sie zur Überlebenskämpferin machte. Romilda war es, die ihre voll erblühte Tochter von einer Mißwahl zur nächsten schleifte und zu den zahllosen Agenturen im Rom der 50er Jahre.

Die Kämpfernatur hat Sophia von der Mutter geerbt. Und bewies sie zuerst schon mal da, wo die Mutter versagt hatte: beim Kampf um den Mann fürs Leben. Mit 15 lernte sie bei einer Mißwahl in einem Tanzcafé das Jurymitglied Carlo Ponti kennen, den Anwalt und Minister, der zum Filmproduzenten geworden war. 20 Jahre älter als sie, ebenso viele Zentimeter kürzer, verliebt in alle schönen Frauen und seinen Pepitahut, aber nur mäßig attraktiv. Doch er war die Personalunion von allem, was sie brauchte und wollte: Vater, Manager, Geldgeber, Stil- und Etiketteberater, Gatte und Erzeuger. Das zu erkennen ist kennzeichnend für den Pragmatismus der Loren.

Daß sie im Sternzeichen der Jungfrau geboren und ihr Element damit die Erde ist, befriedigt nicht nur Astrologen außerordentlich. Sophia sehnte sich nie nach Überfliegern, Himmelstürmern oder Wolkenschloßherrn, denn sie verließ niemals den Boden der Tatsachen. Schließlich ist sie auch keine überirdische Schönheit, sondern eine höchst irdische. Und so waren auch die Waffen, mit denen sie um Mann, Glück, Erfolg, Geld und Anerkennung kämpfte, nicht etwa Geheimwaffen eines neuen Zeitalters. Sie kämpfte mit altbewährten.

Cary Grant, damals ungebunden und unbändig verliebt in die Loren, kam gerade recht. Sophias Mutter war vom Liebhaber Riccardo erpreßt worden: ich oder die Karriere. Sophia setzte ihren Liebhaber Carlo unter Druck: Ehe oder der andere. Die Mutter hatte beides verloren. Sophia gewann, was sie wollte, nebst zeitlosem Heiligenschein im Herzen des verschmähten Cary Grant. Aber die Moral des Vatikan holte auch Sophia ein. Die Mutter war moralisch-katholisch geächtet wegen des Bankert, Sophia wegen Heirat mit einem Bigamisten. Denn Carlo Pontis hastige Fernscheidung in Mexiko zählte nicht in Italien. Die Vatikanzeitung *L'OSSERVATORE ROMANO* erklärte, Ponti und Loren seien »öffentliche Sünder« geworden, geißelte sie als »Opfer ihrer fehlenden Moralbegriffe«. Doch während sich die Mutter von demselben Liebhaber fünf Jahre nach Sophia ein zweites Mal schwängern ließ, ließ Liebhaber Carlo sich brav ein zweites Mal scheiden – diesmal offiziell. Und Sophia wurde einige Jahre später vom Papst empfangen.

Kampfeslust bewies Sophia Loren auch im Streit der Königinnen: Gerade 20 war sie und die Konkurrentin 26, als beide geladen waren bei der Queen, vor einem italienischen Filmfestival in London. Die Lollobrigida, Tochter eines reichen Möbelfabrikanten, trat auf als mittlere Sensation. Die Loren, Tochter einer armen ledigen Mutter, trat ein als Provokation: Das perlenübersäte Kleid blendete die Augen, das Dekolleté machte die Männer schwindlig, das Diadem im tizianroten Haar die Zeremonienmeister fassungslos. Aber dann sank sie, die Herzenskönigin des Südens, vor Englands blasser Karo-Queen in den allertiefsten Hofknicks. Und nichts rührt mehr, als wenn der Stolz sein Haupt neigt. Das sagte der Loren kein Imageberater, das sagte ihr der menschliche Verstand, diese Vernunft der Schöpfung.

Menschen von der Bodenhaftung einer Sophia Loren heben nicht ab. Es klingt zwar kokett, wenn sie behauptet, eine Bäurin zu sein und keine Legende. Aber es ist wahr. Ihr Bauernhof ist eben auf vier Länder verteilt und etwas üppiger ausgestattet, aber sie beackert ihn selber: Daß sie im Gefängnis ihre Zelle putzen und das Bett machen mußte, war für die Loren, die täglich zum Staub- oder Putzlappen greift, keine Umgewöhnung. Eine Bäuerin läßt sich nicht in den Topf spucken. Und reinfassen auch nicht. Als der genäschige Signore Tito, damals Staatschef Jugoslawiens, den Finger in ihr *ragù* steckte, schmiß Sophia ihn aus der Küche. Die Loren besitzt auch Bauernschläue, das heißt: Sie weiß, wo sie mit welchem Mindesteinsatz gewinnt. Richard Burton und Peter O'Toole schlug sie im Scrabble durch Wortwitz und im Poker durch Gewitztheit. Gina Lollobrigida schlug sie nach Zentimetern, die Steuerfahnder Italiens nach allen Regeln der PR: Ihr Gefängnisaufenthalt brachte ihrem Image daheim mehr ein, als es die teuerste Werbekampagne vermocht hätte, denn sie offenbarte, nur aus Liebe zur Heimat sei sie trotz Haftandrohung zurückgekommen. Bauernschläue meint auch das, was die Loren an sich selber »Wachsamkeit« nennt, diesen Riecher für Fallen.

Wird sie zu ziemlich glaubhaften Affären befragt, wie zu der mit dem Erfinder der Abtreibungspille, dem französischen Arzt Etienne-Emile Baulieu, sagt sie: »Es wird soviel Falsches in den Zeitungen geschrieben«, was nicht heißt, dieses Gerücht sei falsch. Wird sie befragt nach ihrem Engagement für Italiens Neofaschisten, denen ihre Nichte Alessandra Mussolini angehört, sagt sie: »Ich rede nicht über Politik, weil das immer mißverstanden wird.«

Santa Sophia ist stolz, daß sie im Langstreckenlauf der italienischen Kurvenstars die Lollobrigida, aber auch Claudia Cardinale oder Monica Vitti, endgültig besiegt hat. »Ich bin Italienerin, keine Amerikanerin«, erklärte sie beim Interview in Kalifornien der Zeitschrift VANITY FAIR. »Aber mich kennt hier immer noch jeder. Wie viele andere italienische Schauspielerinnen sind hier bitte so berühmt wie ich?« Über 80 Millionen Dollar spielte im letzten Jahr die Senioren-Komödie Der dritte Frühling mit der Loren, Walter Matthau und Jack Lemmon ein. Und trotzdem behauptet ihr jüngerer Sohn, Drehbuchschreiber Edoardo, es fehle seiner Mutter an Selbstvertrauen. Die Loren betont, ganz in der Gegenwart aufzugehen und sich zu fühlen wie eine Zwölfjährige. Und wird trotzdem Edoardo beipflichten, wenn er behauptet: »In unsere Familie zu kommen ist, als betrete man die Vergangenheit.«

Sophia ist als Inbegriff der Italianità so geeignet, weil sie, wie ihr Land, ihre Ausstrahlung aus einer Widersprüchlichkeit bezieht, die sich in Wohlgefallen auflöst. Es scheint offensichtlich, daß Carlo und Sophia sich die Lust an erotischen Naschereien nie verkniffen haben. Und trotzdem ist es nicht wirklich gelogen, wenn Sophia wie ein Vaterunser jedem, der sie fragt, dasselbe vorbetet: »Carlo ist der einzige Mann in meinem Leben.« Es gibt eben auch Liebhaber, die keine rechten Männer sind. Oder Affären, die nicht zum eigentlichen Leben gehören.

Lina Wertmüller, mit der Sophia drehte, sagte, Sophia führe ein Leben wie ein Soldat. Und sie selber sagt das auch: Aufstehen um halb sechs, Gymnastik vierzig Minuten, um acht oder neun ins Bett, nie Alkohol, Nikotin auch nicht mehr, und immer beherrscht beim Essen. Gleichzeitig erklärt sie, von Natur aus stinkfaul zu sein.

Sophia liebt barocken Glanz, teure Antiquitäten, Samt und Seide, leuchtendes Rot, rauschende Taftroben und üppige Blumenbouquets. Zugleich behauptet Carlo Ponti, er und Sophia seien letztlich zwei Puritaner, und Sohn Edoardo sagt, seine Mutter sei allzu bescheiden.

Keine hat überzeugender als die Loren das ausgebuffte, liebeserfahrene und durchaus verführbare Vollweib gespielt, für das Sex zum Alltag gehört wie Geschirrspülen und Kinderkriegen. Befragt, wie sie ihre Söhne aufzuklären gedenke, meinte aber die junge Mutter bereits, sie werde ihnen nur beibringen, daß Sex und Liebe untrennbar seien. Das ist die moderne Version der Bienchen-Geschichte.

Als Edoardo Ponti ihr nach der ersten Liebesnacht gestand, er sei kein Jungmann mehr, lächelte sie und gratulierte ihm. »Natürlich«, sagt der Sohn verständnisinnig, »habe er ihr keine Details anvertraut, weil sie trotz ihrer Offenheit ›echt prüde‹ sei.«

Geld sei bequem, sagt Santa Sophia. Wichtig sei es nicht.

Als vor ein paar Jahren bekannt wurde, daß Santa Sophia umgerechnet viereinhalb Millionen Mark kassiert hatte für ihren Auftritt in einer Pelzmantelwerbung, erregte das Brigitte Bardot und die Kreise der Tierschützer. Die Verehrer der Santa Sophia berührte das weniger. Sie beurteilen sie eben nicht nach den Gesetzen der Moral, sondern nach denen des Herzens. Denn Santa Sophia verfügt über den Kitt, der alle argumentativen Risse und alle logischen Sprünge klebt: über einen unbegrenzten Vorrat an echtem Gefühl.

»Ich weine, wenn ich traurig bin, ich weine, wenn ich glücklich bin. So sind wir Neapolitaner«, sagt sie.

Da wundert es keinen mehr, daß Gorbatschow nach der ersten Begegnung mit Sophia meinte: »Dieser Frau muß man alles verzeihen.«

Sophia Loren

1934: Sophia Loren wird am 20. September in Rom geboren.

1950: Bei der Wahl zur »Miß Rom« (2. Platz) lernt sie Carlo Ponti kennen.

1957: Heirat mit Carlo Ponti. Sophia dreht im gleichen Jahr in Hollywood *Stolz und Leidenschaft*.

1959: Großer Erfolg mit *Die schwarze Orchidee*

1961: Sophia Loren bekommt für ... *und dennoch leben sie* einen Oscar.

1964: *Hochzeit auf italienisch* mit Marcello Mastroianni

1966: *Arabesque*

1967: *Die Gräfin von Hongkong* unter der Regie von Charlie Chaplin

1968: Nach mehreren Fehlgeburten kommt Sohn Carlo Ponti jun. zur Welt.

1973: Sohn Edoardo Ponti wird geboren.

1980: Sophia Loren wird wegen Steuerhinterziehung zu 30 Tagen Haft verurteilt.

1991: Auszeichnung mit einem Ehren-Oscar für ihr Lebenswerk.

1992: Sophia wird Sonderbotschafterin des UNO-Flüchtlingskommissariats und somit Nachfolgerin der kranken Audrey Hepburn.

1994: *Prêt-à-Porter*, ihr letzter Auftritt mit Marcello Mastroianni nach 30jähriger Zusammenarbeit

ZARAH LEANDER
Die Traumfrau der Transvestiten

Ein Supermarkt, irgendwo im Deutschland der 70er Jahre. Die Frauen im großgemusterten Acryl schieben Einkaufswagen mit Cola-Flaschen, Kartoffelchips, Fürst-Pückler-Eis in der Familienpackung und Schlemmerfilet aus der Tiefkühltruhe umeinander. Nur am Rande kriegen sie mit, daß auf einem Podest am Ende der Halle eine alte Frau in unpassender Garderobe ins Mikrofon singt. Paillettenglitzernd steht sie da, mit Federboa, leuchtend rotem Haar und viel zuviel Schminke für das Neonlicht. »Kann denn Liebe Sünde sein?« gurrt sie mit einer brüchigen Männerstimme. Und die Frauen gehen weiter. Aber ein gewisser Paul Seiler bleibt stehen, draußen, an irgendeinem Kiosk. Da prangt ein Foto in der Zeitung, die Dame darauf kennt er. Und darunter steht, daß im Supermarkt eine gewisse Zarah Leander gesungen habe. Warum macht sie das? fragt er sich. Offenbar fehlt ihr der Instinkt dafür, wann man aufhören muß.

Zarah Leander, Plattenmillionärin und Berufslegende, ist da ganz anderer Meinung. Immer schon hat sie betont: »Fische-Geborene, die ich bin, vertraue ich letztlich meinem guten Instinkt.« Und der sagt der alten Dame: Du kannst nur leben, wenn du auftrittst, ganz egal wo und vor wem und wofür. Geld hat sie genug; ihr Landschloß in Schweden, auf der Halbinsel Lönö, leuchtet märchenschön in einer Parklandschaft, die 39 Zimmer sind mit Antiquitäten vollgestopft und sauber bis in die Parkettritzen, 22 Schären gehören dazu, Fischwasser, Äcker und Wälder. Aber die Schloßherrin jammert: »Dort ist es so scheißvornehm, daß ich umfalle. Schon nach 14 Tagen werde ich wahnsinnig.«

Also singt sie. In Kellertheatern, Gasthöfen, Supermärkten, auf Kaffeefahrten und Tuntenbällen.

Ein paar Jahre später. Der Auktionssaal im Keller eines Hinterhofhauses, nicht weit vom Kudamm, ist voll besetzt an diesem Samstag im September 1981. In der ersten Reihe sitzt Romy Haag, Deutschlands bekannteste Transsexuelle, weiter hinten alte Damen, Schwule, Kabarettisten, männliche und weibliche Diseusen. Und ein unauffälliger Herr, Mitte, Ende Vierzig. Die schräge Szene in Berlin kennt ihn, diesen Paulchen Seiler. Nein, er ist keiner von ihnen, er ist ein braver Krankenpfleger. Und verausgabt sich hier mehr, als er sich's leisten kann.

Aber schließlich geht es um Reliquien seiner Heiligen. Zarah Leander heißt sie und ist im Juni dieses Jahres gestorben. Bei einer Weißfuchsmütze bekommt Paul Seiler für 200 Mark noch mal den Zuschlag. Sie habe die Mütze, erklärt der Auktionator, in *Es war eine rauschende Ballnacht* getragen.

In der Nachtschicht schwirrt dem Pfleger noch der Kopf von den drei Auktionstagen – für ihn ein Vollbad in Wehmutschaum. Aber trotzdem steigt da glasklar ein Verdacht auf in Paulchens Kopf. Er kommt nach Hause, legt das Video von der *Ballnacht* ein, läßt es durchlaufen: Stop. Da ... die Schneelandschaft, der Schlitten. Zarah drin..., und sie trägt eine Kapuze. Keine Mütze. Paul Seiler hätte es wissen müssen, denn eigentlich weiß er alles über Zarah. Seit er sieben Jahre alt ist. Da saß er in der Badewanne, daheim in Bern, als der Vater ihm zurief: »Gleich singt im Radio eine Fau mit einer ganz tiefen Stimme.« Paul sauste zu dem Schemel, auf dem das Radio stand. Eine Gänsehaut überlief ihn. Und er erlebte ungefähr das, was Erwachsene Orgasmus nennen.

Jetzt, im September 1981, im Todesjahr der heiligen Zarah, ist seine Wohnung zum Mausoleum für die Angebetete geworden: An die 5000 Fotos, 10000 Zeitungsartikel in 40 Ordnern, Videos, Schellackplatten und Autogrammkarten, die er ein Leben lang gehortet hat, erinnern an sie. Und natürlich ein paar der ersteigerten Fetische. Wenn er Zarah live sehen will, muß er nur irgendwo um die Ecke in ein Travestie-Lokal gehen, wo all die Marys und Romys und Cindys auftreten, mit dem roten Haar,

110

der blassen Haut, dem tiefen Dekolleté, den Vamp-Roben samt Federboa und falschen Perlen. Und die sich in den Hüften wiegen zu einer Stimme aus dem Playback. *Der Wind hat mir ein Lied erzählt. Merci, mon ami, es war wunderschön.* Oder *Eine Frau wird erst schön durch die Liebe.* Daß gerade die Transvestiten Zarah vergöttern, liegt nahe. Zum einen bewundern sie natürlich, wie diese Gestalt zwischen den Geschlechtern schillert. Und dann kennen sie den Streß, sich in eine Diva zu verwandeln. Zarah, die ihr Manager einen Wikingertyp nannte, kannte diesen Streß auch.

Da gurrt sie heute noch immer, mittlerweile von CDs: diese Stimme, die Spötter eine Baßamsel nennen oder einen Damenbaß. »Kontraalt« hat Zarah ihre Stimmlage korrekt bezeichnet. Schließlich war ihr Vater nicht nur Grundstücksmakler, sondern auch Orgelbauer. Und selbst im Playback ist es eine Stimme, die den Verstand außer Kraft setzt und alle Gesetze des Gesangs sowieso. Denn Zarah hat zwar schon mit sechs bei einem Chopin-Wettbewerb Klavier gespielt, ganz gelehrige Schülerin, aber Gesang hat sie nie gelernt. Sie sang ja auch nie: Es sang aus ihr. Die Rs rollen wie abziehender Donner, die Konsonanten summen wie ein hypnotisches Lied von Hexen und Nixen. Die Stimmlage ist die eines Mannes, aber sie hat die Frivolität von allen Femme fatales dieser Welt. Sicher ist: Keiner, der sie einmal gehört hat, kann die Stimme der Zarah Leander vergessen. Und keiner sollte sie vergessen: »Wenn ich als Filmschauspielerin vergessen werde, ist mir das egal. Aber ich bin eine Stimme«, hat sie gesagt. Und als solche wolle sie in die Geschichte eingehen.

Daß ihr das gelingen würde, hätte keiner vermutet, der Zarah Stina Hedberg als Teenie sah: ein aus dem Leim geratener Mädchenkörper mit zu großen Füßen, zu roten Haaren, zu langer Nase und zu dicker Brille. Mit 15 kommt sie zu Freunden der Eltern nach Riga. Und die Interimsmutter sagt, als sie Zarah singen hört: »Du bist eine Künstlerin, weißt du das eigentlich?«

Am Königlichen Schauspielhaus Stockholm ist man anderer Ansicht: Zarah Hedberg spricht vor und fällt durch. Statt Schauspielerin zu werden, heiratet sie mit 18 einen Schauspieler namens Niels Leander. Mit 22 ist sie noch immer nichts anderes als zweifache Mutter. Hat weder ein eigenes Heim noch Gelegenheit zum Üben, denn sie wohnt bei den Schwiegereltern auf einem Pfarrhof in der Provinz. »Singen«, behauptet sie, »durfte ich dort nur auf dem Plumpsklo im Hof.« Aber sie weiß, es wird ein Wunder geschehen. Es steht sogar in der Zeitung: Im nahen Norrköpping, liest sie, gastiert Ernst Rolf, der Revuekönig, mit seiner Truppe. Aber seine Starsängerin Margit Rosengren sei krank geworden und könne nicht auftreten. Hektisch näht sich Zarah ein schwarzes Seidenkleid, fährt, so behauptet sie, heimlich mit dem Fahrrad rüber (Niels Leander sagt, er habe sie chauffiert), wartet in der Schlange mit anderen Karrierehungrigen vor des Königs Arbeitszimmer. Er sieht sie stehen und fragt nur: »Sind die Haare gefärbt?«

»Nein«, sagt sie, »das Rot ist echt.«

»Keiner darf behaupten, daß ich nicht echt bin«, war ein Leben lang ihre Devise. Und das macht den schwedischen Musiker Ernst Rolf offenbar an. Die Macher in der deutschen Ufa auch, denn auf Echtes läßt sich Unechtes pfropfen; ein synthetisches Image, entwickelt in den Filmstar-Laboren von Babelsberg.

Aber erst einmal wird sie von Max Reinhardt entdeckt und ist mit 24 eine Operettendiva, die dieselben Partien einfach zwei Oktaven tiefer singt als die Konkurrentinnen. 1934 bemühen sich die Studiobosse in Hoollywood um sie.

Kurz drauf wird die Schwedin in Berlin zum höchstbezahlten Star des Hitler-Staates mit einer sensationellen Sonderregelung: 53 Prozent der Gage bekommt sie in Devisen. Dabei notiert ein gewisser Herr Goebbels noch 1937 in sein Tagebuch: »Ich halte die Frau für sehr überschätzt.« Und etikettiert sie als »Deutschenfeindin«, weil sie mit jüdischen Künstlern wie Hans Weigel und geschaßten Regimespöttern wie Max Hansen zusammenarbeitet.

Und von da an ist alles so widersprüchlich wie das Weib mit der Männerstimme. Es fängt damit an, daß 1936, als sie auf-

113

steigt, die anderen Großen aussteigen: Billy Wilder, Peter Lorre, Asta Nielsen, Fritz Lang, Kurt Weill, Max Ophüls, Douglas Sierck – sie alle fliehen rechtzeitig vor dem Nazi-Regime. Und mit Douglas Sierck als Regisseur hat sie, als er noch Detlef hieß, ihre ersten großen Fimerfolge gedreht. Absurd, daß ausgerechnet sie zum Idol wird.

Denn sie tritt auf als verruchter Vamp, jeder Lidschlag ein Peitschenhieb, der Männer entmachtet. Ihr Dekolleté ist so tief wie ihre Stimme, so ungeniert verführerisch wie ihre Blicke unter schweren falschen Wimpern. Absurd, daß inmitten blondbezopfter Hitlermädchen die lasterhafte Rote ein Star ist: Denn als das Mutterkreuz zum schönsten Schmuck, als Treue zur zentralen Tugend erklärt wird, singt sie mit falschen Perlen um den Hals *Warum soll eine Frau kein Verhältnis haben*. Sie wird geliebt, verehrt, bewundert, weil sie all das ist, was die anderen sein oder haben wollen und sich nicht trauen dürfen. »Es ist so schön«, sagt Zarah, »Menschen voller Sehnsucht ihre Wünsche zu erfüllen.«

So gnadenlos naiv wie diese Aussage ist die ganze Person Zarah Leander. Aber diese Naivität reicht nicht aus, um sie freizusprechen. Denn Naivität entbindet nicht der Verantwortung.

Herrn Goebbels fand Zarah Leander einfach »einen interessanten Mann«. Jahrelang hat sie ihn getroffen, nach eigenen Angaben »durchschnittlich einmal monatlich«. Und dabei durfte der Satan mit dem Klumpfuß richtige Treffer landen: »Wir hatten eine Party, wir zwei ganz alleine«, hat sie dem Sensationsjäger Will Tremper später gestanden, »und der Mann war eine Erholung von meinen schönen Filmpartnern. Oh, wie ich diesen geschniegelten Willy Birgel gehaßt habe. Gemessen an Joseph Goebbels war der ein lebender Leichnam.«

Nie wäre Zarah Leander auf die Idee verfallen, daß solche Bemerkungen zynisch klingen müssen in den Ohren aller, in deren Familien Goebbels für einen Leichnam sorgte, verhungert, vergast, erschossen oder erhängt. Zarah Leander war eine Meisterin der Imagepflege. Und pflegte im nachhinein das

Image der vorlauten, furcht- und dennoch ahnungslosen Diva. Nicht einmal Freunde glaubten ihr diese Geschichte über ihre erste Begegnung mit Adolf Hitler.

»Sagen Sie mal, Herr Reichskanzler«, will sie ihn gefragt haben, als sie ihm vorgestellt wurde, »haben Sie schon mal versucht, etwas mit Ihrem Haar zu machen?«

Und sogar die Tatsache, daß ihr schwuler Textdichter Bruno Balz 1941 denunziert und in Gestapo-Haft kommt und nur durch Michael Jarys Einsatz einem Abtransport ins KZ entgeht, läßt sie nicht am Hitlerstaat zweifeln.

Paul Seiler, der vier Bücher über sie geschrieben hat, verteidigt seine Heilige natürlich auch da. Gäbe es, meint er zu Recht, ein einziges Bild, wo Hitler Frau Leander die Hand küsse, es wäre tausendmal gedruckt worden.

Schuldig jedenfalls fühlte sich Zarah nie. Als eine schwedische Zeitung sie fragte, ob es nicht bedrängend gewesen sei, im Berlin des Dritten Reichs mit Nazis zu filmen, sagte sie nur: »Beim Film gibt es keine Nazis.«

Und Douglas Sierck meinte. »Zarah war weder Nazi noch Nicht-Nazi, sie wollte Karriere machen.« Und mächtige Männer imponieren ihr einfach.

1938 singt sie in dem Film *La Habanera* das Lied *Der Wind hat mir ein Lied erzählt*. 24 Millionen werden danach von der Schallplatte verkauft. Und je schlimmer die Deutschen von den Schrecken des Krieges gebeutelt werden, desto hungriger hängen sie an Zarahs Lippen. Der Schweizer Krankenpfleger drückt unbeholfen und doch treffend aus, was damals Millionen empfanden: Sie habe eine Frau dargestellt, »die vom Schicksal geschlagen ist, die irrsinnig viele Widrigkeiten und Demütigungen auf sich nehmen muß, aber alles ganz toll bewältigt«.

Keine litt eindrucksvoller als sie, keine schmachtete überzeugender.

Dabei sah sie sich selber als praktisch und nüchtern an und betonte, sie komme von dort, wo die Frauen im Stehen gebären. Verdammt mühsam sei es gewesen für sie, auf göttlich, frivol und unnahbar zu machen. Der tiefe Glanz in ihren Augen kommt davon, daß sie extrem kurzsichtig ist, der Ausdruck des Leidens rührt aus Großaufnahmen ihres reglosen Gesichts und ihr Ruf als Femme fatale von den Liedertexten.

Dahinter steht die handfeste, trinkfeste Schwedin, die an ein sicheres Auskommen denkt, um die 100 Zigaretten pro Tag raucht, mühelos acht Weißwürste hintereinander verdrückt und alles sehr energisch angeht.

Ihrem zweiten Mann, dem Journalisten Vidar Forsell, und ihrem dritten, dem Musiker Arne Hülphers, machte sie einen Heiratsantrag.

»Es gibt«, schrieb sie in ihren Memoiren, »etwas, was ich aufgegeben habe zu lernen: die Rolle der Circe. Nicht einmal mein Mann ist hingerissen, wenn ich verführerisch mit den Augendeckeln klappere.« Aus ihrer natürlichen Neigung zur Fülle macht sie kein Problem. Hochzufrieden zitiert sie ihren Manager, der sie nach einer Hungerkur verwarnt: »Kein Mensch will dich so sehen, Zarah. Jedes Pfund zuwenig ist zuviel.«

Ihr Pragmatismus ist gefährlich, aber herzerfrischend. Nicht etwa aus Moral, nur aus Gründen der Vernunft, lehnt sie es ab, deutsche Staatsschauspielerin zu werden, und reist sicherheitshalber aus dem brennenden Berlin nach Schweden ab. Nüchtern beschließt sie, für ihre Antiquitäten und Kunstschätze offiziell eine Ausfuhrgenehmigung vom Nazi-Wirtschaftsminister Funk zu ergattern. Und setzt auf ihre Qualitäten: Sie wettet mit ihm, Frauen vertrügen mehr Alkohol als Männer. Wer die Wette gewinnt, hat einen Wunsch frei. Und Zarah gewinnt: In vielen Durchgängen trinkt sie den Minister mit Wodka pur unter den Tisch. Sie geht ohne Probleme. Aber die empfangen sie: In Schweden will keiner diese Frau mit braunen Flecken auf der Paillettenrobe. Da hilft es nichts, daß Goebbels ihre Filme verbieten läßt, daß Himmler schreibt: »Der Weg zur Dirne war bei ihr nie weit und ein vollkommener Schleichpfad zum Glück.« Daß er hinter ihr drein geifert: »Sie hat versucht, die deutsche Frau zu verdrängen. Damit ist nun Schluß.« Es hilft nicht einmal, daß *Der Stoßtrupp* sie 1944 schließlich als »Freund der Juden« schmäht und daß sie sich selber als »politische Idiotin« entschuldigen will. Kaum einer daheim glaubt ihr, daß sie mitten in Berlin nichts mitbekommen habe, sondern sich nur, abgeschottet in den UFA-Studios, der hehren Kunst gewidmet habe.

Ihr Mann Vidar rät ihr, den Traum vom Comeback aufzugeben. »Selbst du kannst nicht gegen den Strom schwimmen.« Zarah gibt lieber den Mann auf. Was ihr zur rauschenden zweiten Karriere verhilft, sind Michael Jary, ihr Erfolgskomponist, die Magie ihrer Stimme und ihre angeborene Frechheit.

»Sie können wohl nicht leugnen«, greift ein Journalist auf, »daß sie den Bau eines deutschen U-Boots auf Lönö gestattet haben.«

»Keineswegs«, sagt sie, »und ich möchte hinzufügen: Hitler war mein Stallknecht, Goebbels Fischereivorsteher und Göring beschäftigte ich als Chauffeur.«

Die Konzerttournee schenkt den Deutschen ihren Lieblingsstar wieder, und der Film *Gabriela* schenkt Zarah die Gewißheit, unschlagbar zu sein. Der *SPIEGEL* berichtet über den Erfolg und zitiert einen Agenten im Filmverleih: »Die Zarah verkoof ich mit zugebundenen Oogen.«

Mit verstopften Ohren wäre ihm das nicht gelungen.

»Wenn ich singe«, sagte Zarah, »fühle ich mehr, als sich die jungen Leute im schönsten LSD-Rausch vorstellen können.«

Das ist es wohl, was all ihren Kopisten fehlt. Und noch etwas, was die Leander sogar dann noch besaß, als sie in Supermärkten sang und sich selber persiflierte.

»Ihre Stärke«, sagt Paul Seiler, »war Hoheit.«

Zarah Leander

1907: Sie wird am 15. März in Karlstad in Schweden geboren.
1926: Theaterdebüt in der Provinz
1927: Sie heiratet den Schauspieler Nils Leander.
1930: Zweijähriges Theater-Engagement

1932: Heirat mit Vidar Forsell
1935: Zarah hat großen Erfolg in Wien mit der Operette *Axel an der Himmelstür*. Zugleich bemüht sich Hollywood um sie.
1936: Sie dreht den Film *Premiere*, es folgen *Zu neuen Ufern*, *La Habanera* und *Es war eine rauschende Ballnacht* – allesamt Kassenschlager.
1941: Zarah Leander ist der bestbezahlte Filmstar Deutschlands mit einer Jahresgage von 800 000 Mark.
1942: Sie dreht *Damals*, ihren letzten Film in Deutschland, und zieht sich auf ihr Gut in Schweden zurück.
1949: Konzerttournee in Deutschland
1956: Zarah heiratet in dritter Ehe den Kapellmeister Arne Huelpers.
1958: Glänzendes Comeback mit dem Musical *Madame Scandaleuse*
1973: Zarah schreibt ihre Erinnerungen »Es war so wunderbar«.
1978: In Stockholm steht Zarah Leander zum letztenmal auf der Bühne.
1981: Sie stirbt in Stockholm nach einem Schlaganfall.

VIVIEN LEIGH
Die zähe Elfe

Das »Quisisana« auf Capri ist für Liebespaare die ideale Adresse.

Angeblich leimt ein Urlaub dort auch Paare, denen die Liebe abhanden gekommen ist, wieder in neuer Anhänglichkeit zusammen. Auf diese Heilwirkung setzt Laurence Olivier, als er mit seiner Ehefrau Jill in das Luxushotel auf der verzauberten Insel reist. Jill ist eifersüchtig, und leider zu Recht. Natürlich hat Laurence ihr nicht verraten, daß er mit der Nebenbuhlerin zum ersten Mal im Bett war, als sie, die brave Gattin, im vierten Monat schwanger war. Aber jetzt ist der Sohn da, und Laurence ist fest entschlossen, die Ehe zu retten. Da tafelt er mit Jill im schönen hohen Speisesaal des Hotels, mit Blick auf den Park. Aber Laurence starrt nur fassungslos zum Nachbartisch hinüber. Denn dort sitzt allein ein schmächtiges Persönchen und lächelt maliziös. Es ist die Frau, der Laurence Olivier entkommen wollte. Das Ziel seiner außerehelichen Begierde.

Jill wird nach Pompeji geschickt, um sich den legendären Ruinen zu widmen. Währenddessen widmen sich Laurence und seine Geliebte im Hotelbett etwas vitaleren Themen. Vivien Leigh hat erreicht, was sie wollte, seit sie Laurence Olivier zum ersten Mal auf der Bühne sah.

Dieses zerbrechliche Wesen von 159 Zentimetern hat das Draufgängertum eines Rugbyspielers und die Ausdauer eines Langstreckenläufers. Sie bekommt den Mann, den sie »Prinz unter den Schauspielern« nennt, erst vier Jahre später, aber sie kriegt ihn. Und in der Zwischenzeit bekommt sie den Job, den sie will – bei eintausendvierhundert Konkurrentinnen. Denn sie hat gelernt: Wille ist Macht.

Die junge Frau mit dem rötlich schimmernden Haar zieht in ihrer Kabine auf dem Transatlantikdampfer eine eigentümliche Show ab. Gut, daß keiner auf der »Queen Mary« sie dabei beobachtet. Vor sich hat sie einen Wälzer liegen, den Roman einer amerikanischen Hausfrau namens Margaret Mitchell. »Das Lächeln einer Cheshire-Katze« habe die Heldin, liest sie darin. Und sie lächelt mit halbgeschlossenen Augen, sinnlich und gefährlich, träge und lauernd. »Klauenartige Handbewegungen« mache die Heldin, liest sie weiter. Und spannt die für ihren kleinen Körper erstaunlich großen Hände zu einer Kralle an. »Die Augen einer hungrigen Katze« habe diese Scarlett, steht da einige Seiten weiter. Und die kleine Person stellt sich vor den Spiegel, um diesen Blick zu üben. Dabei redet sie vor sich hin mit schwerem Südstaatenakzent, denn so redet die Heldin des Romans *Vom Winde verweht*. Als die »Queen Mary« in Amerika anlegt, hat sich Vivian Mary Hartley, genannt Vivien Leigh, in Scarlett O'Hara verwandelt. An der Seite eines Agenten namens Myron Selznick taucht sie am Set in Hollywood auf, wo gerade alles in Flammen steht, im wörtlichen wie im übertragenen Sinn. Myrons Bruder, der Produzent David Selznick, ist nervörs. Seit $2^{1}/_{2}$ Jahren sucht er eine Scarlett O'Hara. Bette Davis, Joan Crawford, Katharine Hepburn, keine hat ihm gepaßt. Jetzt wird bereits gedreht, und der Star fehlt noch immer. »Das Mädchen, das ich brauche«, sagt Selznick, »muß vom Teufel besessen sein.«

Und da steht sie, dünn und klein in einem weißen engen Kleid, und Funken sprühen aus ihren Augen. Sie bekommt die Rolle. Warum? »Ich habe es gewollt«, sagt Vivien nur. Und nun zeigt sie, was in ihr steckt. Sie flucht so ordinär, daß abgebrühte Hollywoodleute rot werden, sie kippt Alkohol, als hätte sie zwei Zentner auf den Knochen. Und zieht über ihren Partner Clark Gable her, als sei sie die große Diva und er ein Anfänger.

Er sei stinkfaul, mimosig, dumm und als Schauspieler völlig unsensibel, zetert sie. Außerdem stinke der Kerl mit den großen Ohren und den falschen Zähnen aus dem Mund. Ständig fuchtelt Vivien Leigh dem Regisseur mit dem Buch vor der Nase

herum. Bis ihm die besserwisserische Furie auf den Geist geht. »Frau Leigh«, sagt er, »Sie können sich das Drehbuch in ihren vornehmen englischen Arsch stecken.« Das steckt die zarte Elfe ganz leicht weg. »Der mutet meinem Hintern einiges zu«, sagt sie nur kühl.

Dafür mutet sie der öffentlichen Moral einiges zu. Ganz ungeniert bezieht sie mit Laurence Olivier eine gemietete Villa in Beverly Hills, obwohl sattsam bekannt ist, daß beide zu Hause Ehegatten und Kinder hocken haben. Sie tut wie immer so, als sei sie der Macht dieses Mannes erlegen.

»Er brauchte mich nur anzusehen«, schmachtet sie noch Jahre später, »und ich tat alles, was er wollte.« Eigentlich aber machten immer alle, was sie wollte. Zu protestieren wagt keiner, denn die Ausstrahlung von Vivien Leigh ist die einer Siegerin.

»Natürlich leben wir in Sünde«, sagt Vivien Leigh, was im Amerika der späten 30er Jahre eine Kriegserklärung an die öffentliche Moral bedeutet.

Ehemalige Klosterschülerinnen entwickeln sich meistens so. Sechseinhalb war Vivian (damals noch mit a) gewesen, als ihre fromme irische Mutter Gertrude sie abgegeben hatte im »Konvent zum Heiligen Herzen«, einer Klosterschule für die Kinder aus besseren Kreisen in Roehampton bei London. Bis dahin war sie aufgewachsen wie eine Orchidee, in der seidenweichen Welt der kolonialen Pracht und Herrlichkeit in Darjeeling, als Tochter eines reichen Börsenmaklers. Und nun betritt sie eine Welt des Verzichts und der strengen Zucht. Erst eineinhalb Jahre später sieht sie die Mutter wieder. Sieben Jahre wird sie im Kloster erzogen, sieht die Eltern kaum. Sie ist dort die Jüngste und lernt, mit allen Mitteln um die Liebe der Nonnen zu buhlen. »Gefallen, gefallen, gefallen« heißt Viviens Vaterunser. Und sie lernt, was man zu verstecken hat: Schwäche jeder Art, Begierden und Impulsivität. Und die Unterwäsche: Sie kommt jeden Abend, ordentlich zusammengefaltet, unter ein Seidentuch. Das unterdrückte Temperament bricht sich später haltlos Bahn, den Begierden läßt sie hemmungslos ihren Lauf. Nur die Unterwäsche versteckt sie weiterhin.

»Meine Tochter braucht keinen Psychiater«, meinte Viviens Mutter selbstzufrieden, eine Mutter wie sie genüge. »Sie hat mich als Kind so geliebt«, brüstet sie sich ein Leben lang, »daß sie, wie mir die Nonnen erzählt haben, nachts mein Foto unter die Decke steckte, damit ich nicht friere.«

Könnte auch sein, um dem Blick der Mutter wenigstens nachts zu entrinnen, in den Träumen von Glück und Freiheit und Bewunderung.

Daß Vivien mit 18 heiratet, ist verständlich. Ihr Mann, Leigh Holman, ist Anwalt und in jeder Hinsicht ein Mann, wie Schwiegermütter ihn mögen. Acht Jahre später hat er von Vivien nur noch die gemeinsame Tochter Suzanne und sie von ihm ihren Namen; seinen Vornamen hat sie als Künstlernachnamen genommen.

Bei Laurence bekommt sie dann einen neuen Vornamen:

Bibs nennt er sie, Ba nennt sie ihn. Aber was zählt, sind die Namen, die das Theaterpublikum mit den beiden verbindet. Sie werden, nach Oliviers Wunsch und Viviens Wille, nur noch im Zweierpack abgegeben. Spielt er Hamlet, ist sie seine Ophelia, spielt er Romeo, ist sie seine Julia. Das Traumpaar verkauft sich mit Charisma und Können. Auch Premierminister Winston Churchill und Prinzessin Margaret knabbern gerne an dem süßen Ruhm der beiden und laden sie zum Tee. Und Laurence und Vivien wissen, was sie dem stolzen Heimatland schuldig sind.

Kurz nach der Heirat, direkt nach Viviens erster Fehlgeburt – vier Jahre danach durchleidet sie die zweite –, geht er zur Fleet Air Arm und sie an die Front, um Theater zu spielen vor den Soldaten. Vivien Leigh wird zum Idol: die zarteste starke Frau, die jemals auf einer englischen Bühne stand. Die Wahrheit kennen nur zwei Menschen: sie selber und ihr Mann. Mit 31 beuteln sie schlimme Hustenanfälle. Aber Schwäche zugeben, das kann sie nicht. Stur verweigert sie jeden Arztbesuch. Ein Jahr später ist sie von einer so gläsernen Schönheit, »daß es fast weh tut«, wie Olivier sagt. Doch seine Frau kann nicht glauben, irgendwer liebe sie, wenn sie nicht weiterhin soviel leiste. Leistungsbeweise sind für sie der Preis, mit dem man Liebeserklärungen bezahlt. Kein Wunder, daß sich Wahn und Wirklichkeit für Vivien Leigh eng verschlingen.

Aus dem Leben macht sie eine Bühne. Tritt auf als glücklichste Frau an Oliviers Seite, obwohl der mittlerweile auch seine Liebe zu Männern auslebt – wie zu dem Komiker Dennis Kaye. Und Vivien läßt sich für das englische Landhaus ihr pompöses Bett aus *Vom Winde verweht* nachbauen.

Aus dem Theater macht sie Wirklichkeit. Mit 38 tritt sie auf in Tennessee Williams' Stück *Endstation Sehnsucht* als Blanche Dubois, die eine Ehe mit einem Homosexuellen hinter sich hat und einige Nervenzusammenbrüche. Eine zerbrechliche, nervöse Frau, die in ihrer Heimatstadt als Nymphomanin und Alkoholikerin bekannt ist und sich dann in einen brutalen Typen verliebt. Und schließlich vom Nervenarzt abgeholt wird.

Sie überzeugt so sehr, daß Elia Kazan das Stück mit ihr und Marlon Brando verfilmt. Und daß sie dafür ihren zweiten Oscar bekommt. Vielleicht, weil sie angsterregend gut ist. »In ihren Augen«, sagt der Regisseur Gabriel Pascal, »war etwas Beängstigendes.« Vielleicht ist es Lebensangst, denn mittlerweile hat der Arzt tuberkulöse Schatten auf der Lunge festgestellt. Wahrscheinlich aber war es der ungestillte Hunger in den grünen Augen, der im Angesicht der Krankheit noch stärker geworden ist, der Hunger auf noch mehr Liebe, noch mehr Sex, noch mehr Bewunderung und Bestätigung.

Der 8. Juli 1948 ist ein schwarzer Tag für Vivien Leigh. Ein gewisser Laurence Olivier wird vor den König zitiert, kniet hin und wird zum Ritter geschlagen. »Ich scheiß was auf die Lady«, keift die Gattin von Sir Laurence. Denn Ehren, findet sie, gebühren ihr. Ein Mann wie Olivier braucht so was nicht.

In demselben Jahr startet sie zusammen mit ihm nach Australien. Für die Öffentlichkeit sind sie zwei triumphierende Stars, für Laurence Olivier nur noch »wandelnde Leichname«, denn sie schlafen kaum und verkürzen die Nacht mit so viel Sex, daß Olivier sich schließlich schachmatt erklärt.

Aus Australien bringen sie nicht nur die völlige Erschöpfung heim, sondern auch eine Entdeckung: den jungen Shakespeare-Schauspieler Peter Finch. Irgendwann kommt Olivier dahinter, daß sie ihn mit Peter betrügt, aber er ist beleidigt, er ist erleichtert. Viviens brüllender Hunger auf Bestätigung muß jedoch auf viele Arten gestillt werden.

Eine blasse gläserne Gestalt stürmt mit einer schweren Glocke in der Hand ins House of Lords, hastet die Treppen hoch auf die Galerie, scheppert von dort aus in die Versammlung hinein. »Ich protestiere dagegen«, kreischt sie, »daß das Saint-James-Theater demoliert wird.« Einem Dunlop-Bürogebäude soll das Theater weichen, in dem Laurence Olivier seine größten Erfolge erlebte.

Die ersten 500 Pfund stiftet Winston Churchill, die nächsten fließen dann rasch.

»Das hast du großartig gemacht«, lobt Ba seine Bibs. Aber Bibs ist mehr und mehr Blanche geworden.

Eine ganze Theatertruppe – Schauspieler, Techniker, Maskenbildner – hängt schläfrig in den Sitzen des Eilzugs von Wien nach Warschau. Da reißt eine schrille Stimme sie aus dem Dämmer. Wie von Sinnen trommelt eine Frau einem Mann auf den Brustkorb, hastet dann irre den Gang entlang, zerschlägt eine Fensterscheibe, schaßt eine andere Frau vor sich her und schreit und schreit. Die Verfolgte rettet sich ins Klo. »Komm raus, komm raus!« kreischt die Besessene und poltert mit aller Kraft gegen die Tür. Und als die Geschaßte herauskommt, wird sie mit Brot beworfen. 16 Stunden tobt die 44jährige und macht die Reise für alle zu einem Horrortrip. Vor allem für ihren Mann, Laurence Olivier. »Ich hatte mehr Angst um sie als vor ihr«, sagt er später. Aber er weiß längst, daß nicht nur der kleine schmale Körper seiner Vivien krank ist, sondern auch ihre Seele. »Manisch-depressiv« lautet die Diagnose. In den depressiven Phasen nimmt sie keinen Trost von ihm an, in den manischen ist sie nicht mehr

zu halten. »Sie entwickelte eine bemerkenswerte Libidosteige-
rung und wahllose sexuelle Aktivitäten«, diagnostiziert der Arzt.

Vivien-Blanche schläft mit jedem Mann, an den sie gerät. Je
vulgärer, desto besser. Kann ein Taxifahrer sein oder ein Boten-
junge. Ihr Mann schaut weg und schenkt der angetrauten
Nymphomanin zum 45. Geburtstag einen Rolls-Royce. Große
Geschenke sollen meistens innere Leere verdecken. Oder ein
schlechtes Gewissen. Laurence Olivier brauchte es nicht zu haben, aber es treibt den streng erzogenen frommen Mann um, seit
er an der Seite der ruhigen, mütterlichen Joan Plowright erlebt,
wie entspannend Liebe sein kann. Nein, schön ist die Neue
nicht. Aber daß Schönheit nicht glücklich macht, hat Olivier an
Viviens Seite gelernt. Wie ein rettender Engel erscheint ihm da
Viviens Kollege Jack Marivale, ein altgedienter, wenn auch jüngerer Verehrer, der Laurence von dieser Last befreit, die ausschaut, als wiege sie nichts.

Doch Vivien Leigh findet keine Erfüllung, weil sie die nicht
sucht. Rastlos jagt sie weiter nach Bestätigung. Und verheddert
sich rettungslos in dem Knäuel aus Realität und Illusion.

Drei Tage nach der Scheidung steht sie schon wieder vor der
Kamera. *Der römische Frühling der Mrs. Stone* heißt der Film. Es
geht um die herzzerreißende Panik einer Frau vor dem Altwerden. Eine Frau in Rom, die spürt, wie ihre Gefühle erkalten und
ihre Reize verwelken. Schließlich kauft Mrs. Stone sich einen
jungen Liebhaber. Und der bringt sie um. Mrs. Leigh sitzt nicht
in Rom, sondern in London, aber die Panik, die sie peinigt, ist
dieselbe. Es bringt sie allerdings kein Stricher um, sondern sie
sich selber. Während Olivier noch dreimal Vater wird, hetzt sie
auf Theatertourneen durch Rußland, Japan, Südamerika, Australien und Neuseeland, zieht sich flaschenweise Alkohol und
schachtelweise Zigaretten rein und zwischendrin die Lieblings-
droge Applaus.

Anfang der 60er Jahre dreht sie mit Simone Signoret. Plötzlich rast sie auf die Französin zu und drischt wild mit den Fäusten
auf sie ein. Warum, verrät ein Satz, den die berühmteste Diva

126

Englands, eine der begehrtesten der Welt, 1965 zu einer Freundin sagt: »Ich will«, gesteht ihr Vivien Leigh, »einmal eine große Schauspielerin werden.«

Ihrem Willen hat sie schon immer alles geopfert. Nun opfert sie sich selbst. Mit 53 ist sie eine Rekordhalterin: Sie ist in 40 verschiedenen Bühnenproduktionen aufgetreten, 13 davon Shakespeare-Stücke, und hat in 19 Filmen mitgespielt.

Empfindliches Gleichgewicht heißt das Stück, mit dem sie in London auftreten will. Ihres ist allzu empfindlich gestört. Noch bevor die Proben beginnen, bricht sie zusammen.

Am 8. Juli 1967 öffnet ihr Liebhaber Jack die Schlafzimmertür. Der ausgezehrte Körper von Vivien liegt da im Negligé, das Gesicht nach unten. Sie atmet nicht mehr. Über die Wäsche hat sie ein rosa Seidentuch gelegt.

Den Triumph, nach dem sie sich sehnte, erlebt sie nicht mehr.

1993 versteigert Sotheby's, London, ihren ersten Oscar. Für ihre Tochter, um die sie sich nie gekümmert hat, und deren Söhne ist es ein Stück ohne Wert – ohne Gefühlswert, jedenfalls. Ein anonymer Bieter bekommt den Zuschlag: für 870 000 Mark. Mehr ist für einen Oscar noch nie gezahlt worden.

Vivien Leigh

1913: Am 5. November wird sie in Darjeeling in Indien geboren.

1916: Erster Theaterauftritt

1929: Noch während der Schulzeit nimmt Vivien Schauspielunterricht.

1932: Sie heiratet den Rechtsanwalt Herbert Leigh in London und bekommt Tochter Suzanne.

1934: Erste kleine Filmrollen

1936: Sie lernt Laurence Olivier kennen und verliebt sich in ihn. Die beiden spielen zusammen Theater.

1939: Vivien dreht in Hollywood *Vom Winde verweht*. Für die Rolle bekommt sie einen Oscar.

1940: Heirat mit Laurence Olivier

1949: Sie spielt sehr erfolgreich in London Theater und wird als Blanche in *Endstation Sehnsucht* gefeiert.

1953: Erster Nervenzusammenbruch, von dem sie sich aber bald wieder erholt.

1958: Mit dem Londoner Old-vic-Theater geht Vivien auf Tourneen durch Europa und die USA.

1960: Scheidung von Olivier

1963: Für ihre Rolle in dem Broadway-Musical *Towaritsch* erhält sie einen Tony.

1965: Nach ihrer Scheidung lebt sie mit Jack Merivale zusammen.

1967: Am 8. Juli erleidet sie einen Tuberkulose-Rückfall und stirbt in London.

JEAN HARLOW
Die Sexbombe, die alle
Lügner entblößte

Fett und unbeholfen ist der Kerl, der dem Fahrgast aus dem Taxi hilft. Und es entsteigt die Königin der Männerphantasien. Herausfordernd vom platinblonden Scheitel bis zu den lecker prallen Hüften, vom sahnig lockenden Dekolleté bis zur delikaten Taille. Ein Schmalhemd mit dümmlicher Visage knallt die Taxitür zu und klemmt dabei das Kleid der Platinkönigin ein. Aber die schreitet auf ihren Highheels zügig zum Hotelportal. Jäh reißt es ihr die Robe vom Leib. Doch die Platinkönigin wendet sich nicht. Nackt ist sie, bis auf die Strümpfe aus Netz und die schwarzen Dessous. Doch sie trägt das, als wär's ein Krönungsornat aus Samt und Hermelin.

An der Seite von Dick und Doof, von Oliver Hardy und Stan Laurel, hatte das Mädchen Harlean Carpentier ihren ersten Auftritt. Einem Agenten namens Arthur Landlau fiel dabei auf, daß das platinblonde Haar zwar etwas zu platinblond war und das gute Kind nur über ein höchst banales, leicht vulgäres Gesicht verfügte, aber auch offenbar über eine freitragende Konstruktion. Ob sie denn keinen Büstenhalter trage, fragte er Ollie. »Nie, das ist ihr Markenzeichen«, sagte der Filmpartner kennerhaft. Denn diese Frau verbarg nichts.

Landlau ahnte, daß jenes breitschultrige Wesen von 1,61 Meter, dieses Missouri-Girl mit breitem Dialekt, zu kleinem Mund, derber Nase und glänzenden Bäckchen, etwas Neues verkörperte – und mit welchem Körper! Das war die Göttin der Durchschnittlichkeit, die Inkarnation des unverdünnten, unverhüllten Sex-Appeal. Gefährlich ungefährlich. Und er empfahl sie Howard Hughes für seinen Film *Hell's Angels*. Der millionenschwere Freizeitflieger, Busenfetischist und Berufsexzentriker Hughes legte dem Mädchen eine maßgeschneiderte Rolle an, hauteng und eindeutig.

Eines Tages öffnet sie einem Herrn im Morgenrock die Tür und schnurrt nur: »Entschuldigen Sie kurz, ich muß mir etwas Leichteres anziehen.«

Die Frau schlug ein wie eine Bombe. »*Bombshell*« nannten sie das Mädchen nicht erst, nachdem sie Star eines Films war, der so hieß. Mit ihm wurde die 22jährige offiziell zur ersten Sexbombe Hollywoods. Jean Harlow hieß sie nun und war die erste, die aus ihrem Körper eine Waffe machte. Trotzdem ist diese Jean Harlow heute fast vergessen wegen einer, die nach ihr kam, die äußerlich weniger zu bieten hatte und Marilyn Monroe hieß. Jean Harlow wurde zum Voraus-Plagiat herabgewürdigt. Dabei hatte sie den größeren Busen, das blondere Haar, die größere Amplitude des Beckenschwungs. Sie hielt sogar den traurigsten aller Rekorde: Sie starb noch jünger als Marilyn, mit nur 26 Jahren. Sie hatte, wie später Marilyn, einen stahlharten Willen unter einem weichen Busen. Nur hatte sie kein Geheimnis. Jean Harlow sollte in all ihren Rollen absolut durchschaubar sein.

Das nimmt sie wörtlich. Geht in ein Kleidergeschäft und probiert ein Kleid. »Ist das durchsichtig?« fragt sie die Verkäuferin. »Ja«, sagt die. »Dann nehm' ich's«, sagt Jean Harlow.

Sie nahm sich immer, was ihr gefiel. Denn anders, das hatte sie gelernt, kam sie zu nichts. *The Girl From Missouri* hieß einer ihrer Filme: Und sie war wirklich ein unbelecktes kleines Girl aus Kansas City, Missouri. Der Vater, ein Zahnarzt namens Dr. Montclair Carpentier, war ein braver Spießer und der Mutter zu fad. Die Mutter, eine geborene Jean Harlowe, war dem Vater zu dumm. Als das einzige Kind noch nicht einmal zehn war, ließen sie sich scheiden. Und die Mutter tröstete sich mit einer Tanztee-Bekanntschaft: einem Herrn, der außer dem unglaubwürdigen Namen Marino Bello ein leider schwer greifbares Vermögen an versunkenen, schatzbeladenen Schiffen auf dem Grund des Golfs von Mexiko besaß und geheimnisvolle Goldminen. Das Töchterchen wurde bei den Großeltern groß, im säuerlichen Kli-

130

ma puritanischer Moral. Bis der Stiefvater, von den Schwiegereltern nur »italienischer Gangster« genannt, nebst Gattin und ohne Geld dort Zuflucht suchte. Da wird es dem leiblichen Vater zu gefährlich: Als Harlean 16 ist, steckt er sie in ein Internat in Ferry Hall, Illinois. Aber die nimmt sich eben, was sie will: in diesem Fall einen 21jährigen Studenten namens Charles Mc Grew, Sohn eines reichen Finanzmaklers. Die beiden hauen ab, der Friedensrichter traut sie, weil Harlean sagt, sie sei schon neunzehn, und auch so ausschaut. Der Bräutigam ist leider nach den Flitterwochen unauffindbar, die gattenlose Gattin zieht nach Los Angeles zu den Eltern und verdient beim Film als Statistin stolze sieben Dollar und fünfzig Cent am Tag.

Mit dem Auftritt in *Hell's Angels* ändert sich das schlagartig: Jean Harlow ist das teuerste aller billigen Mädchen in Hollywood.

»Wahrscheinlich wird sie immer diese Rollen spielen müssen«, schrieb danach das Filmblatt *VARIETY*, »aber nie mußte jemand verhungern, der besaß, was sie besitzt.«

Die Produzenten in Hollywood kapierten es schnell: Das platinblonde Geschöpf war Gold wert, solange sie nicht auf die Idee kam, etwas Feineres sein zu wollen als der Inhalt feuchter Männerträume und pinkfarbener Karriereträume von Amerikas Frauen. Und das platinblonde Geschöpf selber kapierte es genauso schnell. »Was für eine Nutte wird's denn diesmal sein?« sagte sie nur lakonisch, wenn ihr eine neue Rolle angeboten wurde. Nur mit ihrem angeborenen Sinn für Komik entschärfte sie ihre eigene Sprengkraft, überlebte sie die Demütigungen und belebte sie das Klischee.

Das Zynische dabei: sie, die allen – auch sich selber – Geld einbrachte, bekam den Ruf des *gold digger girl*, der skrupellosen Goldgräberin, die nichts im Auge hat als den gesellschaftlichen Aufstieg und die finanzielle Absicherung ihres unsoliden Lebenswandels. Jean Harlow war für alle die Frau, die über Leichen geht. Die über die erschöpften Leiber sexhungriger Männer immer weiter nach oben klettert. »Komme, was wolle«, sagt sie in ihrem Erfolgsfilm *Red-Headed Woman*, »von jetzt an spiel' ich in der Oberliga.«

Und doch verhungerte Jean Harlow, denn sie hungerte ein Leben lang nach Liebe. Vor Feinden hatte sie Angst, und selbst mit den Frauen Amerikas wollte sie sich nicht anlegen. *Vor Blondinen wird gewarnt,* mahnte einer ihrer Filme bereits im Titel, vor Blondinen, die sich wie Jean sogar Parfum in den Rachen sprühen, um braven verheirateten Millionären den Atem zu rauben. Aber Jean betonte: Ehemänner zu verführen interessiere sie nicht. »Ich klaue nicht im Secondhandladen«, erklärte sie schnippisch. Trotzdem saß sie wie ein Stachel im behäbigen Fleisch der verheirateten Frauen. Schließlich spielte Jean unübersehbar ihre Reize gegen die ehelichen aus. *Wife vs. Secretary* – »Gattin gegen Sekretätin« – hieß ein Film. Daß trotzdem in über 100 Städten Platinum-Blonde-Clubs aufmachten im Land, daß Millionen biederer Frauen Jean Harlow von der schrillen Haarfarbe bis zum vulgären Zungenschlag, von der aufreizenden Garderobe bis vom vibrierenden Gang zu kopieren versuchten – das beweist: Sie hatte es immerhin geschafft, Vorbild zu werden.

Keines allerdings, was den Moralaposteln gefiel. Denn diese Frau entlarvte unfreiwillig die Doppelmoral der amerikanischen Gesellschaft. Diese als kultivierte Ladys verkleideten Kopfnutten, frigide und nur geil auf Besitz, diese vorbildlichen Unternehmer, die der Gattin den Mund mit Brillanten stopften, um ungestört fremdgehen zu können, diese sogenannte High Society auf niedrigstem Klatsch-Niveau: Jean Harlow sorgte dafür, daß sie nackt dastanden, entblößt vom Kostüm der Bürgerlichkeit. Wegen Jean Harlow wurde die sogenannte freiwillige Selbstkontrolle im amerikanischen Film eingeführt, das Hays Office wachte bald darüber, daß sie etwas darunter trug. Und daß lasterhafter Lebenswandel bestraft wurde – zumindest im Film. Nach *Red-Headed-Woman* verboten die Sittenrichter, daß Unmoral von Erfolg gekrönt und mit einem Happy-End belohnt werden durfte. Sie wollten es nicht einsehen, daß Jean Harlow nur deswegen so gut ankam, weil sie unter der dicksten Schminke echt war, ehrlich und rührend naiv.

Sie träumte nicht von einem reichen, sie träumte von einem liebenden Mann.

Am 2. Juni 1932 traf die Nachricht ihrer Verlobung die auf rauschende Feste erpichte Klatschpresse wie eine Zwangsernüchterung. Der Auserwählte war kein Filmheld, kein Dollarkaiser, kein Märchenprinz, es war ein bekannter, aber unattraktiver Filmproduzent namens Paul Bern, doppelt so alt wie die Braut. Ein Feingeist, der Mozart und Beethoven hörte, der Dostojewskij und Proust las.

Wo und womit er die Königin der Männerphantasien erobert hatte, wollten alle wissen. Ganz einfach: in einer Kantine von MGM mit der Frage »Wollen Sie mich heiraten?« Der einzigen Frage, die Sexgöttinnen so gut wie nie gestellt wird. Jean pries seine »Klugheit und sein Verständnis und seinen Glauben in meine Fähigkeiten«. Selbiger Glaube beschränkte sich allerdings auf ihre Fähigkeit, einen impotenten depressiven Mann in einen optimistischen Potenzhengst zu verwandeln.

Der Aufprall zweier Träume wird zum Alptraum.

In der Hochzeitsnacht küßt Paul der Sexgöttin die Füße. Die Göttin lacht. Und da schlägt er zu, denn er meint, sie verlache seine zu kurz geratene Männlichkeit. Ob er mit einem Spazierstock zuschlägt oder mit einer Hundepeitsche, ist unwesentlich. Das Ergebnis ist jedenfalls eine Nierenquetschung bei der vor Schmerzen wimmernden Gattin. Aber sie steht auf und macht weiter, dreht weiter.

»Was hat der alte Mann, was ich nicht habe?« fragt ihr Filmpartner Clark Gable. Da bricht sie in Tränen aus. Acht Wochen danach übergießt sich Paul mit Jeans Lieblingsparfum, stellt sich vor den Badezimmerspiegel und jagt sich eine Kugel in den Kopf. Und hinterläßt eine angetraute Erst-Gattin, die ihn der Bigamie bezichtigt, einen Berg Schulden und einen Zettel für Jean: »Vergib mir das schreckliche Unrecht, das ich dir angetan habe.«

Jean ist Witwe, sie liegt seelisch am Boden, geschändet von einem Skandal, und ist noch immer Jungfrau. Aber sie steht auf. Denn die Mädel aus Missouri gelten zu Recht als unverwüstlich.

Jean Harlows nächster Gatte ist der Kameramann Harold Rosson. Und auch er wird nicht mit der Aufgabe fertig, neben einem amerikanischen Traum den Frühstückskaffee zu trinken und abends mit einer Sexgöttin unter die Decke zu kriechen. Während Millionen von Männern sich verzehren bei dem Gedanken, was sie an seiner Stelle unternähmen, liest er im Bett lieber Romane und Fachbücher, so lange, bis sie einschläft. Sie flieht aus der Alptraumwelt der Wirklichkeit in die Traumwelt des Films: 22 Filme hat sie in nur acht Jahren gedreht. Der 23. heißt *Saratoga*. Jean spielt darin eine Frau, die sich einbildet, krank zu sein. »Sexualneurose«, diagnostiziert kühl der Arzt. Da bricht Jean in den Armen von Clark Gable zusammen.

Es gibt zu dieser Zeit einen Liebhaber in Jean Harlows Leben, einen treuen Verehrer namens William Powell: berühmter Charmeur mit süffisantem Lächeln und feinem Bärtchen. Aber es gibt nur einen Menschen, zu dem sich Jean retten kann: die Mutter.

Leere Menschen suchen oft bei den Falschen die Rettung aus ihrer Heillosigkeit.

Jeans Mutter hat sie mittlerweile bei Christian Science gesucht, einer Sekte, die körperliche Erkrankungen schlichtweg leugnet: Alles, heißt die Devise, läßt sich wegbeten. Jean jault vor Schmerzen, die Mutter betet. Schließlich fällt, sorgengepeinigt um den unbezahlbaren Star, eine Delegation von MGM bei ihr ein. Aber da ist es zu spät. Jämmerlich verreckt die Sexgöttin an einer Gallenblasenentzündung, vielleicht die Spätfolge von Paulchens hochzeitsnächtlichen Prügeln.

Aber um Sexgöttinen darf es nichts Düstres geben: Ordnungsgemäß stirbt Jean Harlow an einem lichten Junitag, sieben Minuten vor halb zwölf, im hellen Glanz der Jugend. In einer Filmrobe aus rosa Seidenmousseline, gesäumt von einer Borte aus handgemalten Rosen, Gänseblümchen und Blaumeisen: So sehen sie die Großfürsten von Hollywood, die Starkollegen und die Schaulüsternen im Sarg liegen. In der Hand hält Jean Harlow eine halboffene Gardenie, garniert mit einem Abschiedszettel des letzten Liebhabers. »Good night, darling«, hat Willam Powell draufgeschrieben. Und er läßt ihr auf dem Forest Lawn Friedhof für 25 000 Dollar ein marmorschimmerndes Mausoleum errichten: Tempel für eine Liebesgöttin, die die Liebe nicht kennenlernte.

Viel besser hätte Jean Harlow ein Sarg gestanden, der aussah wie das große weiche Lotterbett, in dem sie lasziv lungert – in dem legendären Film *Bombshell*. Viel besser als sentimentale Abschiedsreden hätten die Worte gepaßt, die sie darin sagt. Als die Dienerin kommt, um sie aufzuwecken, seufzt Lola-Jean süß und schmerzlich.

»Warum so früh? Gerade wäre beinah etwas Schönes passiert.«

Jean Harlow

1911: Sie wird am 3. März in Kansas City als Harlean Carpentier geboren.

1927: Heirat mit einem 21jährigen Studenten, der nach den Flitterwochen verschwindet

1930: Howard Hughes gibt ihr eine Rolle in *Hell's Angels*.

1932: Jean bekommt einen Vertrag bei MGM und steigt zum Weltstar auf. Sie heiratet zum zweitenmal.

1933: Sie dreht *Sexbombe* und wird als solche in Amerika verehrt und heiratet Harold Rosson.

1934: *Millionäre bevorzugt*

1937: Mit Clark Gable dreht Jean *Saratoga*, ihren letzten Film. Am 6. Juni stirbt sie 26jährig.

RITA HAYWORTH
Das scheue Kind, das ein Vamp sein mußte

Bei der Starfriseurin der Columbia Studios in Hollywood drängeln sich zwanzig Reporter, giepernd nach der Sensation. Denn dort, bei Helen Hunt, findet heute eine Hinrichtung statt. Die Hinrichtung einer verführerischen Frau, die Männer schon zum Wahnsinn treibt, wenn sie nur ihre schimmernde tizianrote Lockenpracht mit einer geschmeidigen, wilden Bewegung in den Rücken wirft und ihre Alabasterschultern entblößt.

Zusammengesunken sitzt sie da, neben ihr steht ein bulliger riesenhafter Kerl mit düsterem Blick unter dicken Überaugenwülsten. Keiner wagt etwas zu sagen. Helen Hunt steht reglos, die Waffe in der Hand.

»Mehr! Mehr! Noch mehr!« brüllt der Kerl. Und zwingt Helen, die Schere zu zücken. Die tizianroten Locken fallen zu Boden, das Wahrzeichen und der Schutzmantel einer grazilen Schönheit, die als Margarita Carmen Cansino im ärmsten Teil von Brooklyn geboren und in Hollywood zu einem Star namens Rita Hayworth geworden war. Nackt wirkt sie jetzt, ihrer Identität beraubt.

»Topasblond« heißt das kalte Blond, mit dem der kurze, straff dauergewellte und vorgebleichte Schopf dann eingefärbt wird. Er will eine neue Rita Hayworth. Eine, die tauglich als eiskalter Vamp ist, berechnend von Kopf bis Schenkel, den sie in seinem Film *Die Lady von Shanghai* spielen soll. Welles, der mit *Citizen Kane* zum Genie erklärt worden ist, will in diesem Film seine Ehefrau Rita zu einem neuen Geschöpf machen, einem intellektuellen, kopfgesteuerten. Das nicht verführte, sondern intrigierte, das nicht tanzte, sondern tötete. Und dazu muß er einen Mord begehen: Gilda muß weg, diese laszivste

137

aller Verführerinnen, mit der ganz Amerika Rita Hayworth identifizierte.

Die Lady von Shanghai erwies sich als Kassengift und als letzte tödliche Dosis für die Ehe. Das Haar war vergebens geopfert worden.

»Ich war verheiratet«, sagt Rita Hayworth noch in demselben Jahr vor dem Scheidungsrichter. »Aber ich hatte keinen Ehemann.« Der hatte nämlich sein Bett zum Konferenzzimmer erklärt und die Nebenfrau zum Grundrecht. Der Scheidungsgrund war aber weniger seine Untreue. »Ich konnte«, gestand Rita offen, »seine Genialität nicht länger ertragen.« Und er das nicht, was er ihren »schwarzen Pessimismus« nannte. Am 11. November wird Rita Hayworth geschieden.

Bleiben wird ihr von dieser Ehe die tägliche schmerzliche Erinnerung an Orson Welles: bei jedem Blick ins Gesicht von Rebecca, der gemeinsamen Tochter.

An demselben Tag leuchtet Rita Hayworth auf der Titelseite von *LIFE* – zum vierten Mal. Die Geschichte dazu hat Winthrop Sargeant geschrieben. Und er erhebt Rita Hayworth darin zur »Love Goddess« – zur Liebesgöttin Amerikas. Eine Göttin, wie die Amerikaner sie lieben: eine Göttin zum Anfassen. Nicht für den Altar, sondern für den Spind.

Denn während um Greta Garbo immer der Schleier der Unnahbarkeit wehte, war über Rita alles bekannt: nicht nur der Umfang ihres Busens oder ihrer Taille, auch die Länge der Oberschenkel und Waden, der Umfang ihrer Knöchel und ihrer Hüften. Das macht Männerträume plastischer.

Im Frühsommer 1948, als in den USA gerade *Die Lady von Shanghai* beim Publikum durchfällt, ist *Gilda* in Europa der erfolgreichste Film der Saison. Und im Kino in Cannes sitzt immer wieder ein exotischer Mann, der sich an diesem Film nicht sattsehen kann. Darüber vergißt er sogar seine Rennpferde, seine Parforcejagden, seine Großwildjagden und seine dauernde Jagd auf prächtige Frauen. Diese Frau, die ihre langen Handschuhe so aufreizend auszieht, daß jeder Striptease daneben lasch wirkt,

die mit blitzenden Zähnen und einer vor Sex vibrierenden Stimme *Put the Blame on Mame, Boys* singt, macht ihn süchtig. Er weiß nicht, daß diese Stimme eigentlich Jo Ann Greer gehört, er weiß nur, daß er diese Frau haben muß und daß sie Rita Hayworth heißt. Und er findet einen Weg, sie zu kriegen, denn er hat den besten Türöffner der Welt: Prinz Ali Khan hat Geld, sehr viel Geld. Und Elsa Maxwell, die dicke, mit Klatsch und Kaviar vollgefressene legendäre Kolumnistin, hat immer offene Ohren und ein offenes Händchen.

Rita gehörte, behaupten alle, die sie kannten, zu den ganz wenigen Frauen, die in Wirklichkeit noch schöner waren als im Film. Als Orson Welles mit einem Freund wettete, dessen Meinung nach alle Frauen ungeschminkt völlig unscheinbar, sogar trostlos und verwahrlost wirkten, weckten die beiden Rita mitten in der Nacht und knipsten ihr ins Gesicht. Das Foto, auf dem sie verwirrt in die Kamera blinzelt, ist schlagender Beweis für wahre Schönheit.

Auch Ritas Auftritt auf der Soirée in Cannes ist atemberaubender als jeder im Film. Es ist schon Mitternacht. Die Reden sind gehalten, die Gäste schon angeschlagen, das Souper wird serviert. Da erscheint hoch oben an der Freitreppe am Ende des Saals die »Love Goddess«. Blendendweiß ist ihr schlichtes griechisches Kleid, golden schimmern Schultern und Arme, tiefrot die wieder langgewachsenen Locken. Der Prinz erwartet die Göttin am Fuß der Treppe. Und beginnt die letzte Phase seiner Jagd auf sie. »Die ganze Riviera war hinter ihr her«, bezeugt Ritas Sekretärin Shifra Haran. Das macht ein Wild begehrenswert. Wert, ihm raffinierte Fallen zu stellen.

In der arroganten Pracht des »Hôtel du Cap« taucht bei Rita wenige Tage danach eine Italienerin auf, hergerichtet, wie sich die Leute eine Zigeunerin vorstellen. Die Dame ist keine Anfängerin, sie hat einen Dolmetscher bei sich. Sie bedrängt Rita Hayworth mit ihren Visionen: Die »Love Goddess« sei dabei, die größte Liebe ihres Lebens kennenzulernen. Diesem Mann, dem sie gerade erst begegnet sei, müsse sie ihre bedingungslose Hingabe schenken. Nur dann werde sie glücklich. Und Rita, die Süchtige, Glückssehnsüchtige und Liebessüchtige, glaubt dieser Agentin des indischen Prinzen und europäischen Playboys Ali Suleiman Khan. Sie meint, endlich das zu bekommen, was sie sich wünscht: ein übersichtliches bürgerliches Familienleben. Sie hätte sich umhören sollen.

»Das Problem mit Ali ist«, meinte ein enger Freund, »daß sein Sexualtrieb zu stark ist. Wenn er aufhören würde, den Frauen nachzujagen, wäre wahrscheinlich alles in Ordnung. Aber er muß immer drei oder vier auf einmal haben.« Und eben, wie selbiger Freund erkannte, nicht Mädchen, die im freien Handel sind, sondern Frauen erster Klasse, möglichst noch in festen Händen.

»Sie nennen mich einen Nigger«, sagte Ali Khan, der italienisches und orientalisches Blut in den Adern hatte, »und das zahle ich ihnen heim, indem ich ihnen die Frauen wegnehme.« In diesem Fall nahm er sie zumindest Interessenten wie Onassis, Farouk oder dem Schah von Persien weg, die Rita geldklirrend den Hof gemacht hatten. Und nun hatte Ali Khan es geschafft, er hatte das Großwild Gilda erbeutet. Daß er Rita damit einen Skandal einbrachte, kümmerte ihn nicht. »Diese Affäre«, schrieb die Londoner Zeitung THE PEOPLE, »ist eine Beleidigung für jede anständige Frau« – Ali war noch mit einer reichen Engländerin verheiratet. Und der US-Senator Edwin C. Johnson erklärte, Rita und Ingrid Bergman seien »Apostel der Entartung«. Daß Ali Khan seine Beute wenigstens heiratet, ist nur dem Druck seines Vaters, des Fürsten Aga Khan, zu verdanken und der Tatsache, daß Rita von ihm schwanger ist. Als ahnte sie, was kommt, versucht Rita vor der Hochzeit noch einmal, Orson Welles zu erobern, ihre große Liebe. Sie beordert ihn dringendst an die Côte d'Azur, er kommt, weil er nichts anderes mehr kriegt, mit einer Frachtmaschine, sie empfängt den Exmann bei Kerzenschein im Negligé und fordert: »Heirate mich.« Aber einen Welles erpreßt man nicht. Die Zeit mit Orson, sagt sie später, sei die glücklichste in ihrem Leben gewesen. Aber der kommentierte das nur sarkastisch: »Wenn das Glück war, wie muß dann der Rest ihres Lebens ausgesehen haben.«

Die Hochzeit von Rita und Ali gerät erwartungsgemäß zu einem Ereignis, das die hungrig klaffenden Klatschspalten mit monströsen Superlativen füllt, von den fünf Lastwagenladungen Champagner bis zu den neun Liter Orangenblütenduft, mit denen der Pool parfumiert wird: ein Pomp, mit dem angeblich ein Anfang gefeiert, aber eigentlich bereits das Ende begangen wird. Während Louella Parsons Rita in der Serie *Cinderella Princess* verherrlicht, wird aus der Prinzessin wieder das Aschenputtel. »Jeder Mann hat sich verliebt in Gilda. Und dann wachte er neben mir auf«, hat Rita Hayworth gesagt. Auch Ali wachte auf neben dieser Frau, die keine Diva sein und kein Make-up tragen wollte, die statt seidener Femme-fatale-Wäsche lieber hochgekrempelte Hosen und geknotete Blusen trug. Und diese Frau war weder provozierend erotisch noch wild und ungebärdig, sondern »ein liebes, scheues, ungebildetes, furchtsames schönes Kind«, wie schon Horty und Skipper Hill, Freunde von Orson Welles, erkannt hatten.

1953 wird Rita Hayworth vom Vater ihrer Tochter Yasmin geschieden, von dem Mann, dessen überragendste Leistung in Ritas Augen war, wie schnell er sich an- und ausziehen konnte – Basis seiner Rekordleistungen im Sektor Polygamie. »Er muß«, meinte Rita später, »hundertmal nackt aus dem Fenster gesprungen oder über Dächer gekrochen sein auf der Flucht vor einem nach Hause kommenden Ehemann. Aber wenn er auf der Straße stand, war er jedesmal perfekt angezogen.«

Keine Scheidung war für Rita Hayworth eine Befreiung. Nur das Startsignal für die nächste Katastrophe. Was Rita Hayworth nach Ali erlebt, klingt wie das Drehbuch eines dramatischen Niedergangs, wie die maßlos überzeichnete Geschichte vom Fall einer Göttin.

Sie haust mit dem abgehalfterten Schnulzensänger Dick Haymes in einem Luxushotel in Manhattan, das sie bezahlt. Vom versetzten Schmuck des Ali Khan wahrscheinlich, denn ihre Ersparnisse hat sie, die nie ohne 10 000 Dollar Bares ausging, an Alis Seite aufgebraucht, und auf eine Abfindung hat sie verzichtet. Die Kinder Rebecca und Yasmin hat sie einer Freundin in White Plains überlassen. Reporter spüren die Kinder auf: Sie spielen im verkommenen Garten mit Abfall, das Haus mit blatternarbigen Wänden strotzt vor Dreck, in der Küche stapeln sich schmutzige Töpfe, Teller, Pfannen. Die Rabenmutter kommt »wg. Vernachlässigung« vor Gericht, die Kinder werden dem Jugendamt unterstellt. Und die Presse hat Material zur Demontage der Göttin. Daß ein Mensch, der gar nicht weiß, wie glückliche Kindheit geht, Probleme hat, die zu stiften, interessiert nicht. Währenddessen verbraucht Dick Ritas Geld und verdrischt sie zwischen zwei Räuschen.

Wen all das nicht wundert, ist Orson Welles. Er hat immerhin verstanden, daß diese Frau, die einmal seine war und deren *sweetness*, deren verletzbare Süßigkeit er rühmte, seit ihrer Kindheit nur eine Rolle wirklich lebt: die Opferrolle. Ihr Vater, gebürtiger Spanier, war mit der Mutter, einer Schönheit englisch-irischer Herkunft, blutjung nach Amerika ausgewandert: Die beiden hatten als perfektes Tanzpaar ihr Geld verdient. Der Vater hatte in Los Angeles ein Tanzstudio eröffnet. Daß er, obwohl er so gut tanzte wie Fred Astaire, nicht dessen Karriere machte, lag daran, daß er miserabel Englisch sprach und Analphabet war. Für Erfolglosigkeit rächen sich Männer gerne an ihren Frauen: Ritas Mutter, vom Mann schlecht behandelt, hing bald an der Flasche. Er trat mit einer neuen Tanzpartnerin auf, die er als seine Frau vorstellte. In der Pause sperrte er sie eifersüchtig in der Garderobe ein, nach der Vorstellung nahm er sie dann sexuell ran. Kaum jemand wußte, daß dieses Mädchen seine junge Tochter war. Daher verstand es auch kaum einer, daß sie, die schon mit zehn geschändet worden war, mit achtzehn durchbrannte und einen alten Hochstapler und abgewrackten Autohändler namens Eddie Judson heiratete, der sich als Ölgeschäftsmann ausgab. Was in dieser Ehe passierte, war monströs – nur für Rita war es fast normal. »Ich heiratete ihn aus Liebe«, sagte sie später über Eddie, »er heiratete mich als Investition.« Und Investitionen haben sich zu lohnen, nicht zu wehren. Sie war es gewohnt, gequält zu werden und die Qualen wortlos zu erdulden. Egal welcher Art, egal wozu. Eddi befahl Carmen, die sich jetzt Rita nannte und Hayworth nach dem Mädchennamen der Mutter, sechs Monate lang in einer schmerzhaften Prozedur den Haaransatz nach hinten versetzen zu lassen – sie tat es. Er befahl ihr, mit jedem Mann ins Bett zu gehen, der ihrer Karriere nützen konnte – sie ließ es geschehen. Er zwang sie, jeden Pin-up-Job anzunehmen. Sie tat es. Als sie 22 war, gab es bereits 3800 Pin-up-Storys über sie, und ihr Ganzkörperporträt war über 12 000mal reproduziert. Erfolg haben war für sie Pflicht und Ausbeutung ein Teil davon. Harry Cohn, der Columbia-Chef, ließ Wanzen in ihre Umkleide pflanzen, schickte Spione hinter ihr drein und schikanierte sie, so schlimm es ging. Der schwierige, exzentrische Orson Welles, für den sie Judson verließ – trotz dessen Drohung, ihr Säure ins Gesicht zu kippen –, war gemessen daran natürlich Glück. Und einer wie Ali oder Dick war eher wieder der Normalfall.

Nach der Scheidung von Dick Haymes feiert Rita Hayworth ein Comeback mit *Spiel mit dem Feuer* und *Getrennt von Tisch und Bett*. Eigentlich ist es eher ein Newcoming: als Charakterschauspielerin von Format neben Stars wie Deborah Kerr, David Niven und Burt Lancaster. Jeder Film japst nach Bestätigung von Orson Welles: Sieh nur, ich kann auch so.

Aber Orson hört nicht hin. Er schaut auch lieber weg, als Rita 1958 James Hill heiratet, den nächsten und letzten in der Reihe ihrer angetrauten Sklaventreiber. Auch er nennt sich Ritas Manager und ist nur ihr Schlächter.

Opfer sein macht irgendwann einmal unempfindlich. Anfangs wehrte sich Rita Hayworth, manchmal zumindest. Dagegen, daß sie das Maskottchen war, aufgedruckt auf der ersten Atombombe, die am 1. Juli 1946 über dem Bikini-Atoll explodierte und *Gilda* hieß. Aber auch da hielt Columbia-Chef Harry Cohn sie von »unpatriotischem Protest« sicherheitshalber ab.

Opfer altern schnell. Opfer der Presse, des öffentlichen Interesses, also Neides erst recht, denn der zerfrißt das Gesicht und die Seele.

Wie sie sich fühle morgens, beim ersten Blick in den Spiegel. Ob das nicht schrecklich sei, wollte ein Reporter voll infamen Mitleids von der Hayworth wissen, als die Tage des Ruhms verblaßten.

»Kein Problem, Honey«, sagte Rita Hayworth. »Ich stehe immer erst nachmittags auf.« Aber Witz schützt nicht vor Häme.

»Rita Hayworth strahlt Glanz aus«, schreibt *Film und Frau* 1960, als die Diva Willy Brandt bei den Berliner Filmfestspielen bezaubert, »muß aber doch alle Kraft aufwenden, um diesen Glanz zu entzünden.«

Da war sie 42. Als sie 43 war, traten bei ihr sonderbare Veränderungen auf. Sie hatte Angst, in den Keller zu gehen, sie fing unvermittelt an, herumzubrüllen oder blindlings und ungerecht andere zu beschuldigen, sie vergaß ständig, was sie sagen wollte – ein Film mußte Satz für Satz gedreht werden.

Opfer werden verleumdet. Rita Hayworth – eine haltlose Alkoholikerin: Diese Schlagzeile verkaufte sich schon in den 60ern blendend.

Daß sie nur aus Verzweiflung über ihre Ausfälle trank, ahnte niemand. Fred Astaire war noch fassungslos gewesen, wie schnell die junge Kollegin lernte. Wenn er ihr vor dem Lunch neue Schritte zeigte, konnte sie sie danach. »Sie muß die Nummer«, staunte er, »beim Essen im Kopf geprobt haben.« Jetzt aber blieb nichts mehr hängen – außer den Schlagzeilen, die Hayworth sei am Flughafen volltrunken aufgegriffen worden.

Später wurde die offizielle Diagnose bekannnt: Alzheimer.

Und das letzte Werk der Rita Hayworth war, diese Erkrankung berühmt zu machen. 1981 läßt Yasmin die Mutter entmündigen, übernimmt die Vormundschaft – und die Kosten. Mit 21 war ihr ein Fünftel des Khan-Vermögens, 500 Millionen Dollar, zugesprochen worden.

Die bei lebendigem Leib zerfallende »Love Goddess« kann am Ende ihres Lebens kaum mehr reden. Wenn sie etwas sagt, sagt sie: »Er machte das so« oder »Er hat mir gezeigt, wie ich das machen sollte«.

1987 ist die Göttin tot.

1997 meldet die Alzheimer-Forschung: Neuesten Erkenntnissen zufolge gebe es einen bestimmten Frauen-Typus, bei dem besonders oft Alzheimer auftrete. Naive, unselbständige Frauen, die sich immer untergeordnet, die sich immer unterworfen haben. Und ein Leben lang Opfer waren.

»Gebt uns die Schuld, Jungs«, hat Rita gesungen.

Put the Blame on Mame, Boys.

Rita Hayworth

1918: Sie wird am 17. Oktober als Margarita Carmen Cansino in New York geboren und nimmt später den Namen ihrer Mutter an.

1932: Rita bricht die Schulausbildung ab und tritt mit ihrem Vater als Tänzerin auf.

1935: Sie dreht ihren ersten Film *Dantes Inferno*.

1936: Hochzeit mit dem Texaner Edward C. Judson

1939: Der Film *Nur Engel haben Flügel* macht sie berühmt.

1941: Rita dreht mit Fred Astaire *Reich wirst du nie*.

1943: Rita Hayworth heiratet Orson Welles, ein Jahr später wird Tochter Rebecca geboren.

1946: Charles Vidor dreht mit ihr *Gilda*, der zum Klassiker wird.

1948: Orson Welles macht aus ihr *Die Lady von Shanghai*.

1949: Hochzeit mit Prinz Ali Khan. Im gleichen Jahr wird Tochter Yasmin Khan geboren.

1955: Nach ihrer dritten Scheidung versucht sich Rita als Ehefrau des Schlagersängers Dick Haymes.

1958: Sie heiratet – zum fünftenmal – den Filmproduzenten James Hill. Die Scheidung erfolgt zwei Jahre später.

1976: Mit *Circle* verabschiedet sich Rita nach 60 Filmrollen von der Leinwand.

1977: Sie macht eine Entziehungskur.
1981: Rita Hayworth hat Alzheimer, Tochter Yasmin übernimmt
die Vormundschaft.
1987: Rita stirbt am 14. Mai in New York.

AUDREY HEPBURN

Der Großstadtengel mit den Sehnsuchtsaugen

»Wer will Zigaretten?« fragte das dünne Mädchen mit dem Bauchladen.

Und Millionen Männer seufzten: »Ich will dich.«

Seit Audrey Hepburns winzigem Filmauftritt in *Laughter in Paradise* wollten sie alle dasselbe. Sie wollten dieses dürre Wesen mit dem Busen einer Zwölfjährigen, den großen abstehenden Ohren, den flossenartig langen Füßen und dem Hals eines verhungernden Vögelchens umarmen, küssen, beschützen. Und der Grund dafür lag mitten in diesem »eigenartig häßlichen Gesicht«, wie es Billy Wilder nannte: in den Augen.

Denn diese Augen fragten, bis sie sich für immer schlossen, jeden Menschen, und sie fragten das mit der Stimme eines kleinen Mädchens: »Liebst du mich?« Als Audrey, längst einer der größten Stars auf diesem Planeten, für ihre Eliza Doolittle in *My Fair Lady* nicht für den Oscar nominiert wurde, fragte sie ihren alten Freund Eddie Fisher mit tränennassen Augen: »Bist du immer noch mein glühendster Verehrer?« Er war es.

»Ich behaupte, daß alle Männer, die mit ihr arbeiteten, sich in Audrey verliebten, ganz unwillkürlich«, sagte Blake Edwards, mit dem sie 1961 *Frühstück bei Tiffany* drehte. »Ich habe sie angehimmelt, wie wir alle«, gab Sean Connery zu, der 1976 mit ihr in *Robin und Marian* spielte – da war sie 47. Nur: Was es war, an dieser Frau von 177 Zentimeter Länge, die nie mehr als 82 Zentimeter Oberweite zu bieten hatte und nie mehr als 89 Zentimeter Hüfte, was es war, das Männer schwach werden ließ, Reporter poetisch und Frauen romantisch, ist schwer zu sagen. »Gottes wunderschöner Engel« sei sie, meinte Liz Taylor. Mit einem Reh, einem Schwan, einer Fee, einem Kobold, einer Elfe und

Peter Pan wurde Audrey Hepburn verglichen. Unter den Attributen, mit denen sie am häufigsten bedacht wurde, ist auf dem ersten Platz das Wort »bezaubernd«. Zauber, besser bekannt unter seinem französischen Namen Charme, ist keine Züchtung, sondern eine Naturperle. Er ist nicht programmierbar, er ist wunderbar. Denn er wächst nicht aus Selbstsicherheit, er wächst aus Zweifeln. Und genau mit diesem Charme machte Audrey Hepburn aus schwitzenden Fabrikarbeitern träumerische Ritter, aus fluchenden Kerlen hehre Helden.

»Wenn Audrey kam«, sagte Billy Wilder, »sprach keiner mehr ein dreckiges Wort. Jeder drückte sich dann gewählt aus – wie durch ein geistiges Sieb. Obwohl Audrey keineswegs prüde war.«

Dem Couturier Hubert Givenchy, der mit Audrey zusammen ihren Kleiderstil schuf, in den Filmen wie im privaten Leben, gestand sie noch als fast Sechzigjährige: Wenn ihre Gefühle sie zu überwältigen drohten, dann sei eine Bluse von Givenchy wie ein Schutz. Ein Panzer um dieses Herz, auf dem sich lebenslang keine Hornhaut bilden wollte.

Audrey Hepburn war verwundbar, obwohl sie mit gnadenloser Härte Vertragsbedingungen aushandeln und Gagen nach oben treiben konnte. »Lieber hätte ich mit Dracula verhandelt«, stöhnte ihr Produzent Jack Warner, nachdem sie vier Millionen Mark Gage für *My Fair Lady* herausgeschlagen hatte. »Der blinkert wenigstens nicht immerzu mit schönen langen Wimpern.« Aber auch diese Geschäftstüchtigkeit war nur eine Rüstung, die sie bei Bedarf anlegte. So wie sie mit der Schminke eine schützende Maske anzog: Auf einigen Fotos ist unter dem Lippenstift Audreys Mund zu erkennen, wie er wirklich war: noch zarter, noch verletzbarer.

Trotzdem geriet nichts, was Audrey Hepburn spielte, zur süßen Schmonzette. Das war von Anfang an so, schon 1952: Als Frankreichs große Romanautorin Colette darauf bestand, ihren Welterfolg *Gigi* nur mit diesem unbekannten klapperdürren Mädchen auf den Broadway zu bringen, war ihr das klar. Daß

150

nichts, was Audrey sagte oder tat, zu Kitsch verklebte, verhinderte nicht nur ihr oft breites verschmitztes Grinsen, das die Londoner Klatschreporter schon am Anfang von Audreys Karriere dazu brachte, sie das »frechste Gesicht der Stadt« zu nennen. Es war die Wahrhaftigkeit in ihren Augen, die jede sentimentale Verlogenheit unmöglich machte.

Audrey Hepburns Augen sahen immer so aus, als staune sie. Mit großen Augen sieht sie in *Sabrina* von ihrem Baumversteck aus den Larrabees bei ihren champagnerprickelnden Festen und ihren hochglanzpolierten Auftritten zu, mit großen bewundernden Augen blickt sie zu ihrem Geliebten in *Ein Herz und eine Krone* auf, mit großen Augen schaut sie als Eliza Doolittle unter dem Hut hervor, fassungslos, welche Fair Lady aus ihr geworden ist. Wer immer Audrey in Szene setzte, setzte auf diese Augen.

Denn die Augen der Audrey Hepburn sind selbst dann magisch, wenn sie verborgen sind: Mit ausladender Sonnenbrille, in der einen Hand ein Hörnchen, in der anderen eine Milchtüte, steht Audrey als Holly Golightly vor dem Schaufenster von Tiffany. Und wir sehen, wie sie schaut. Nicht kalte Berechnung und Gier stehen in ihren Augen. Nein: Wir bilden uns ein, in ihnen nur die kindliche Sehnsucht nach dem glitzernden Spielzeug zu sehen.

Und weil wir keinem Menschen so tief in die Augen sehen wie einem Blinden, um zu ergründen, wie das Nichtsehen aussieht, ließ Terence Young Audrey Hepburn in seinem Thriller *Warte, bis es dunkel ist!* eine Blinde spielen. Wunderbar wirkten diese Augen einfach deshalb, weil Audrey Hepburn ein Leben lang das Staunen nicht verlernte.

»Überrascht es Sie nicht, daß Sie noch immer derartig Begeisterung auslösen?« provozierte sie der Autor Dominick Dunne, berühmt für seine geschliffenen Sätze und seine scharfen Interviewfragen. Und sie entwaffnete ihn lächelnd. »Vollkommen«, sagte sie, »mich überrascht das alles. Auch, daß die Leute mich auf der Straße erkennen.«

Die Augen der Audrey Hepburn waren nie die einer wissenden, sondern die einer fragenden, suchenden Frau. Dabei wußte sie durchaus, was sie tat. Und wie sie wirkte. Blutjung hatte sie einen steinreichen, gesellschaftlich gewandten Spediteur bezaubert und sich mit ihm verlobt, hatte später den herbschönen kaltdenkenden Mel Ferrer geheiratet, hatte ihre berühmten Partner von Gregory Peck bis William Holden, von Albert Finney bis Peter O'Toole, von Gary Cooper bis Sean Connery oder Ben Gazzara mit ihrem Zauber um den Verstand gebracht, sie hat, fast vierzig Jahre alt, einen dreißigjährigen Psychiater aus Roms reichsten Kreisen hingerissen (und geehelicht), sie hat noch mit über 50 den vornehmen Robert Wolders verführt, acht Jahre jünger als sie. Und trotzdem lag in Audrey Hepburns Augen eine unbeschreibliche Unschuld.

Jede Frau, heißt es, wolle die letzte im Leben eines Mannes sein und jeder Mann der erste im Leben einer Frau. Audrey Hepburn gab jedem Mann, auch wenn er sie nur auf der Leinwand sah, genau dieses Gefühl.

Audrey Hepburn hätte einen billigen Erotikstreifen drehen können, und jeder hätte hinterher nur von ihrem Charisma geredet, nicht von ihrem Hintern. Charisma gedeiht nicht in einem kühlen Kopf, es braucht den Nährboden des weichen Herzens. Und vor allem: Es blüht nur, solange es nicht gewollt wird.

Disziplin kannte Audrey von Kind an. Ballerina wollte sie werden, die pummelige Baronesse, die 1929 als Edda Kathleen van Heemstra Hepburn-Ruston zur Welt gekomen war. Und ihre Mutter, die niederländische Baronin Ella von Heemstra, unterstützte das, wider alle Vernunft. Bis zum Zusammenbruch trainierte die ausgehungerte Audrey in den Kriegsjahren und danach bei großen Lehrerinnen. Mit schonungsloser Disziplin versuchte sie, ihre überlangen Gliedmaßen, die für den Beruf einer Ballerina so geeignet waren wie ihre kleinen Brüstchen für eine Karriere als Pirelli-Girl, langsam und geschmeidig zu bewegen. Und nur mit Disziplin schaffte sie es, nach erschöpfenden Probetagen noch das Geld zum Überleben zu verdienen, indem sie nachts als Nummerngirl in Nachtclubs auftrat.

Disziplin brauchte sie, um für eine einzige Rolle in Billy Wilders *Liebe am Nachmittag* Cello spielen zu lernen, um sich in einer Blindenschule bewegen zu lernen wie eine Blinde für *Warte, bis es dunkel ist!*.

Trotzdem kannte Audrey Hepburn nie den verkrampften Willen, ein Star zu werden. Weil sie gar nicht wußte, was das ist. »Im Gegensatz zu den Kindern heute«, hat sie gesagt, »verstand ich als Kind nicht mal die Bedeutung des Wortes Filmstar. Ich wuchs in einer Welt auf, der solche Dinge fremd waren.« Vertraut war ihr, die mit der Mutter seit 1939, seit sie zehn war, im niederländischen Arnhem lebte, das zu einem der schrecklichsten Schlachtfelder des Krieges werden sollte, etwas anderes: Angst, Not und Hunger. In Holzschuhen tanzte sie sich beim täglichen Training die Füße blutig, sie ernährte sich von Endiviensalat, Tulpenzwiebeln und Erbsmehlbrot, sie überbrachte mit bebenden Knien als kindlich-unverfänglicher Bote Nachrichten im Dienst der Widerstandsbewegungen.

Audrey Hepburn wollte nicht Schauspielerin werden und konnte nie auf Befehl Gefühle ausdrücken. Auf Kommando Tränen zu vergießen war ihr unmöglich. Wenn sie weinen mußte, dann ging sie in sich, in die Vergangenheit, dorthin, wo soviel Kummer war, daß die Augen aus Schmerz naß wurden: dachte an die letzten Kriegstage, als die deutschen Soldaten Englands rettende Rote Teufel niedermetzelten, als Arnhem zum Schauplatz der Apokalypse wurde, in dem es Blut regnete und zerfetzte Glieder.

Ein Jahr vor ihrem Tod trat Audrey Hepburn in ihrer Rolle als Botschafterin von UNICEF, dem Kinderhilfswerk der Vereinten Nationen, in der Barbican Concert Hall auf. Zur Orchesterbegleitung des London Symphony Orchestra las sie Texte aus dem *Tagebuch der Anne Frank*. Und sie, die nie eine große Schauspielerin gewesen war, rührte selbst die abgehärtesten Zuschauer zu Tränen. »Weil ich«, sagt sie, »viele Mädchen wie Anne Frank kannte.« Weil sie erlebt hatte, wie sie auf Lastwagen gezwängt und abgekarrt wurden, die Todesgewißheit im Kindergesicht.

Professionelle Schauspieler können alle Gefühle spielen, Audrey Hepburn konnte sie nur leben. Nicht der Wille, sondern das Gefühl regierte sie, nicht der Vorsatz leitete sie, sondern die Absichtslosigkeit. Audrey Hepburn gefiel, weil sie nicht gefallsüchtig war, und sie wurde zum Idol der Mädchen, weil sie keines sein wollte. »Ich habe mich nie um Trends gekümmert. Jede Frau sollte das tun. Wenn eine romantische Blümchenkleider liebt, soll sie sie tragen – egal, was die Mode vorschreibt. Damit ist sie einzigartig.«

Einzigartig war in Hollywood das, was als Audreys Klasse oder Stil bezeichnet wurde. »Nach all den Autokinobedienungen im Kino endlich jemand mit Klasse«, begeisterte sich der sonst nur spöttelnde Billy Wilder für Audrey. »Ich glaube, sie weiß sogar, wie man Schizophrenie buchstabiert.«

Audrey Hepburn war ohne Geld groß geworden, aber mit sehr viel Anspruch. Ihre Mutter versuchte, sie den Vater vergessen zu lassen, einen irischen Bankier, der sich für die rechtsradikale Bewegung in England engagierte. Und sie bemühte sich, die musischen Neigungen der Tochter in Zeiten der schlimmsten Entbehrungen noch zu fördern, indem sie sich für Audrey ein Konzertabonnement absparte. Aber nicht, daß sie Bildung besaß, verlieh Audrey Hepburn Stil. Daß sie die Bildung nicht raushängen ließ, gab ihr die Klasse. Ein Star, der fünf Sprachen beherrschte, neben der holländischen Muttersprache Englisch, Französisch, Italienisch und Spanisch, besaß in Hollywood allerdings genauso Seltenheitswert wie einer, der gern Museen besuchte und Beethovens Streichquartette liebte. Als der Fotograf Cecil Beaton meinte, Audrey Hepburn sehe aus wie ein noch nicht ganz getrockneter Modigliani, hielt sie das nicht für ein gewaschenes italienisches Designerkleid.

Es wäre verlogen, Audrey Hepburn Starallüren abzusprechen: Ihr gesamter Hausrat, vom antiken Mobiliar bis zum letzten Kerzenständer, mußte an jedem Drehort im Hotel um sie aufgebaut werden, ihre Anglophilie brachte sie dazu, in Hollywood beim schlimmsten Produktionsstreß eine alltägliche High-

Tea-Zeremonie im Grünen zu erpressen, und ihre Tierliebe führte zu teuren Drehpausen und noch teureren Großeinsätzen, wenn irgendeines der Viecher abhanden gekommen war. Aber dahinter steckte weniger das Bedürfnis, aufzufallen, als die Sehnsucht, um sich herum Heimat zu stiften. Aus ebendiesem Grund versuchte sie auch lange, allzulange, ihre Ehe mit Mel Ferrer zu retten, und nahm nur Aufträge an, in denen er neben ihr spielte (was die schlechtesten Filme waren) oder zumindest bei ihr sein konnte. Und aus diesem Grund behielt sie die Mutter, die mehr einem General glich als einer sanften Madonna, bis zu deren Ende in ihrer Nähe und verteidigte den fremdgehenden zweiten Gatten bis zur offiziellen Scheidung.

Eine höchst altmodische Eigenschaft machte Audrey Hepburn zur Göttin: ihre Demut. Aus dieser Demut wuchs ihre Anmut, und diese Anmut machte ihre Augen unvergeßlich. Die Demut hinderte sie an Überheblichkeit. »An jedem Punkt meiner Karriere fehlte mir die nötige Erfahrung«, bekannte sie. »Aber immerhin habe ich nie vorgegeben, das, was man mir anbot, tatsächlich zu können.« Die Demut hinderte Audrey Hepburn daran, mit ihrem Schicksal zu hadern, als ihre Männer sie betrogen, selbst als der Krebs sie zu zerstören begann. »Sie wirkte stets wie eine richtige Prinzessin«, sagte Ben Gazzara. Sprach so leise, daß man die Ohren spitzen mußte, haßte alles Spektakuläre, Vulgäre und sogar laute Farben – nur weiße Blumen duldete sie, rote riß sie aus in ihrem Garten. Im Gegensatz zu manchen offiziellen Prinzessinnen war sie aber immer von absoluter Diskretion. Eine Autobiographie zu schreiben, lehnte sie genauso energisch ab wie Offenbarungen über ihr Liebesleben. »Ich bin den Leuten nichts schuldig, auch nicht meine Erfahrungen«, sagte sie nur.

Nie verlor Audrey Hepburn ein einziges Wort über Mel Ferrers Herrschsucht, mit der er den Star an seiner Seite an der Kandare zu halten versuchte, nie redete sie über seine Affären und seine Wutanfälle. Und selbst wenn Paparazzi ihr fotografische Beweise dafür lieferten, daß ihr zweiter Mann Andrea Dotti sie mit Nachtclub-Beautys aus dem Sonderangebot beschiß, schwieg sie. Ihre große Liebesfähigkeit bekamen nicht nur die Söhne Sean und Luca zu spüren, sondern auch die Kinder in Somalia, die den Kopf kaum mehr auf ihren Gerippen halten konnten.

»Liebe ist stärker als das Böse«, war Audrey Hepburns Glaubensbekenntnis.

Nicht gesellschaftlich wollte sie als vornehm gelten. Sie war vornehm in der Seele. Und Augen sind bekanntlich deren Fenster.

Audrey Hepburn

1929: Sie wird am 4. Mai in Brüssel geboren.

1951: In Monte Carlo lernt sie die Schriftstellerin Colette kennen und spielt in deren Bühnenstück *Gigi* am Broadway die Hauptrolle.

1953: Für den Film *Ein Herz und eine Krone* mit Gregory Peck bekommt sie einen Oscar.

1954: Heirat mit Mel Ferrer. In Billy Wilders Komödie *Sabrina* spielt Audrey an der Seite von Humphrey Bogart.

1958: Tolstoi-Verfilmung *Krieg und Frieden*

1957: *Liebe am Nachmittag* mit Gary Cooper

1959: *Geschichte einer Nonne*

1960: Sohn Sean wird geboren.

1961: Audrey Hepburn dreht *Frühstück bei Tiffany*, ihren bekanntesten Film.

1964: *My Fair Lady*.

1968: Scheidung von Mel Ferrer

1969: Umzug nach Rom. Heirat mit dem italienischen Psychiater Dr. Andrea Dotti

1970: Der zweite Sohn Luca wird geboren. Kurz darauf beginnt es in ihrer Ehe zu kriseln.

1980: Audrey lernt ihren späteren Lebensgefährten Robert Wolders kennen.

1981: Scheidung von Dr. Dotti

1988: Sie wird Sonderbotschafterin der UNICEF.
1993: Audrey Hepburn stirbt am 20. Januar in Lausanne an Krebs. Posthum wird ihr Ende März der Oscar für ihr soziales Engagement verliehen.

EDITH PIAF

Das Gossenkind, das die Dämonen floh

An der Ecke Avenue Mac-Mahon und Rue Troyon, in der Nähe des Arc de Triomphe, steht eine leichenblasse, magere Person in einem knöchellangen, abgewetzten Mantel. Sie ist froh, daß es warm ist an diesem Oktobertag in Paris, denn sie steht barfuß auf dem Pflaster. Ihre hellbraunen Locken sind fettig, und wer ihr zu nahe kommt, errät, daß sie in diesem Mantel einige Male hinter Mülltonnen übernachtet hat. Die Leute aber bleiben stehen, denn dieses Geschöpf aus der Gosse singt. Sie singt mit schmerzverzerrtem Gesicht, schluchzt und seufzt ein Lied von Jean Lenoir: *Comme un moineau* – Wie ein Spatz. Und wie ein Spatz aus dem dreckigsten Viertel der Stadt wirkt sie auch, heimatlos, hilflos, erbärmlich, vulgär sogar und trotzdem frech.

Es bleibt auch ein Mann mit einer Zeitung unter dem Arm stehen, ein älterer, müder, freundlicher Typ im guten Anzug, der in der Nähe der Champs-Élysées ein teures Etablissement, Restaurant mit Musik und Varieté, betreibt. »Gernys« heißt es, und er, der Besitzer, ein feinsinniger Schwuler namens Louis Leplée, könnte das Mädchen kennen. Schließlich ist er früher als Transvestit an der Place Pigalle aufgetreten, wo sich die blasse, verwahrloste Sängerin im Zuhältermilieu rumtrieb, freilich ohne selber anzuschaffen, und immer wieder öffentlich verdroschen wurde.

Der Mann im Anzug kritzelt die Adresse seines Etablissements auf den Zeitungsrand, reißt ihn ab, drückt dem Mädchen den Fetzen zusammen mit einem 5-Francs-Schein in die Hand und sagt, sie solle an der Adresse am Montag um vier Uhr aufkreuzen.

Sie kommt, sie singt, er hört zu, sieht den Glanz eines Sterns strahlen unter den zerlumpten Kleidern. Édith Giovanna Gas-

sion heiße sie, sagt das Mädchen. Und er tauft sie neu in ihrer Sprache: auf den Namen Piaf. Das heißt im Argot, im Pariser Gassenjargon: der Spatz.

Am Freitag drauf tritt der Spatz bei ihm auf, ungeschminkt, barfuß, in einem selbstgestrickten Pullover, an dem ein Ärmel noch nicht fertig ist. Leplée will es so. Im Publikum sitzt Maurice Chévalier und weiß, was alle hier wissen: daß er die Premiere einer jämmerlich verpackten Stimme erlebt hat, die etwas Göttliches vermag. Sie kann Herzen beben, Seelen erschauern, Augen in Tränen schwimmen lassen, bei wem sie will, wo immer sie will, wann immer sie will. Sie klingt romantisch, die Geschichte von der Entdeckung Edith Piafs auf der Straße. Aber sie ist tragisch und symbolisch für das, was ihr ganzes Leben ausmachte: die Heimatlosigkeit. Sie sollte ein Star werden und ewig ein Straßenkind bleiben.

Zynisch, daß ihr Schicksal 20 Jahre vorher schon auf der Straße beginnt. Auf der heruntergekommenen Rue Belleville, um genau zu sein. Im Hauseingang der Nr. 72 breitet in der Morgendämmerung eines naßkalten Wintertags im Jahr 1915 ein Schutzmann seinen Mantel auf den Boden. Eine wimmernde kleine Frau legt sich drauf. Und gebiert dort am 19. Dezember 5 Uhr früh ihr erstes und einziges Kind, ein rachitisches, untergewichtiges Würmchen. Sie wird es bald danach verlassen – um auf der Straße als Sängerin Line Marsa zu tingeln. Auf der Straße wird einmal ihre Leiche gefunden werden, die jemand im Sack die Treppen herunterschleppt, die Leiche einer Morphinistin, verendet an einer Überdosis.

Das Gegenbild von häuslicher Geborgenheit ist das Bordell. Und zweimal wird ausgerechnet ein Bordell eine Heimat auf Zeit für die Piaf. Das erste Mal, als der Vater die Sechsjährige bei seiner Mutter abgibt, die in Bernay, in der Normandie, als Köchin in einem einschlägigen Haus arbeitet. Denn die andere Großmutter, eine Kabylin, hatte dem Kind Rotwein in den Schoppen gefüllt gegen das Ungeziefer, anstatt das Baby von seinen Dreckkrusten zu befreien.

»Huren sind die besten Mütter«, kommentiert die Piaf später die knapp zwei Jahre im Puff. Von da an ist sie wieder auf der Straße, mit dem Vater, einem Zirkusakrobaten, der im Wohnwagen durch die Dörfer und Städte zieht. Abends steht das Kind auf einem Stuhl und rührt die Dosensuppe heiß am Herd. Tagsüber führt der Vater auf der Straße dümmliche Kunststücke vor, die kleine Tochter kassiert ab. Und ein zweites Mal liebt und lebt sie Bordellgemütlichkeit während der deutschen Besatzungszeit in Paris, wo sie in die Rue Villejust 4 ins oberste Stockwerk bei Madame Billy einzieht, die ein angesehenes Haus mit Bar und Restaurant betreibt, in dem Senatoren und Dichter, Offiziere und Schauspieler verkehren. Sicher ist die ewig verfrorene Piaf hier nicht nur eingezogen, weil sie es schön geheizt hat, weil sie üben kann, wann und wie lange sie wollte, und genügend zu essen kriegt. Sie kommt auch zu Billy, weil dieses Milieu das einzige war, das jemals Heimat bedeutet hatte für sie. Als sie 1943 bei Madame Billy auszieht, mietet sie ein Haus in Boulogne, das Sinnbild ihrer Unfähigkeit wird, Heimat zu bilden. Die Küche ist möbliert mit Dutzenden von Weinflaschen und einem Feldbett, der Salon mit einem Flügel, drei Stühlen und einem Liegestuhl und der Rest der Villa mit gähnender Leere.

Gelegenheiten, heimisch zu werden in dieser Welt, bei einem Mann, hat es für Edith Piaf immer wieder gegeben. Aber Heimat ist etwas Unverwechselbares, etwas Nicht-Austauschbares. Und die Piaf machte ihre ständig wechselnden Liebhaber austauschbar. Jeden staffierte sie mit denselben Requisiten aus: Siegelring, goldene Manschettenknöpfe, goldenes Feuerzeug, ein goldenes Medaillon zum Umhängen, marineblaue Anzüge, eine Nummer zu klein, (die Typen sollten abnehmen), gern auch feine Schuhe, eine Nummer zu klein, und zur Erholung davon Pantoffeln für zu Hause. Diese Grundausstattung bekam ein früher Liebhaber, wie der Schauspieler Paul Meurisse, genauso verpaßt wie später die Radrennfahrer André Pousse oder Toto (Louis) Gérardin, ein italienischer Hafenarbeiter aus Marseille namens Livi, der als Yves Montand berühmt wurde, genauso wie Eddie Constantine, der sieben Monate in Paris mit ihr lebte, der erste Gatte Jacques Pills genauso wie der südamerikanische Maler Doug Davies oder der zweite Ehemann, der zwanzig Jahre jüngere griechische Friseur Théo Lamboukas. Und jeden wollte sie, ganz ein weiblicher Pygmalion, zum Star formen.

Sobald sie mit einem Menschen oder einer Situation heimisch wurde, floh die Piaf. Oder sie schlug die Männer in die Flucht, sei es bewußt, sei es unbewußt. »Zwei Tage und zwei Nächte mit der Piaf sind anstrengender als eine Etappe der Tour de France«, sagte Toto Gérardin. Und der hatte die Tour de France gewonnen.

Sie war eine kleine, magere Tyrannin mit großen blauen Augen. Vordergründig sollten ihre Befehle Gemeinschaft bilden, eine Familie erzeugen. Aber sie wußte, daß sie mit dieser Schreckensherrschaft niemanden bei sich hielt, sondern alle von sich jagte. Wenn Edith nachts um drei Heringe wollte, mußten alle nachts um drei Heringe essen, wenn sie Kalbsleber mit Wassereis, Muscheln mit Hackfleisch oder Pfeffersteak mit Knoblauch wollte, galt dasselbe. Alle wurden gezwungen, ihre liebste Platte zwanzigmal, ihr Lieblingsgedicht dreißigmal anzuhören, mußten ihre Rezitationen aus den Werken des faden Erzkatholen Teilhard de Chardin anhören, mußten sich ihrem aberwitzigen Lebensrhythmus unterwerfen: in der Morgendämmerung zu Bett, um zwei Uhr mittags frühstücken, nachts um drei proben, feiern, saufen.

Der Piaf war klar, wovor sie floh: vor der Einsicht in ihre Haltlosigkeit, Maßlosigkeit und Grenzenlosigkeit. Sie nannte das Dämonen. »Daimon« heißt auf griechisch »der Verteiler« und meint jene Geister, die Schicksal verteilen, die dem Menschen helfen, ihn aber auch bedrohen und verderben können.

»Der Alkohol«, sagte die Piaf selber am Ende ihres Lebens, »hat mich beinahe getötet. Gegen ihn führe ich den erbittertsten und längsten Kampf meines Lebens. Erbitterter noch als der Kampf gegen die Drogen, gegen die Armut, gegen die Verkommenheit, gegen all meine anderen Dämonen.«

Seit einem Autounfall, bei dem sie sich den Arm und zwei Rippen gebrochen hatte, irgendwo in Tarascon, auf dem Land, seit man ihr gegen die Schmerzen – der Provinzarzt wollte den Star nicht operieren – Morphium gegeben hatte, war sie süchtig. Vier Autounfälle, vier Entziehungskuren, drei schwere Operationen: Das ist eine Geschichte in vier Wörtern. Eine Geschichte zum Tode.

Die Dämonen treiben die Piaf dazu, Beziehungen zu zerschlagen, Glück zu zerstören, die Freude aus jeder Harmonie mit klirrenden Dissonanzen aufzuscheuchen. Aber die Dämonen waren es auch, die sie zu den bewegendsten Auftritten trieben. Die Geister, die sie nie zur Ruhe kommen ließen, gaben ihrer Stimme das, was allen, die sie hörten, die Eingeweide aufriß. Die Dämonen gaben ihr die Energie, den ganzen Schmerz der Welt in ihrem weißen, immer gnomenhafter werdenden Gesicht zu tragen. Und nur aus dem gelebten Unglück wuchs ihre Glaubwürdigkeit.

Kaum einer wußte, daß sie mit 18 ein Kind vom Gelegenheitsarbeiter Louis Le Pétit bekommen hatte, das nicht einmal zwei Jahre später an Gehirnhautentzündung elend gestorben war. Kaum einer wußte, daß sie auf den Strich gegangen war, um die Beerdigung des Kindes zu zahlen, kaum einer ahnte, wie viele Prügel sie geerntet, daß sie gestohlen hatte und verhaftet worden war. Aber sie spürten, daß die Piaf wußte, was Schmerz bedeutet, wenn sie vom Schmerz sang. Und daß sie fühlte, was Verlassenwerden heißt, wenn sie vom Verlassenwerden sang. Aber auch beim Singen kehrte sie nicht heim. »Für mich ist Singen eine Flucht«, sagte die Piaf. Sie floh das Glück, die Ruhe und den Schlaf, vor dem sie sich ängstigte und den sie abtat als reine Zeitverschwendung.

Sie warf sich nachts einen Mantel übers Nachthemd und ging in Pantoffeln in eine Bar. Sie sang nachts, trommelte Akkordeonisten und Pianisten zusammen morgens um zwei oder drei.

Sie floh auch vor der angeborenen, der engsten aller Heimaten: vor ihrem Körper. Nie war sie in ihm zu Hause, deswegen zerstörte sie ihn mit Pillen und Wein, mit Bier und Aufputschmitteln, mit Morphium und Pastis.

Weil sie in ihrem Körper nicht heimisch werden wollte, wollte sie durch ihn auch nichts Glückliches erleben.

»Das Leben mit Edith war schrecklich«, offenbart ihr Liebhaber Eddie Constantine sieben Jahre nach ihrem Tod, »sie hatte für körperliche Liebe nichts übrig.«

Oft sah es auch so aus, als solle der Piaf Heimat nicht gegönnt werden: Ihr erster Gönner, Louis Leplée, wurde wenige Jahre nach ihrem sensationellen ersten Auftritt von vier Gelegenheitskriminellen abgeknallt, die Piaf wurde sogar verdächtigt, Komplizin zu sein, und stundenlang verhört. Die große Liebe ihres Lebens, Marcel Cerdan, der 1948 Boxweltmeister im Mittelgewicht geworden war, starb auf dem Weg zu ihr. »Komm«, flehte sie ihn von New York aus an, »komm sofort.« Die Air-France-Maschine, in der er saß, zerschellte am Gipfel des Rodonta auf der Azoreninsel San Miguel. Auch Douglas Davies, der schöne Maler, stürzte ab. Aber beide, nachdem sie sich – der eine unmerklich, der andere mit einem Riesenkrach in Biarritz – von der Piaf getrennt hatten.

»Warum wurde sie eigentlich verlassen?« fragte sich Michel Rivegauche, dem sie einige ihrer schönsten Lieder verdankte. »Weil sie einen umbrachte, indem sie einen zwang, ihren Rhythmus mitzuleben.«

Nicht einmal der Mann, den die Franzosen als »Monsieur Charme« feierten, der Chansonnier Jacques Pills, schaffte das.

Zwar möblierte sie mit ihm ein großes Haus am Boulevard Lannes, hockte abends ab und zu in einem der tiefen Lehnsessel und strickte Pullover für ihren Mann. Doch der trug nie einen von ihnen. Schlicht deswegen, weil niemals einer fertig wurde. Symbolisch für die Frau, die in einem nicht fertiggestrickten Pullover damals im »Gernys« ihre Karriere begonnen hatte.

Nichts zu einem Ende bringen, nirgendwo ankommen: Das war es, was ihrer Stimme diese Rastlosigkeit gab, dieses Gejagte, was die Zuhörer erzittern ließ bis ins tiefste ihrer oft banalen Herzen.

164

Die Sehnsucht der Piaf nach Heimat äußerte sich in Glauben und Aberglauben. »Richtig«, also kirchlich, wollte sie ihren Jacques heiraten, und es geschah. Sie, die drunter litt, keine katholische Kommunion mitgemacht zu haben, heiratete im hellblauen Kleid wie ein Kommunionsmädchen. Im Arm einen Strauß aus weißen Rosenknospen. In der Kirche, in der sie für Marcels Seelenheil täglich Kerzen entzündet hatte.

Organisiert hatte die Feier, das Kleid und den Strauß, wie sich das für ein kleines Kommunionsmädchen gehört, die Mutter. Allerdings eine selbstgesuchte: Marlene Dietrich. Und die erinnert sich: »Als ich in ihr Schlafzimmer trat, saß sie nach altem Brauch nackt auf dem Bett.«

Einsam, verloren in der großen Luxussuite. Wenn die Braut so ihren Hochzeitstag beginne, behauptet die alte französische Legende, werde die Ehe glücklich.

Die der Piaf wurde fünf Jahre später geschieden.

Edith Piaf glaubte nicht innig, sie glaubte panisch. Nach dem Absturz von Marcel rief die Mutter einer jungen Frau bei ihr an, die im selben Flugzeug gesessen hatte. Sie erzählte der Piaf, sie habe über spiritistische Sitzungen und Klopfzeichen am Tisch Kontakt mit der verlorenen Tochter. Sofort besorgte sich die Piaf einen Tisch und glaubte alles, was er sagte.

Und er sagte, was der schlimmste und verderblichste Dämon der Piaf ihm einflüsterte. Dieser Dämon hatte einen Namen: Simone Berteaut, genannt Momone, die Ediths treuer Freund Russo ihren »privaten Teufel« nannte. Momone, mit der sie, das Baby auf dem Arm, in den Hinterhöfen gesungen, mit der sie geklaut, gehungert und bei den Ratten genächtigt hatte. Momone verriet und verkaufte die Frau, die sie als Halbschwester bezeichnete. Momone versteckte, als Edith auf Alkoholentzug war und alle Flaschen verbannte, im Wasserkasten der Toilette eine Cognacflasche und verriet es der Piaf. Momone verpetzte sie bei den deutschen Besatzern, bei der Polizei, bei Ehefrauen von Liebhabern, bei Journalisten, bestahl und belog sie. Ohne Momones Anwesenheit schwieg auch der Tisch. Aber als eine wahre Freundin, wie Ediths Sekretärin Andrée Bigard, den Tisch und Momone nicht mitnahm auf eine Amerika-Tournee, sperrte die Piaf Andrée zwölf Tage ins Hotelzimmer ein, ohne Verköstigung, und ließ sie dann den Tisch und Momone aus Frankreich nachholen. Dämonen wird keiner los, und Edith wurde Momone nicht los, ihren schwarzen Schatten.

Die Piaf wollte das Lichte und fand das Dunkle, sie wollte das Gesunde und suchte das Kranke auf, sie glaubte an Vollkommenheit und wurde unsterblich, weil sie von der Unvollkommenheit der Menschen sang.

»Mein Glaube an etwas Größeres, Stärkeres, Reineres, als es hier auf der Erde gibt, ist grenzenlos«, hat sie gesagt.

Aber gerade das Kleine, das Schwache und Schmutzige, Menschliche machte sie zum Erlebnis. Denn jeder, der sie hörte, wußte: Sie sang um ihr Leben. Nur die Liebe des Publikums konnte sie am endgültigen Absturz hindern. Der Applaus war die wichtigste Droge: die Droge Liebe, nach der sie hungerte. Die Piaf sang immer unter vollem Einsatz ihres Lebens. Sang, nachdem sie von Marcels höllischem Tod erfahren hatte, und brach erst nach der *Hymne auf die Liebe* zusammen. Sie sang, zerfressen von Magengeschwüren und Pankreatitis. »Jedesmal, wenn die Piaf singt«, sagte Jean Cocteau, das schwule Genie, der Mann, den sie wie keinen anderen verehrte, »dann meint man, sie risse sich endgültig die Seele aus dem Leib.«

Mehr als hunderttausend Menschen begleiteten den Sarg, klein wie ein Kindersarg, in dem die Piaf in Paris zu Grabe getragen wurde. Eine Greisin von 47 Jahren, 35 Kilogramm leicht, nicht einmal mehr ihre 147 Zentimeter lang. Hinter dem Sarg ging Théo Lamboukas, der schöne junge Grieche, den sie ein Jahr davor im Rosenblütenregen geheiratet, zum Sänger gemacht und Sarapo genannt hatte, abgeleitet von dem griechischen Wort für »Ich liebe dich«. Im brokatenen Morgenmantel, dem Hochzeitsgeschenk von ihr, hatte er sich nach Ediths Tod drei Tage im Badezimmer eingeschlossen. Er wußte, was er verloren hatte. Warum dieses Wesen Edith hieß, wußte er nicht. Ihr

Vater, der Artist, hatte eine englische Spionin verehrt, Edith Clavell, die wenige Tage vor der Geburt seiner Tochter im Mün-
dungsfeuer der deutschen Militärs zusammengebrochen war.
Eine gewitzte Heldin wider Willen. Wie die Piaf. Und alle, die
hinter dem Sarg der Piaf hergingen, hofften, ihr letzter Gedanke
sei wie das letzte große Chanson gewesen, das sie drei Jahre vor
ihrem Tod zum erstenmal sang: *Non, Je Ne Regrette Rien* – ich
bereue nichts. Aber kurz vor ihrem Tod hatte sie geschrieben:
»Ich schäme mich.«

Sie hinterließ monströse Steuerschulden, die Théo am Heilig-
abend nach Ediths Tod den Besuch des Gerichtsvollziehers ver-
schafften.

Die Piaf schämte sich, weil sie das Menschliche nie in den Griff
bekommen hatte.

Aber dafür hatte sie etwas Göttliches verstanden.

Edith Piaf

1915: Sie wird am 19. Dezember als Edith Giovanna Gassion in
Paris geboren.

1935: Am 26. Oktober bekommt sie ihr erstes Engagement beim
Revue-König Louis Leplée.

1940: Hauptrolle im Theaterstück *Belle indifferente* von Jean Cocteau

1949: Edith Piaf nimmt *La Vie En Rose* auf.

1952: Heirat mit Jacques Pills

1953: Hauptrolle im Revolutionsdrama *Ça Ira* von Sacha Guitry

1956: Ihre Erinnerungen erscheinen unter dem Titel *Au Bal de
la chance*.

1957: Scheidung von Jacques Pills

1959: Zusammenbruch in New York

1960: *Non, Je Ne Regrette Rien* erscheint.

1962: Zweite Heirat mit dem zwanzig Jahre jüngeren Griechen
Théo Lamboukas.

1963: Edith Piaf stirbt am 11. Oktober in Paris.

ELIZABETH TAYLOR

Die Katze, die tausend
Tode überlebte

»Hallo, mein Fettklumpen«, sagt der Mann.

»Hallo, Pockenvisage«, stöhnt sie.

Er könnte auch »Hallo, dicke kleine Hure« zu ihr sagen und sie zu ihm »Hallo, Scheißkerl«, wie sie es sonst tun – es passierte dasselbe:

Sie umarmen sich, glühend vor Begierde. Obwohl sie gerade frisch operiert ist und er todmüde ist von seinem 18-Stunden-Flug aus Italien hierher, nach Kalifornien. Die Krankenschwester muß ein Bett für ihn neben ihres stellen. Und die Reporter schreiben brav, was sie verkündet, als sie ein paar Tage später von ihm im Rollstuhl über den Flughafen geschoben wird. »Wir feiern zusammen Weihnachten in Neapel, und das wird das schönste Weihnachtsfest meines Lebens.«

Richard Burton legt Elizabeth Taylor einen 38karätigen cognacfarbenen Diamanten auf den Gabentisch.

Ungefähr hundert Prügeleien und Küsse, Beleidigungen und Umarmungen später fragt sie ihn, ob er sie ein zweites Mal heiraten würde.

»Wenn du es wünschst, werde ich – wie immer – ja sagen«, schreibt er.

Am 10. Oktober 1975 fährt im afrikanischen Kansane vor dem Haus des Regierungskommissars ein Landrover vor. Eine dickliche, kurzgewachsene Frau in einem langen grünen Kleid mit bunten Vögeln zerrt einen Mann in weißen Hosen und rotem Rollkragenpulli aus dem Auto. Er ist betrunken, und sie ist zumindest himmelblau. Aber beide sagen sie vernehmbar »Ja«.

Am Flußufer, zwischen Nilpferden, Vögeln und Affen, begießen sie die zweite Ehe, und in London, in Madame Tussauds

Wachsfigurenkabinett, werden die Figuren von Richard Burton und Liz Taylor wieder zusammengerückt. Zwölf Jahre insgesamt hält die Beziehung, für alle Voyeure erregender als jede andere in diesem Jahrhundert. Denn die Verlaufskurve sieht aus wie die wahnwitzige Route eines Kamikaze, mit abgrundtiefen Abstürzen und abenteuerlichen Höhenflügen. Die Kurve zweier Süchtiger.

Sucht ist immer Sehnsucht, heißt es. Und nirgendwo wird das deutlicher als im Leben der Elizabeth Taylor. Freßsucht und Alkoholismus, Drogensucht, Tablettensucht und Geltungssucht, die Sucht nach Besitz und nach Liebe: Sie haben sie getrieben und treiben sie noch immer.

»Ich habe Liz gern, weil sie so schwach ist, unbeständig und unberechenbar; mit einem Wort – so faszinierend, wie eine richtige Frau sein sollte.«

Das hat Richard Burton gesagt, selber ein Süchtiger, der sich mit Elizabeth zu schwindelerregenden Exzessen hochschaukelte, denen verheerende Einbrüche folgten. Aber beide blieben auch nach ihrer Trennung, was sie von Kind auf waren: Suchtpersönlichkeiten.

Elizabeths vierter Ehemann, Eddie Fisher, sagte: »Sie war abhängig von jeder Tablette, die auf dem Markt zu haben war.« Und 1982 stellte die Kriminalbehörde fest: Elizabeth Taylor hatte sich innerhalb von 17 Tagen, während denen eine Gala für Michael Jackson stattfand, mindestens sechshundert Pillen und Tabletten verschreiben lassen.

Die große Sehnsucht hinter all den Süchten aber war die Sehnsucht nach Wärme, nach einer Liebe, für die man nicht zahlen muß mit Leistung, Sex oder Bargeld oder Demütigungen. Daran will die Taylor bis heute unbedingt glauben, aber sie kann es eigentlich nicht.

Das atemberaubend schöne kleine Mädchen mit den unfaßbaren Veilchenaugen, das 1932 in London als Kind eines bisexuellen Kunsthändlers und einer Schauspielerin von mäßigem Erfolg und unmäßigem Ehrgeiz geboren wird, lernt als erstes, daß

170

für alles gezahlt werden muß. Für die dicken schwarzen Wimpern bezahlt es mit dichter, dunkler Köperbehaarung. Noch Burton sagt später, Elizabeth sei »ein schwarzbehaarter Zwerg mit dickem Bauch und überflutenden Brüsten«. Für die Anmut zahlt sie mit Qualen: Die Kleine muß zu Hause vor jedem Möbelstück knicksen und schindet sich, körperlich ungeeignet, durch die feinste Ballettschule der Stadt.

»Ich konnte posieren«, sagt Elizabeth später, »bevor ich richtig laufen konnte.« Aber laufen, stehen, selbständig sein: Das soll sie ja auch gar nicht. Mutter Sara sagte stolz: »Das Kind ist zu 90 Prozent mein Produkt.« Und das verkauft sie nach dem Umzug in die USA meistbietend an die Studios in Hollywood. Mit *Lassie*, dem berühmtesten Hund des Films, wird Elizabeth Taylor das berühmteste Kind des Films. Für den Ruhm bezahlt sie mit der Unterwerfung unter ihre Sklaventreiberin. In Elizabeths Blickwinkel sitzt beim Drehen immer, erbarmungslos aufrecht, die Eislaufmutter und gibt Zeichen: Geballte Faust heißt »mehr Gefühl!«, Hand auf dem Bauch heißt »Stimme innerlicher«, Finger auf den Lippen heißt »weniger laut und schrill«, mit dem Finger über die Wange wischen heißt »Lächeln!«.

Mit Bewunderung wird die kleine Elizabeth eingedeckt, der Lohn dafür hieß: Verzicht auf Kindheit. Sie muß ausreißen, um sich einmal mit ein paar ganz normalen Mädchen ihres Alters Cola und Eis reinzuziehen im nächsten Drugstore. Als sie mit silbernen Löffeln zahlen will – die Honorare sperrt die Mutter weg –, alarmiert der Kellner die Mama. Das Kinderzimmer der 12jährigen, vollgestopft mit Puppenträumen, Spielzeug und Wunderwelten, entrümpelt die Mutter ohne Ankündigung und macht daraus ein feminines Gefängnis in Gestalt eines rosa Boudoirs. Kein Wunder, daß die Zeitschrift *LIFE* die fünzehnjährige Elizabeth Taylor zur »schönsten Frau der Welt« wählt. Aber weil die Schönheit der kurzbeinigen, breithüftigen jungen Dame nur von dem herzförmigen Gesicht mit den magischen Augen bis zum Dekolleté reicht, zahlt sie auch dafür: Sie muß Männern anders als durch einen schönen Körper das Gefühl suggerieren, die Frau aller Frauen zu sein. Und das schaffte sie, schafft sie bis heute.

»Liz ist die fröhlichste Nutte der Welt, Doppelkinn und kurze Beine – alles egal. Das ist der Typ Frau, der einen Mann zum Mann macht«, hat Burton gesagt. Sie sei »eine Hexe, der jeder Mann nachtrauert«.

Und der große Truman Capote schrieb: »Die Beine sind zu kurz für den Körper, der Kopf ist zu massig für die Figur. Aber das Gesicht mit den fliederfarbenen Augen ist der Traum aller Männer, das Ideal jeder Sekretärin.« Und selbst für diese Wirkung auf Männer löhnt Liz Taylor: Freundinnen hatte sie nie, Feindinnen dafür in Großauswahl.

Als Marlene Dietrich einmal einen Freund von Elizabeths drittem Ehemann, Michael Wilding, fragt: »Was hat die Taylor, was ich nicht habe?« Und er sagt: »Jugend«, kommentiert Marlene das ihrer Tochter Maria Riva gegenüber: »Das müssen ihre großen Titten sein. Mike hat es gern, wenn sie ihm ins Gesicht baumeln.« Die Frau, die von Marlene als »englisches Flittchen« geschmäht wurde, gab selber zu, nur bei Männern spränge auf sie ein Funke über. »Wenn ich mich auf Männer zubewege, tänzle ich immer irgendwie. Auf eine Frau kann ich einfach zugehen.«

Sie kann nicht anders als flirten und verführen, denn die Mutter hat ihr beigebracht, nur so werde sie geliebt. Und sie zahlt dafür mit Trennungen, Scheidungen, Kränkungen und Prügeln. Brave betrogene Ehemänner, wie Michael Wilding, holen sich Striptease-Tänzerinnen ins Haus, hintergangene Liebhaber, wie der Gebrauchtwagenhändler Henry Wynberg, laden auf ihre Kosten Callgirls in ihre Villa, leidenschaftliche Liebhaber, wie Richard Burton, verdreschen sie. Und sie will zahlen, weil sie das als gerechte Buße betrachtet. Sie provoziert Schläge, erbettelt sie sogar. Als sie Michael Wilding zuerst unübersehbar mit Frank Sinatra bescheißt und danach den gehörnten Gatten foltert, indem sie dauernd Sinatra-Songs spielt, protestiert er vornehm, das sei »ungeheuer indiskret«. Und sie meint nur: »Warum schlägst du mich nicht? Mein Vater hätte das getan.«

Sie baue jeden Kerl mit geschickter Hand und hemmungsloser Lust auf, sagt einer ihrer Liebhaber. »Jede Minute, die sie nicht im Bett verbringt«, behauptete Gatte Nr. 3, Michael Todd, »ist Verschwendung.«

Aber die Königin der Betten bezahlt für ihr erotisches Image mit dem üblen Ruf, sie sei leicht zu haben und für Männer schlicht verheerend. »Elizabeth verspeiste Männer wie Eddie Fisher zum Frühstück und spuckte sie zum Mittagessen wieder aus«, behauptete Max Lerner. »Sie macht alle Männer fertig«, sagte Stewart Granger.

Macht, das hat die Mutter ihr eben eingebleut, hat der, der dich unterwirft. Und das macht Elizabeth Taylor blind für das, was sich guter Charakter nennt. »Leider«, sagt sie nach der Trennung von Michael Wilding, »war er ein schwacher Mann.« Und Stewart Granger wütet: »Er war kein schwacher Mann, blöde Kuh, er war ein Gentleman.«

Elizabeth Taylor blecht sogar lebenslang dafür, daß sie extrem viel Geld verdient. Denn nichts nötigt sie zur Reduktion: Sie hat die Mittel für jede noch so sündhaft teure Geschmacklosigkeit und gibt sie aus. Im Baby-doll-Hängerchen von einem Pariser Couturier macht sie sich auf ebenso kostspielige Weise lächerlich wie in roten Stiefeln zum bodenlangen Nerzmantel, in abenteuerlichen Roben in der Farbe ihrer Juwelen. Mit soviel echten Klunkern behängt sie sich, daß sie falsch wirkten. Ein Autor aus Budapest, wo sie ihren 40. Geburtstag feiert, lästert, sie erinnere ihn an einen »Krapfen mit einer Glasur aus Diamanten und Similis«.

Lebenslänglich zahlt Elizabeth für die Karriere als Schönheit damit, daß sie stundenlang auf ihr Spiegelbild starrt und darüber vergißt, sich zu sehen, wie sie ist. »Sie war immer schon sehr intelligent«, sagte Stewart Granger. »Ihr Problem war nur, daß sie unablässig im Mittelpunkt des Geschehens stehen mußte.« Und die Schauspielerin Evelyn Keyes bekannte, sie werde oft gefragt, ob Richard Burton wirklich die große Liebe der Taylor war. Aber eigentlich wüßten es alle: »Die große Liebe von Elizabeth Taylor ist Elizabeth Taylor.«

Über dem Ehrgeiz als Selbstdarstellerin vernachlässigt sie immer wieder die Begabung als Darstellerin, die ihr zu Recht zwei Oscars einbringt.

1951 nennt die Zeitschrift *LAMPOON* sie den »miserabelsten Kinderstar des Jahres«, Mitte der 50er Jahre wird sie von der amerikanischen Studentenvereinigung zur schlechtesten Schauspielerin Amerikas gewählt. Richard Burton, der Shakespeare-Tragöde, verspottet vor dem ersten Treffen in Rom Liz Taylor als »Miß Brustwarze« und höhnt: »Ihr Schauspielertalent ist bemitleidenswert, wahrscheinlich auf derselben Höhe wie ihr Bildungsniveau.«

Sie überzeugt ihn zwar vertikal und horizontal beim *Cleopatra*-Dreh vom Gegenteil. Aber der Kriker David Susskind verurteilt die Taylor nach *Cleopatra* als »übergewichtig, übermalt, überbezahlt und schauspielerisch völlig unterentwickelt«.

Elizabeth Taylor hat eine Methode, sich vor dem völligen Wahn zu retten, in den sie ihre Süchte treiben: Sie bewahrt sich den Glauben ans ganz große Glück und daran, daß sie das irgendwann mal erwischt. Nie wird sie müde, das zu beschwören. Und selbst ihre Todfeinde hängen an ihren Lippen, wenn sie wieder einmal beteuert: »Ich bin so verliebt wie noch nie. Das ist der Mann meines Lebens. Mit ihm allein will ich leben und sterben.«

Achtmal hat sie das vor dem Traualtar geschworen, achtmal ist sie geschieden worden. Gelogen aber hat sie dabei nie.

Die Sucht nach der Droge, ob das Koks ist oder Whisky, Sex oder ein Aufputschmittel, Liebe oder Geld: Die Sucht macht hemmungslos.

Die Devise der süchtigen Taylor heißt: »Ich kriege alles, was ich will.«

Den stillen englischen Schauspieler Michael Wilding sieht sie in einer Studio-Kantine in Hollywood sitzen. »Der ist verheiratet«, warnt der Filmpartner seine siebzehnjährige Kollegin, die einen lüsternen Blick hat. »Das kann sich ändern«, sagt sie. Und geht an dem Objekt der Begierde mit einem Hüftschwung vorbei, der andere Männer paralysierte wie die Schlange das Kaninchen – nur um ein Salzfaß zu holen. Sie schwänzelt tagelang, der Mann bleibt resistent und erklärt in einem Interview, zu dem Jungstar befragt: »Sie hat versucht, mich verrückt zu machen, aber leider konnte ich ihr den Gefallen nicht tun.« Ihr wird das vorgelesen, und sie lacht nur: »Der wird mich noch kennenlernen.«

Ein paar Jahre später hat sie ihn auf dem Standesamt.

Die Sucht von Elizabeth erst richtig anzuheizen, das hat der Mann heraus, für den sie Wilding verläßt: der schlaue Mike Todd, der mit ebensoviel Talent hochstapelt, wie er wirbt, der mit demselben Charme Geschäfte macht, wie er Frauen erobert. Er ignoriert Elizabeth nach einem ersten Korb und droht, sie werde ihn nie wiedersehen. Da wird sie glühendheiß auf ihn. Und er hält sie die eineinhalb Jahre, die ihre Ehe währt, auf dieser Temperatur – mit den richtigen Suchtstoffen aus Gold, Platin, Sex, Diamanten, mit kalkuliertem Entzug von allem, mit Herrschsucht und Bewunderung, mit Ohrfeigen und Komplimenten. Mike Todd stürzt in seinem Flugzeug namens *The Liz* ab. Und bleibt so der einzige der vielen besten, schönsten, zärtlichsten aller Männer, den Elizabeth nicht verläßt. Treu bleibt sie außerdem ihren Süchten.

Wer seine Sucht befriedigen will, dem ist jedes Mittel recht. Das gilt auch für die Geltungssucht: Als die Taylor in Rom *Cleopatra* dreht, mietet sie die Villa Papa, eine 14-Zimmer-Villa mit Pool, Tennisplatz und Pinienpark, wo sie mit Gatte Eddie, drei Kindern, zehn Hunden, vier Katzen, zwei Sekretärinnen, drei Hausmädchen und zwei Butlern residiert.

Blumen, Zigarettenspitzen, Streichhölzer, Kerzen, Tischtücher und Servietten müssen immer wieder neu farblich auf ihre Abendrobe abgestimmt sein, die Bettwäsche, die täglich gewechselt wird, auf ihre Negligés und Dessous. Die süchtige Sehnsüchtige treibt ein Spiel ohne Grenzen, sie macht aus dem Leben ein Roulette. »Ich bin nun mal eine Spielernatur«, sagt Elizabeth über sich. Kann auch mal das Leben sein, das sie aufs Spiel setzt.

Am elften Tag der Dreharbeiten zu *Cleopatra*, als die gemeinsamen Erholungspausen von Richard und Elizabeth in der Garderobe längst stadtbekannt sind, hört Burton: Seine Frau Sybil habe die Koffer gepackt und reise nach New York ab. Er erklärt Elizabeth, die Affäre sei zu Ende. Sie flieht in die Villa Papa und wird dort von Produzent Wagner gefunden. Tablettenvergiftung diagnostizieren die Ärzte im Salvator-Mundi-Krankenhaus und pumpen der Selbstmordkandidatin den Magen aus. Gatte Eddie Fisher, der sich selber einen Softie nennt, tröstet sie mit einem Smaragdcollier von Bulgari (29 000 Dollar).

Sie bekommt Richard nicht sofort, aber sie bekommt ihn – nach dem zweiten Suizidversuch. Diesmal geht Burton zu Bulgari – und bringt eine Smaragdbrosche für 150 000 Dollar. Jedes Juwel eine Droge, die ihr ein High bescheren: Ich werde begehrt, ich werde geliebt. Denn Liz Taylor mißt Liebe in Karat.

Und sie benutzt ihren Körper, um Liebe zu bekommen. Entweder lockt sie mit ihm, oder sie droht mit ihm: Ihre *medical records* gehören zur Lieblingshitparade der amerikanischen Magazine, ihre Operationen zu den Lieblingsthemen – vom Knöchelbruch bis zu Wirbelsäulenoperationen, vom Luftröhrenschnitt nach einer Lungenentzündung bis zur Zyste am Auge oder am Eierstock, vom Hautkrebs bis zur Kieferoperation, von den vier Hüftoperationen bis zur Speicheldrüsenentzündung, von der Lebensmittelvergiftung bis zur lebensbedrohlichen Darminfektion. Sowenig wie Elizabeth Taylor zwischen Rolle und Leben unterscheiden kann, zwischen Wahn und Wirklichkeit, sowenig können die Zuschauer trennen in wirkliche Lebensbedrohlichkeiten und mitleiderregende PR-Gags. Für ihren Auftritt im Krankenhaus, nebst herzzerreißender Rede vom Ghostwriter, anläßlich der Lungenentzündung, lästern Kollegen, habe sie einen Oscar verdient. Auf den hätte sie allerdings auch lange genug hingearbeitet, denn die Legendenbildung von der unschuldig Verfolgten begann Elizabeth Taylor früh: Angeblich stürzte sie als Kind bei den Dreharbeiten zu *National Velvet* bei einem Sprung ihres Pferdes so schlimm, daß sie ein Leben lang an Rückenschmerzen zu leiden hatte. Aber Elizabeth war in allen Sprungszenen von einem langhaarigen kleinen Stuntman vertreten worden.

Opfer sein, das weiß Elizabeth Taylor, kommt an. Und sie konnte sich auch immer wieder als Opfer ihrer Männer verkaufen. Zuerst als das des Hotelerben Nick Hilton, den sie zwei Monate nach ihrem 18. Geburtstag heiratet: ein drogensüchtiger Trinker und allseits bekannter Spieler. Auch der vornehme Michael Wilding, der ihre Kaufräusche vulgär, ihre Kleiderexzesse peinlich, ihre Aufmachung nuttig fand, läßt sie als Opfer zurück. Schließlich mußte sie den Lebensstil, den sie nicht aufgeben wollte, ebenso finanzieren wie die Luxusautos, mit denen sie ihn ungebetenermaßen bedachte.

Ein Opfer ist sie immer, wenn Männer nicht kapieren, daß sie Luxus zum Atmen braucht. Denn damit machen sie sich schuldig, daß Liz Taylor eine kleine, dicke, banale Schlampe bleibt, anstatt als Göttin zu erstrahlen. »Ein klitzekleiner Diamant für fünfzigtausend Dollar«, sagte Eddie Fisher, »verwandelt sie in eine Märchenfee.« Wenn ein Kerl sich dieses Wunder nichts kosten läßt, ist er die Frau nicht wert.

Elizabeth Taylor zahlt. Selbst für ihre Leidenschaft zahlt sie – mit öffentlicher Ächtung. Als sich Mrs. Eddie Fisher mit dem verheirateten Mr. Burton einläßt, stellt IL TEMPO sie an den Pranger: »diese ungebärdige, ehebrecherische und männermordende Verführerin«. Und das vatikanische Wochenblatt L'OSSERVATORE DELLA DOMENICA nennt die Liebenden »zwei erotische Landstreicher«.

Und wenn sie sich opfert, dann wird sie sogar dafür noch zur Rechenschaft gezogen. John Warner, den sie bei einem Empfang zur 200-Jahr-Feier der USA kennenlernt, den Queen Elizabeth für Mr. President gibt, erzählt überall herum, daß Freunde ihn warnen: Mit dieser Frau an der Seite könne er seriöse politische Ambitionen begraben. Die Wahrheit ist: Nur mit der lebenden, wenn auch ausufernden Legende Elizabeth Taylor an der Seite, lockt der lahme, silberhaarige Kriegsmarineminister a. D. das Volk in seine Wahlveranstaltungen und wird Senator.

Gut, sie kriegt, was sie will: eigene Kinder und adoptierte, sogar insgesamt neun Enkelkinder. Aber selbst die Liebe für die erste Enkeltochter kostet sie einiges. Leyla, das Kind von ihrem Sohn Michael und Beth Chutter, will sie vor einem Dasein in einer Hippiekommune bewahren. Und was sagt Beth? »Sie wollte das Kind nicht hergeben. Als ich ihr sagte, daß ich es behalten würde, regte sie sich fürchterlich auf.«

Als eine der ersten in den USA engagiert sich Elizabeth Taylor für die Bekämpfung von Aids, für die Hilfe für Aidskranke. Weil sie mal mit Rock Hudson eine Affäre gehabt haben soll, der an Aids stirbt, zahlt sie selbst für diesen Einsatz; sie sei vielleicht selber infiziert, munkelt die Klatschpresse.

Kein Wunder, daß sie ihre Liebe immer wieder denen schenkt, die sich als ziemlich zuverlässig erweisen und die sie immer gehätschelt hat: den Tieren.

Das letzte Lieblingstier, wie sie Gatten Nr. 8, Bauarbeiter Larry Fortensky nannte, ist entsorgt. Bleibt der Malteserhund Sugar.

Er liegt neben ihr, auf ihr oder zu ihren Füßen, als sie mit kahlem Schädel im Cedars-Sinai Medical Center in Los Angeles gesund wird. Der Gehirntumor ist entfernt, die Presse ist informiert. Und längst ist Elizabeth, die beste Freundin der Schwulen, Verrückten, Verleumdeten, ausgebufft genug, um Geld zu machen aus ihren Nöten. Im Krankenbett läßt sie sich von ihrem Leibfotografen Henry Benson gegen ein Entgelt von 300 000 Dollar ablichten – für die Aprilausgabe von *LIFE*. Der Erlös geht an ihre Aids-Stiftung. Aber als sie das Spital verläßt, fotografiert der Paparazzo Phil Ramey sie durch die Autoscheibe. Aus der Wohltäterin wird ein Wohlopfer.

Eines aber hat sie sich bewahrt, was weder die Mutter noch bösartige Klatschkolumnisten, weder schmerzliche Enttäuschungen noch herbe Kritiken vernichten konnten. Etwas, was unbezahlbar ist: einen deftigen Humor.

»Viele haben behauptet, ich hätte mich liften lassen«, sagt sie. »Jetzt können sie sehen, daß alles gelogen ist: Ich habe da keine Narben.«

Elizabeth Taylor

1932: Sie wird am 27. Februar in London geboren.

1939: Die Familie geht in die USA.

1942: Ihre Mutter erkämpft für Liz eine Filmrolle in *Lassie*.

1945: Erste Hauptrolle in *National Velvet*. Beim Drehen stürzt sie vom Pfernd und verletzt sich an der Wirbelsäule.

1949: Erste Ehe mit Nick Hilton

1952: Michael Wilding wird ihr zweiter Ehemann. Sie bekommen zwei Söhne.

1956: Mit *Giganten* wird Liz berühmt.

1957: Heirat mit Mike Todd, mit dem sie eine Tochter hat. Todd kommt bei einem Flugzeugabsturz ums Leben.

1959: Vierte Ehe mit Eddie Fisher

1960: Für *Butterfield 8* bekommt Elizabeth Taylor ihren ersten Oscar.

1963: *Cleopatra* wird nach 10 Jahren Drehzeit fertig.

1964: Liz heiratet Richard Burton.

1967: Zweiter Oscar für *Wer hat Angst vor Virginia Woolf?* mit Richard Burton

1975: Nach der Scheidung erneute Ehe mit Burton

1976: Siebte Ehe mit dem Politiker John Warner

1985: Liz engagiert sich für Aidskranke und gründet die *Liz Taylor Aids Foundation*.

1991: Liz Taylor heiratet Larry Fortensky, den sie bei einer Entziehungskur kennengelernt hat. Scheidung nach vier Jahren

1992: Sie dreht ihren bislang letzten Film *Faithful*

KATHARINE HEPBURN

Die eiserne Queen
mit dem sanften Gemüt

Die gierige Meute wartet schußbereit, als der französische
Dampfer am 17. Oktober in New York anlegt. Sie wartet auf eine
große dünne Frau von Mitte Zwanzig, eingetragen als Mrs. Ludlow Smith. Mrs. Smith hat einen gräßlichen Urlaub mit ihrem
Ehemann in Wien und Tirol hinter sich, in dem ihr klar wurde,
daß ihre Ehe zerrüttet ist, irreparabel. »Sind Sie verheiratet?«
fragen die Reporter sensationshungrig. »Ich kann mich nicht
erinnern«, meint Mrs. Smith, noch hellgrün von der Seekrank-
heit, aber sehr kühl. Mr. Smith hält den Mund. »Und haben Sie
Kinder?«

»Ja, fünf«, strahlt Mrs. Smith. »Zwei sind weiß, drei farbig.«
Katharine Hepburn, gerade erst zum Star geworden, zeigt von
Anfang an, was sie von der Presse hält. Und führt vor, daß sie
ihr Privatleben vor ihr verriegelt, und sei es mit bretterdicken
Lügen. Denn sie kennt keine Kompromisse und keine Diploma-
tie, sie kennt und lebt nur das Absolute. Die absolute Lüge, die
absolute Wahrheit, den absoluten Einsatz, die absolute Feind-
schaft, die absolute Liebe.

1932, bei der Rückkehr aus Europa und dieser Lüge, da ist sie
schon drei Jahre mit Ludlow Smith verheiratet und selbstverständlich kinderlos. Und in ebendiesem Jahr, als sie angeblich
eine Grippe hinter sich bringt, treibt sie ab. Die Eltern wissen
Bescheid. Schließlich ist Kates Mutter eine der ersten Frauen-
rechtlerinnen Amerikas, eine Juristin, die für Geburtenkontrolle
kämpft, auch wenn ihr das den Haß der Ortsansässigen einbringt.
Außerdem hat der Vater allen seinen sechs Kindern Ehrgeiz eingetrimmt, körperlichen wie geistigen. Zwingend, daß Katharine
aufs College geht, und zwar auf eines der elitärsten, in Bryn

Mawr. Dort tut Katharine alles, absolut alles, um beliebt zu sein. Oder wenigstens bekannt. Rast aus der Bibliothek ins Freie, reißt sich die Kleider vom mageren Leib und springt in den Brunnen, klettert wieder raus und wälzt sich trocken im Gras, steigt beim Schneesturm aufs Dach und hält es dort so lange aus, bis ihr Füße und Hände abzufrieren drohen, läßt sich nackt fotografieren und bricht ins Haus eines Lehrers ein, dem sie einen Zettel zurückläßt, das Haus finde sie recht nett. Der schulischen Leistung ist das alles leider nicht zuträglich. Als Katharine mit 19 richtig krank wird, freut sie sich: »Da meine Noten so schlecht waren, dachte ich: Endlich, jetzt werde ich sterben und habe alles hinter mir.« So denken Absolutisten, denn für sie gibt es nur das Entweder-Oder, das Alles-oder-Nichts. Aber es ist nicht das Ende, es ist nur der Blinddarm, den der Papa eigenhändig operiert.

Katharine Hepburn läßt keinen kalt: Sie wird entweder gehaßt oder geliebt, verteufelt oder vergöttert. Männer, die ihre Stöße und Hiebe mit Charme abpuffern, gefallen ihr anfangs. Ein gewisser Leland Hayward zum Beispiel, der sie neben der Garbo und der Dietrich in die »Liste der zehn attraktivsten Frauen der Welt« aufgenommen hat, der über gute Manieren verfügt und gut Golf spielt. Spott steckt Katharine, abgehärtet wie sie ist, so mühelos weg wie einen Schnupfen. Daß die Kollegen in Hollywood genauso unverhohlen über ihr Pferdegesicht lästern wie über ihre Figur, ist ihr egal – sie findet sich selber häßlich und behauptet, sich gar nicht als Frau zu fühlen. »Wenn man einen Hut nach ihr wirft, bleibt er hängen, egal, wo er aufkommt«, heißt es. Aber es heißt auch, sie sei die amerikanische, aristokratische warme Ausgabe der Garbo. Daß Kate den Vergleich nicht leiden kann, erweist sich als ahnungsvoll.

Nachdem sie mit ihrer Rolle in *Morgenrot des Ruhms* einen Sensationserfolg einheimst, schreibt die *NEW YORK HERALD TRIBUNE*: »Das einprägsame Gesicht der Mrs. Hepburn ist hervorstechend wie der Kopf auf einer Münze.« Wie ein absolutistischer Regent eben, rigoros, unnachgiebig, unvergeßlich.

Dreieinhalb Jahre später liest sie in der *VERÖFFENTLICHUNG*

DER GESELLSCHAFT UNABHÄNGIGER KINOBESITZER, daß sie die Ehre hat, mit der Garbo, aber auch mit Fred Astaire, Marlene Dietrich und Joan Crawford in einem Atemzug genannt zu werden; alle werden als »Kassengift« eingestuft. Kate wegen ihres Films *Leoparden küßt man nicht*, wo sie neben Cary Grant eine knallhysterische Erbin spielt. Aber das bricht den Stolz einer Katharine Hepburn nicht. Sie fühlt sich unabhängig und nimmt sich jedes Recht. »Beim Namen meiner Mutter« schwört sie, die Wahrheit zu sagen, als sie einmal von Cary Grant der Lüge überführt wird. Darauf angesprochen, meint sie nachher nur: »Meine Mutter und ich haben eine Vereinbarung, daß auch sie auf mein Leben schwören darf, wenn sie in einer Notsituation wie dieser ist.«

Wer, fragt sich jeder in Hollywood, ist dieser Frau gewachsen, die besser Tennis und Golf spielt als alle Männer, die innerhalb einer Stunde surfen lernt, die es ablehnt, sich außerhalb des Films irgendwie herzurichten? Howard Hughes, der tollkühne Flieger, der exzentrische Multimillionär, ist es nicht. Als er in Kates Wohnung in der Toilette verschwindet, ein Buch in der Hand, weil er wegen chronischer Verstopfung immer längere Sitzungen hat, wartet sie 45 Minuten. Dann haut sie ab – für immer. »Ich war von ihr begeistert«, sagt Filmpartner James Stewart über Kate. »Aber ich wollte nicht mit 40 an einem Herzinfarkt sterben.« Wie also sieht er aus, der Mann, der die Widerspenstige zähmen kann?

Es gibt da einen Schwarm von Kate, Spencer Tracy heißt er. Und sie schafft es, daß sie mit ihm zusammen engagiert wird. Für *Die Frau, von der man spricht*.

Aber ansehen soll es ihr keiner, daß sie zu ihm aufblickt, zu dem stiernackigen Helden. Auf hohen Absätzen steht sie bei der ersten Begegnung vor ihm und fragt spöttisch, ob sie nicht zu groß sei für diesen Partner. Aber der Regisseur, Joe Mankiewicz, sagt nur lakonisch: »Der stutzt dich schon zurecht.« Am Tag drauf stürmt Kate zu ihm ins Büro. »Was hat Spencer über mich gesagt?« will sie wissen. »Er hat gesagt, Katharine Hepburn hat dreckige Fingernägel.«

»Ich hab sie heute noch«, sagt Katharine Jahrzehnte später. Absolute Ehrlichkeit gehört zur absoluten Lüge wie die Vorderseite zur Kehrseite der Medaille. Aber Absolutisten fordern Rebellen und Rebellionen heraus. Nur einer wie Spencer Tracy konnte Katharine Widerpart bieten.

Als sie in einer gemeinsamen Szene ein Glas umkippt, zischt er nur: »Du zwingst mich nicht, daß ich mitten unter der Szene das Zeugs aufwische«, reicht ihr ein Taschentuch. Sie kriecht unter den Tisch und putzt so auffällig wie möglich. Alles wurde gefilmt. »Aber alle meine Bemühungen«, gab Kate später zu, »waren erfolglos. Obwohl er nichts sagte, beobachtete man nur ihn.« Er war ein Meister der sparsamen Mittel. »Kenn deinen Text und fall nicht über Möbel und Requisiten«, war seine Devise.

Katharine reicht das nicht: Sie will absolut alles beherrschen. Lernt für *Song of Love*, den Film über Clara Schumann, so gut Klavierspielen, daß sogar Arthur Rubinstein sich wundert, als er sie hört. Für einen anderen Film lernt sie Russisch. Und für *Traum meines Lebens*, der in Venedig gedreht wird, fällt sie drehbuchgerecht rückwärts in den mit Chlor desinfizierten, stinkenden Kanal. Viermal nacheinander. Daß die beißende Kloake ihr eine üble Augenentzündung beschert, nimmt sie in Kauf. Denn was eine Katharine zutiefst verachtet, ist Mittelmaß. Und Opportunismus. Während der Kommunistenhatz in der McCarthy-Ära, als ein Untersuchungsausschuß die »subversiven und illoyalen Elemente Hollywoods« verfolgt, zu deutsch: alle Schauspieler, Regisseure und Autoren, die Persönlichkeit besitzen, geht Kate nicht in die innere Emigration, sie geht lieber in die Offensive. Unterzeichnet eine Erkärung der Gegenbewegung und rechnet täglich mit ihrer Vorladung. Ehrenwert ist sie fast immer, liebenswert eigentlich nur zu Spencer und ein paar anderen engen Freunden.

»Wir wußten«, schrieb Humphrey Bogart, bevor er *African Queen* mit ihr drehte, »fast alle Storys über sie.« Dazu gehört, daß Kate Make-up haßt, Kleider ebenso, nur schlabbernde Hosen

184

und möglichst ausgeleierte Pullis an sich liebt, ausschließlich Erdbeermarmelade zum Süßen ihres Tees verwendet, daß sie Schmuck für ebenso überflüssig hält wie Parfum oder das außerdienstliche Versprühen von Charme. Daß sie bis zu fünf Bäder pro Tag nimmt, »um besser denken zu können«, daß sie immer auf dem Fußboden hockt und die Knie auf Kopfhöhe hochzog – eine nicht eben feminine Position – und daß sie einen Komplex wegen ihres Halses hat. Schon Mitte Dreißig behauptet sie, der verrate ihr Alter deutlicher als eine Geburtsurkunde. Hartnäckig lügt sie nicht nur das Jahr, sondern auch sicherheitshalber den Monat ihrer Geburt weg.

Triumphierend entdecken Reporter, sie sei nicht 1909, sondern 1907 zur Welt gekommen. Aber sie lügt weiter und lästert weiter – über sich selber. Und ist trotzdem überwältigend. »In 800-Dollar-Kleidern, die Katie wie Lumpen behandelt, wirkt niemand so sexy wie sie«, sagt Humphrey Bogart.

Daß ausgerechnet Spencer Tracy, der chronische Säufer, der haltlose Raucher, der depressive Selbstzweifler es schafft, diese Frau zu erobern, sie 27 Jahre lang zur treuesten Gefährtin zu machen, verstehen viele nicht. Für Kate ist er einfach der Mann der Männer und hat nur einen Fehler: Louise. Mit 23 hatte Spencer sie geheiratet, mit 24 hatte er von ihr einen Sohn, mit 25 erfuhr er, daß der Sohn taub war. Von da an war der Sohn Louises Lebensinhalt und der Film, also die Flucht vor allem, der von Spencer. Mit 30 hatte er seinen Durchbruch in Hollywood. Mit 41 trifft er Katharine. Er trifft sie mitten ins Herz. Ihm zuliebe erträgt sie alles: daß er sich ein Leben lang nicht scheiden läßt von der chronisch wohltätigen Louise, daß er an Schuldgefühlen leidet, daß er sich nicht von der Flasche lösen kann, daß er fett wird, daß er nie zu ihr zieht. Katharine kocht für ihn und putzt, pflegt ihn, wenn er krank ist, holt ihn wieder und wieder aus dem tiefen Tal von Suff und Verzweiflung. Sie behauptet sogar kühn, gar keine Kinder haben zu wollen – weder von ihm noch von sonstwem. Und übertreibt absolut maßlos, damit das auch geglaubt wird. »Nehmen wir mal an, ich hätte ein Kind und in der Nacht meiner Premiere würde es plötzlich Mumps oder so etwas bekommen«, sagt sie zu Journalisten. »Ich denke, ich wäre dazu verurteilt, es zu erwürgen.«

Spencer ist die Mitte ihres Lebens. »Eine Eiche im Wind« nennt sie ihn, der genau weiß, daß sie die Stärkere ist und bald auch die erfolgreichere. Von Spencer läßt sie sich sagen, für bestimmte Rollen sei sie zu alt, von ihm steckt sie jede noch so verletzende Kritik ein. Und wenn er leise drohend knurrt: »Tu das nie wieder«, dann lächelt sie und nickt. Wie es in ihr aussieht, verbirgt sie dem Geliebten. Sein Leben lang. Heulsusen waren in ihrem Elternhaus nicht geduldet worden. Doch absolut, wie sie ist, kann Katharine im Job besser heulen als jede andere. »Alles an ihr weinte«, lobte ein Regisseur. Und zwar neunmal nacheinander, wenn die Szene neunmal wiederholt werden mußte. Privat sieht sie keiner mit nassen Augen. Mitte Vierzig ist Katharine erst, als sie dunkle Flecken auf ihrem ungeschminkten Gesicht entdeckt. Die Diagnose: Hautkrebs. Aber auch da gibt es keine Tränen, sondern Operation, Nachoperation, Narbenkorrektur. Seelenwunden erträgt sie genauso tapfer.

Einsam irrt in Venedig eine magere Frau in Jeans durch das Gassengewirr, ziellos. Ihre Kollegen feiern in irgendeiner Osteria. Sie hat gehört, ihr Geliebter habe sich in eine Filmpartnerin verliebt, und die setze alles dran, ihn zu ergattern. Sie setzt sich an einen Kanal und glotzt trist ins Wasser. Ein Fremder spricht sie an. »Darf ich mich zu Ihnen setzen?« Weil der Kanal schweflig riecht, stehen sie auf und spazieren durch die Lagunenstadt. Stundenlang. Der Mann, ein Klempner aus Frankreich, ahnt nicht, daß neben ihm Katharine Hepburn geht. Daß sie daran denkt, ob Grace Kelly es wohl mit Spencer Tracy treibt. Und er ahnt nicht, wie einsam sie ist.

»Daß sich die Leute von mir zurückziehen«, sagte Katharine Hepburn, »ist allein meine Schuld. Ich wirke herb. Mein Gesicht wirkt hart und meine Stimme schrill. Wenn ich telefoniere, schnauze ich oft die Leute an. Ich glaube, das verängstigt sie.«

Sie fürchtet die Einsamkeit, aber sie erträgt sie klaglos. Als ein Internist ihr erklärt, sie müsse sich dringend einer Tumoroperation unterziehen, denkt sie nur an eins: Spencer aus dem Weg zu räumen. Organisiert für ihn eine Europareise, und zwar so, daß er auf dem Schiff ist, wenn sie unters Messer kommt.

Kate weiß, daß für Spencer das beste Medikament die Arbeit ist. Und als den beiden angeboten wird, gemeinsam in einer Komödie unter der Regie von Walter Lang aufzutreten, kämpft sie darum, daß Spencers Rolle gewichtiger wird als anfangs geplant. Verräterisch allerdings der Titel des Stücks: *Die Frau, die alles weiß*. Und genau diese Frau, eine gewisse Bunny Watson, die auf die blödeste Frage sofort eine Antwort parat hat, spielt Katharine, berüchtigt als Rechthaberin. Am Tag vor Drehbeginn kommen die beiden ins Studio zu Walter Lang. Spencer redet mit dem Regisseur, da schreit Kate empört: »Im Drehbuch steht doch, in Bunnys Büro soll ein Philodendron stehen? Das hier ist aber alles andere als ein Philodendron.« Beschwichtigungsversuche wirken wie Aufputschmittel. Kate zitiert den Studiogärtner herbei. Er bestätigt Kate: Nein, das ist kein Philodendron. Nachmittags um fünf, als alle Vorbereitungen fertig sind, knallt die Tür auf, Katharine platzt herein, im Arm einen zwei Meter hohen Philodendron, zwanzig Jahre alt, 90 Pfund schwer. »Das«, schnaubt sie, »ist ein Philodendron.« Weil die sperrige Pflanze nicht in den Aufzug gepaßt hat, hat sie, mittlerweile 50, das Ganze drei Stockwerke hochgeschleppt.

Ihren Willen setzt sie durch, ihr Wille ist ihr Himmelreich – und ihre Rettung. Sie will nicht zusammenbrechen, als Spencer an den Folgen seiner Sauferei stirbt, sie will nicht darunter leiden, daß er sein gesamtes Vermögen seiner Ehefrau und den Kindern vermacht, sie will ihm nicht einmal posthum Schwierigkeiten machen und verfolgt die Zeremonie aus dem Auto. Vor allem aber will sie weitermachen. Mitte Siebzig ist Katharine, als sie ihren vierten Oscar bekommt und damit alle Rekorde bricht. Und aufgeben will sie noch immer nicht, vor allem nicht sich selber. Augenoperationen, Stimmbandkrebs, Arthritis in den

Gelenken, künstliche Hüfte – sie nimmt es an. Jätet in ihrem Garten das Unkraut und wartet sehnlichst darauf, daß es März oder April wird.

Sie will nämlich im Frühling sterben. Und bisher hat sie noch alles erreicht, was sie wollte.

Katharine Hepburn

1907: Sie wird am 8. November in Hartford/Connecticut geboren.

1928: Katharine macht ihr College-Examen und fällt als exzellente Tennisspielerin auf. Im selben Jahr tritt sie am Broadway auf.

1929: Heirat mit dem Börsenmakler Ogden Smith. Die Ehe hält fünf Jahre.

1932: In Hollywood dreht sie den Film *Eine Scheidung* mit George Cukor.

1933: Für *Morning Girl* gekommt sie den Oscar.

1938: Mit Cary Grant dreht Katharine *Leoparden küßt man nicht*. Danach kehrt sie an den Broadway zurück.

1942: Mit Spencer Tracy dreht sie *Die Frau, von der man spricht*, der erste von neun gemeinsamen Filmen. Bis zu Tracys Tod 1967 sind die beiden ein Paar.

1967: Katharine bekommt ihren zweiten von insgesamt vier Oscars – für *Rat mal, wer zum Essen kommt*.

1987: Sie beweist mit ihrem Buch *The Making of The African Queen* schriftstellerisches Talent.

1991: Hepburn publiziert ihre Memoiren mit dem Titel *Me*.

1994: Sie steht ein letztes Mal in Warren Beattys *Love Affair* vor der Kamera.

JEANNE MOREAU

Die Frau, die immer brannte

»Ihr ekelt mich an«, schreit die junge Frau den Stiefvater an, »mit eurem kleinen Glück, eurem Leben, das man lieben soll um jeden Preis. Wie Hunde seid ihr, die alles, was sie finden, belecken. Ich will alles sofort und ganz, oder ich verzichte.«

Das sagt die Antigone von Jean Anouilh zu Kreon. Und Jeanne hört diese Sätze früh, mit sechzehn Jahren, in einem Pariser Theater.

»Es traf mich«, gesteht Jeanne Moreau später, »wie ein Blitz. Das war das Glaubensbekenntnis, in dem ich mich erkannte.« Denn auch sie ekelt sich vor dem kleinen Leben des Vaters, will ausbrechen aus der Welt, in der sie groß geworden ist, einer schäbigen, dreckigen, vulgären Welt.

Die Mutter, eine britische Revuetänzerin namens Kathleen Buckley, hat zwar früher in einer Show von Josephine Baker an den Folies-Bergères getanzt, der Vater wird in freundlichen Biographien als »Hotelier«, in ehrlichen als Kellner oder Kneipenwirt bezeichnet. Aber das Etablissement am Montmartre, das Anatole-Désiré Moreau betreibt, geht pleite, die Familie haust in Stundenhotels, eingemietet zwischen Nutten und Luden. Jeanne ist ein Kind, das der Vater mißachtet. Einen Pierre hatte er gewollt und die unerwünschte Tochter wütend als »Pierrette« angemeldet beim Standesamt. Nur, weil die Beamtin gegen den häßlichen Namen protestierte, wurde Jeanne Moreau Jeanne Moreau.

Vor der Lieblosigkeit des Vaters, vor dem Geruch der Armut, vor dem Gestank des Milieus flieht Jeanne in die Labyrinthe der Romane. Bücher sind ihre eigentliche Heimat. Als Michelle, die jüngere Schwester, geboren wird (die auch ein Michel hätte

189

werden sollen), setzt sich die Mutter mit den Mädchen nach England ab. Erst als Jeanne zwölf ist, kehren sie zurück nach Paris. Als sie mit 19 der Mutter erklärt, sie wolle Schauspielerin werden, sagt die sofort ja.

Als sie es dem Vater sagt, schreit er nur »du Hure« und schmeißt sie hinaus. Ein Jahr später ist die Hure brave Gattin von Jean-Louis Richard, Drehbuchautor, Regisseur und Schauspieler. Geheiratet hat sie ihn einen Tag nach der Geburt ihres Sohns Jérôme. Und ein weiteres Jahr später ist die Hure das jüngste Mitglied der legendären Comédie Française. Sie wollte alles sofort und ganz, und hat es bekommen.

Zehn Jahre später jagt sie atemlos durch Paris, in den Mundwinkeln die Bitternis derer, die zu früh zuviel wissen, in den dunklen Augen nackte Begehrlichkeit und Angst. Sie sucht ihren Geliebten, sie muß ihn erreichen. Sie lechzt nach ihm, dem Mann, der gerade ihren Ehemann umgebracht hat. Das ist Jeanne Moreau in der Rolle, die sie zum Weltstar machte: als Florence in Louis Malles *Fahrstuhl zum Schafott.*

Ihr Motto bleibt, als sie ein Star ist, dasselbe: »Ich will alles sofort und ganz, oder ich verzichte.«

Das heißt nicht, daß Jeanne Moreau dominieren will. »Ich unterwerfe mich gern«, sagt sie. »Aber ich suche mir aus, bei wem.« Der Arbeit, auch vielen Regisseuren, unterwirft sie sich mit Wollust. Und wenn sie sich unterwirft, dann mit Haut und Haaren. »Sofort und ganz.«

Das ist nicht nur das Glaubensbekenntnis der Jeanne Moreau, es ist auch der Inhalt ihrer Rollen. In Antonionis *La Notte*, auch in Louis Malles Film über *Die Liebenden*, in Truffauts *Jules et Jim.* Und erst recht in dem Truffaut-Erfolg *Die Braut trug Schwarz*, wo Jeanne Moreau die Wollust der Rache hemmungslos auslebt, unter Einsatz des eigenen Lebens. Rücksichtnahme ist auch im wirklichen Dasein nicht ihre Stärke, vor allem nicht Rücksicht auf sich selbst. Kaum hatte sie ihren Sohn geboren, rief sie den gerade aktuellen Regisseur an.»In einer Woche kann ich wieder drehen.«

Eine junge Kollegin, wie Brigitte Bardot, steht dem Phänomen Moreau fassungslos gegenüber. Gemeinsam drehen sie in Amerika *Viva Maria*. Und Brigitte spürt, daß sie gegen eine Tigerin kämpft. »Im Krieg sind alle Mittel erlaubt«, sagt sie sich. »In puncto Alter und Aussehen befand ich mich Jeanne gegenüber im Vorteil.« Aber die Moreau kämpft mit anderen Waffen. »Jeanne nutzte ihren scharfen Intellekt, ihr Talent als erfahrene Schauspielerin und ihr schonungsloses, unwiderstehliches Verführungsspiel.« Weil sich die Bardot die Magie der Moreau nicht erklären kann, sieht sie in ihr nur »das schlaue Luder«. Und weil anfangs die Moreau, nicht die Bardot, die Titelseiten erobert, glaubt die schöne Junge bereitwillig den Gerüchten, wie es dazu gekommen sei. »Es wurde gemunkelt, Jeanne verführe die Fotografen derart heftig, daß einer von ihnen nachts sein Toupet im Bett verloren habe.«

Aber nicht mit simplen Bettnummern entzündet Jeanne Moreau die Begierde in den Männern, sondern weil sie brennt. Von morgens bis nachts und wieder bis zum nächsten Morgen. Sie brennt für ihre privaten Leidenschaften und für die professionellen. Die Spuren dieser Lust am Exzessiven graben sich früh schon ein in ihr Gesicht, dieses Gesicht, das nicht eigentlich schön ist und gerade deswegen unvergeßlich. »Ich habe mich an mich gewöhnt«, kommentiert sie kühl ihr Aussehen. Und spottet, viele Männer seien nur an ihr interessiert, weil sie nach einer Schönheit suchten, die es nicht gebe. »Ich hab es zur Genüge zu hören bekommen«, erklärt sie schonungslos, »daß ich nicht photogen sei, daß mein Gesicht nicht symmetrisch sei ... Und lange haben die Maskenbildner versucht, die kritischen Stellen zu vertuschen ... Wenn ich mich im Spiegel angesehen habe, hatte ich den Eindruck, eine buntscheckige Hexe zu sein. Louis Malle hat mich gewaschen.«

Ungeschminkt zu sein, ungeschminkt zu reden ist seither ihr Kennzeichen. Sich zu den Spuren zu bekennen ist ihr Stil. Abgefunden hat sie sich damit bereits mit 29. Da dreht sie an der italienischen Südküste *Der Matrose von Gibraltar*. Ein herrlicher

Morgen geht auf, Sonne leuchtet ihr Schlafzimmer bis in den letzten Winkel aus. Anna, Jeannes treue Seele, bringt ihr einen Spiegel, damit sie sich die Brauen zupfen kann. Da entdeckt sie im gnadenlosen Licht nicht nur, daß auf einem Muttermal ein Haar wächst, sie entdeckt auch erste Falten am Hals. Bis fünf Uhr nachmittags quält sie sich mit den Gedanken ans Altern herum, an den körperlichen Verfall. Dann geht sie an den Strand runter und sieht durch einen Bambuszaun durch zu, wie ihre Kollegin und Freundin Vanessa Redgrave vor der Kamera steht. Sie versinkt im Augenblick. Und auftauchend sagt sie sich: »Das ist es, was wichtig ist.«

Von da an, sagt Jeanne Moreau, habe sie sich nie mehr Sorgen gemacht um die Vergänglichkeit der Reize. Seither nimmt sie diesen Prozeß ebenso bedingungslos an wie alles andere in ihrem Fieberkurvenleben. »Ich wollte immer das Absolute«, sagt sie.

Ihr Arzt in Paris denkt von ihr dasselbe wie die ganze Nation: Jeanne Moreau ist eine leidenschaftliche, eine extreme, aber eine starke Frau

»Es ist Krebs«, sagt er deswegen unumwunden. Die starke Frau von 33 Jahren steht tränenlos auf, hetzt nach Hause, setzt sich auf den Boden und schreit und schreit und schreit. Plötzlich hört sie auf, denn ihr fällt die Rettung ein: Luis Buñuel, der spanische Freund und Regisseur in Mexiko. Sie ruft ihn an, fragt, ob sie bei ihm Urlaub machen kann, fliegt hin. Aus einem einzigen Grund: Buñuel, das weiß sie, sammelt Gewehre. Aber als sie in Mexiko ankommt, stellt sie fest, daß alle Flinten verkauft sind. Sieben Tage später fliegt Jeanne Moreau zurück und läßt sich in Paris operieren.

Jeanne Moreau ist eine Frau, die immer wieder triumphiert. Weil sie nicht nur davon redet, daß sie alles will oder nichts, sondern genau das lebt. Orson Welles läßt Jeanne Moreau immer Huren spielen, Truffaut immer Frauen, die Männer wie einen Strudel in die Tiefe saugen, ins Verhängnis ziehen, in den Tod. Ihre Magie als Frau ist so stark, daß sie oft besser ist als ihr

Regisseur. Und einen jungen amerikanischen Regisseur bannt das. Fünf Jahre kennt er sie schon, fünf Jahre betet er den Star aus der Ferne an. Dann ist er in Paris, mittlerweile berühmt durch Filme wie *Der Exorzist* und durch den Ruhm ermutigt. Er ruft sie an. William Friedkin ist acht Jahre jünger als Jeanne Moreau. »Er ist Jude, und ich liebe Juden«, sagt sie.

Die Jeanne Moreau, die seinetwegen Frankreich verläßt, ist eine Königin, siegessicher und leuchtend im Bewußtsein ihrer Unwiderstehlichkeit, denn die Liste ihrer Liebhaber, vom Modegenie Pierre Cardin bis zum Regiegenie Orson Welles, ist ein einziger Erfolgsreport. Und nun zieht sie zu dem Erfolgsregisseur nach Hollywood.

Da taumelt sie nun im weiten Sommergewand durch den Garten im Villenviertel Bel Air, wankend und betörend, aufreizend und scheu.

»Es ist dieser Gang«, sagen Männer, die es wissen. Es ist dieser Gang, der sie süchtig macht auf Jeanne Moreau. Sie taumelt durch den Garten und redet mit einer berühmten Journalistin aus Deutschland. Redet davon, wie glücklich sie sei und wie sehr sie ihren Mann vergöttere. Wie ein junges Mädchen schwärmt sie, die 50jährige Diva. Und die Journalistin wundert sich: Sie kannte immer eine andere Jeanne Moreau. Da zuckt die Moreau zusammen: Ein Summton ertönt irgendwo. Vorbei ist es mit der Idylle. Fiebrig hetzt sie durch den Garten, durchs Haus, durch den Keller, zur Garage, um herauszufinden, woher der Summton kommt. »Mein Mann hat ein übersensibles Gehör«, erklärt sie der Journalistin ihre Panik, »und überreizte Nerven.« Erst als sie entdeckt, daß der elektrische Toröffner schuld ist und die Störung behoben wird, atmet sie auf. Der Abend ist gerettet.

Aber Jeanne Moreau ist längst verloren.

Die Jeanne Moreau, die Amerika zwei Jahre nach ihrer Ankunft verläßt, ist ein Wrack. Nicht mehr stolz, sondern gedemütigt: eine alternde, abgehalfterte Diva, die von ihrem Mann sitzengelassen worden ist wegen einer anderen, 12 Jahre Jüngeren.

Sie hat in Los Angeles nicht nur viel Geld verloren, sondern auch ihr Gesicht, ihre Selbstachtung. Eine Verführerin, die sich lächerlich gemacht hat und nun das Hohngelächter Hollywoods hinter ihrem Rücken hört.

Und so exzessiv, wie sie früher stieg und stieg, fällt sie nun. Fällt und fällt. »Ich will alles sofort und ganz.« Daß Friedkin sie sitzenläßt, ist nur der Anfang. Sie muß auch ihr Haus in der Provence aufgeben, den Rolls-Royce, das glänzende Leben, weil eine Steuerschuld ihr finanziell den Atem abwürgt. Doch auch den tiefen Sturz erlebt Jeanne Moreau ganz. Den Aufstieg danach ebenso.

»Die Jahre, in denen die Moreau gesoffen hat wie ein Loch und dabei fett wurde wie eine Sau, sind vergessen«, eröffnet die Sechzigjährige, die wieder leuchtet, den Journalisten stolz und ungeschminkt. »Ich habe nicht abgenommen aus Glück und Seelenruhe, sondern aus Pein, Verrücktheit, Hysterie.«

Wer sie rettet, ist ein Mann. Aber kein Mann fürs Bett, sondern einer für die Bühne: der deutsche Regisseur Klaus Michael Grüber. Aus einem Roman-Kapitel von Hermann Broch hat er ein Theaterstück gebaut: *Die Erzählung der Magd Zerline*. Und Grüber ist sich sicher, daß nur Jeanne Moreau diese Zerline spielen kann. Sie hat Angst, bebende Angst vor dem Auftritt, vor der Herausforderung. Und vor allem vor der Begegnung mit sich selbst in diesem Stück. Jeanne reißt sich das Herz auf, scheuert sich die Seele wund bei den Proben und kotzt sich die Verzweiflung heraus. In den zwölf Wochen fallen die dreizehn Kilos von ihrem schwammigen Leib, die sie sich in sieben Jahren angefressen und angetrunken hat.

Schmal, im schwarzen Kleid mit artigem weißem Kragen, hockt sie schließlich da, als Kammerzofe auf der Bühne, die Hände im Schoß zwischen den weit gespreizten Oberschenkeln. Und erzählt ganz alleine von allem, was sie an Neid und Lüge, an Liebe und Begierde, an Monstrositäten und Brutalitäten erlebt hat. Sie erzählt es mit dieser Stimme, die Jeanne Moreau so unverwechselbar macht: einer Stimme, die vulgär sein kann und anrührend, rauh und schmiegsam. Ein Monolog von eineinviertel Stunden, an dessen Ende, von Paris bis Berlin oder Zürich, das Publikum stehend seine Begeisterung herausbrüllt.

Jeanne Moreau hat sich ganz gegeben und wird dafür entlohnt.

»Es war wie eine Geburt«, sagt sie zu dieser Rolle, »und es ist schmerzhaft, wieder auf die Welt zu kommen.«

Ihre Verlebtheit ist ihr Kapital. Ihre Absolutheit ihr Charakter, das Exzessive ihr Charisma. Das weiß Jeanne Moreau. Und mittlerweile packt sie es, nur ein paar wenige Laster auszuleben, die aber ohne schlechtes Gewissen. Täglich zieht sie sich ihre langen schmalen Zigaretten rein. Ungeniert lebt sie sich aus, als eine Göttin, die wie eine Schlampe daherkommt. Im Morgenrock, die Fluppe im Mundwinkel, die Augen umschattet wie von nächtlichen Gelagen. Denn sie weiß längst, daß an Mythen nichts geändert werden sollte.

Zum Mythos Moreau gehört aber auch, daß zwar alle sie zu kennen glauben, aber keiner sie wirklich kennt. Ihr bittersüßes Lächeln ist vielsagend, aber sie sagt nichts über sich. Leute, die ihr Innerstes oder gar ihre sexuellen Perversionen der Öffentlichkeit preisgeben, verachtet sie. »Das finde ich langweilig. Das ist, wie wenn du Urlaub mit Freunden machst in einem gemeinsamen Haus und dann jeder, der morgens die Treppe runterkommt, erzählt, was er geträumt hat.«

Jeanne Moreau hat gelernt, sich zu panzern. Und zu erden.

»Kochen«, sagt ihre Schwester Michelle, »ist für sie die richtige Therapie.«

Und eine, von der andere so lustvoll profitieren, wie von ihrem *cocquelet grillé*, einem Hähnchen mit Ingwer, Knoblauch und frischen Kräutern.

Die Moreau kann nicht verstanden werden, weil sie es nicht will. Sie ist abgebrüht und mütterlich, verletzend und zärtlich. Ein Schauspielerkollege schwärmt von ihrer »schönen kleinen Hebammenhand«. Und diese Hand liebt es, banale Dinge zu verrichten: die Threapie des alltäglichen Lebens. Mit höchst alltäglichen Folgen.

Da ist Jeanne, als Ehrengast in der ersten Reihe, zu einem

Film-Preview eingeladen, zu ihrer Rechten sitzt der Produzent. Mittendrin durchfährt es Jeanne glühend heiß: Daheim stehen Kartoffeln auf dem Herd. Ein Teelöffel Wasser ist noch drin, als sie mit ihrem Agenten in die Küche stürmt.

Katastrophen liebt sie, wie auch das Berühren der Talsohle in Zeiten der Finsternis. Wenn andere sie melancholisch nennen, werden sie korrigiert. »Ich bin nicht melancholisch. Wenn's mir schlechtgeht, bin ich verzweifelt.«

Sie will eben das Absolute. »Du mußt durch den Winter gehen, damit der Frühling kommen kann«, heißt ein Lieblingssatz der Jeanne Moreau.

Und sie will auch jeden schlimmen Seelenwinter, sie will einfach alles intensiv erleben.

Andere träumen davon, im Schlaf zu sterben. Jeanne Moreau wünscht sich das Gegenteil. »Wenn ich sterbe, will ich wach sein. Dasein, erfühlen, wie es ist, hinüberzugleiten. Hinüber ins Nichts.«

Bis dahin aber brennt sie. Wird sie gefragt, wann sie aufhören wolle, empört sie sich. »Aufhören? Ich bin doch keine Büroangestellte. Wenn jemand kreativ ist, ist er das bis zu seiner letzten Stunde.«

Ihr einziger Wunsch: eine Karriere wie Laurence Olivier. »Ich möchte«, hat sie mit 63 bekundet, »wie er, mit achtzig den Lear spielen.«

Freunde beschenkt sie gerne mit Feuerzeugen. »Denn das Symbol des Lebens«, sagt sie, »das ist die Flamme.«

Jeanne Moreau

1928: Am 23. Januar wird sie in Paris geboren.

1947: Nach dem Abitur läßt sie sich zur Schauspielerin ausbilden.

1948: Ihre Karriere beginnt an der Comédie Française.

1949: Jeanne bekommt Sohn Jérôme. Einen Tag nach der Geburt heiratet sie den Vater, den Schauspieler Jean-Louis Richard.

1954: Sie gastiert am Broadway in New York.

1957: Unter die Regie von Louis Malle dreht Jeanne ihren ersten Erfolgsfilm *Fahrstuhl zum Schafott*.

1959: Mit *Les Amants* schafft sie den Durchbruch zur Muse der Nouvelle Vague.

1961: Mit Truffaut dreht sie einen ihrer schönsten Filme: *Jules und Jim*.

1962: Mit Orson Welles dreht Jeanne Kafkas *Der Prozeß*.

1977: Heirat mit dem amerikanischen Regisseur William Friedkin.

1982: Hauptrolle in Rainer Werner Fassbinders *Querelle*.

1992: Mit Peter Handkes *Die Abwesenheit* nimmt sie an der Biennale in Venedig teil. Im selben Jahr wird sie mit dem höchsten französischen Filmpreis, dem César, ausgezeichnet.

MAE WEST
Der Vamp, der eine Emanze war

In seinem Keller in Brooklyn bastelt der Mann, den sie Battlin'
Jack nennen, an einer Karriere. Seine Visage ist grob, sein Körper durchtrainiert; er riecht nach billigen Zigarren, nach Pferden, Whisky und Schweiß. Offiziell gibt er Wachmann als Beruf
an, aber er könnte genauso Preisboxer, Wettexperte, Glücks-
spieler oder Hochstapler reinschreiben. Immerhin: Hier baut er
gerade an einer Hollywoodkarriere. Mit Säge, Hammer und Nä-
geln errichtet er eine Probebühne für seine dralle blonde Tochter Mary, genannt Mae. Denn die ist mit acht schon ein Star,
dem Battlin' Jack die Tanzschuhe, das Kostüm und die Schminke hinterdinträgt, den er zum Theater chauffiert und für den
er dort die Karten abreißt. Seine Frau, die einer bayerischen
Bierbrauerfamilie entstammt, tut allerdings noch mehr für
»Baby Mae«: Mrs. Matilda West massiert der weißhäutigen Mae
täglich mit dem Hautöl auch den Willen ein, Karriere zu machen. Und die Überzeugung, besser, schöner und begabter zu
sein als alle anderen drallen blonden kleinen Mädchen in Brooklyn, nein: in Amerika. Deswegen, bringt ihr die fromme, brave
Mutter bei, habe sie ein Recht darauf, die Wahrheit nach Bedarf
zurechtzubiegen und sich in nichts anderes als Chiffon, Seide
und Satin zu hüllen.

Von diesen beiden Rechten macht Mae West ihr Leben lang
ausgiebig Gebrauch. Der Vater wird zum Inhaber einer großen
Detektivagentur stilisiert, oder zum »Arzt mit Praxis in Rich-
mond Hill« –, immerhin hatte er mal einen Kräuterladen. Und
weil sie als ausgebuchter Kinderstar schon mit 13 von der Schule
gegangen ist, bekommt Mae exklusive Privatlehrer. Aber es
rutscht ihr auch der Ausspruch raus: »Ich spreche zwei Spra-

chen: Englisch und die Sprache des Körpers.« Das reicht auch völlig aus für die beispiellose Karriere, die das gedrungene, kurzgewachsene Wesen mit dem kleinen Mund im Dampfnudelgesicht machen wird. Ob sie lügt oder nicht: Sie bleibt echt unter ihren immer opulenter werdenden Roben, Hüten, Klunkern, Boas und Pelz-Stolen. Sie sagt ungeschminkt die Wahrheit, trotz schweren Make-ups.

Sie bleibt eine Göre im Gewand einer halbseidenen Diva, ein Clown mit dem Auftritt eines Vamps: Das ist ein Befreiungsschlag im Amerika dieser Zeit. Endlich sagt mal eine, was die meisten denken, aber nicht zu sagen wagen. Shakespeare-Dramen auf amerikanischen Kleinbühnen? Findet sie hochgradig lächerlich. Vornehmen Umgang mit dem Thema Erotik? Findet sie abartig verklemmt. »Sex ist kein bißchen vulgärer als essen. Vulgär ist das nur für vulgäre Menschen«, sagt Mae. Und das lebt sie. Willig läßt sie schon als Mädchen die Jungs Handlangerdienste für sie verrichten, denn die Mama hat ihr beigebracht, das gebühre ihr. Sie findet es in Ordnung, wenn die Knaben ihr die Parkbank mit der Mütze trockenwischen, und noch besser, wenn sie sich ihretwegen gegenseitig verdreschen. Denn die brutale Sphäre, in der ihr Vater, der Preisboxer, verkehrt, macht sie scharf, und den ersten Orgasmus, sagt sie, habe ihr ein zotteliger Braunbär beschert, der in sie eingedrungen sei. Allerdings nur im Traum.

»Ich stehe auf zwei Sorten Männer«, sagt sie. »Auf muskulöse und auf solche ohne Muskeln.« Daß Mae West guter Sex wichtiger ist als sentimentale Liebesschwüre und ein Mann im Bett, der sie befriedigt, wichtiger als einer, der sie heiratet, das ist zu der Zeit bereits brisant. Aber daß sie es sagt, ist ein Skandal. Trotzdem heiratet sie mit 17, während sie mit der Columbia-Truppe durch die Städte tourt, am 11. April 1911, einen Kollegen namens Frank Wallace. Später hat sie zuerst behauptet, in die Ehe hineingetrieben worden zu sein, dann hat sie sie total geleugnet, bis sie mit stattlichen 45 Jahren gerichtlich verdonnert wurde, den Ehemann zuzugeben und abzufinden. Nach dieser

Schmach erst, daß einmal ein Mann von ihr Zaster kassierte und nicht zahlte, ließ sie sich scheiden – mittlerweile fast 50.

Sicher aber ist, daß sie selbigen Frank bereits mit Abschluß der Tournee, ein paar Wochen nach der Hochzeit, ein für allemal verlassen hat. »Eine Frau mit Ehemann und Kindern«, erklärt Mae kühl, »taugt nicht als Sexsymbol. Dann haben die Männer nämlich das Gefühl, du gehörst schon einem anderen.«

Analytiker freilich glauben, Mae habe schlicht an neurotischer Bindungsangst gelitten. Mit Sicherheit war das, von der Angst vor Pferden, Schiffen und Flugzeugen und Geschlechtskrankheiten abgesehen, die einzige Angst, die sie kannte. Denn Mae beweist von Anfang an, daß eine Frau in Amerika nur Karriere machen kann, wenn sie dreist und mutig, frech und forsch wie ein Kerl ist, sich aber wie ein Vollweib aufführt. Wenn sie die Methoden eines Machos, im Gewand eines Vamps, anwendet. Wenn sie ihre Absichten tarnt, indem sie sich vordergründig mit klappernden Wimpern und feuchten Lippen um die Gunst der Herren bemüht. Mae West bleibt kühl, wenn sie die Kerle heißmacht.

»Ich hab mich immer an Jungs gehalten«, offenbart sie. »Mädchen schienen mir immer eine alberne Fehlinvestition meiner Zeit.«

Und bei Investitionen kennt Mae keine Gnade: Sie legt Gunst, Liebe und Gagen in Diamanten an, weil die zugleich brillantes Material zur Eigenwerbung sind. Zur Marktwertsteigerung bei Männern und Managern. Diamanten passen zu Mae, weil sie so scharf sein können wie ihr Verstand und so blitzend wie ihr frivoler Witz. Mae West erobert den Broadway, indem sie mit jeder Rolle Mae West gibt. Eine Frau, bei der ein Zucken im Mundwinkel die Männer rasend macht, deren Hüftschwung sie umwirft, deren lasterhafte Sprüche sie aufreizen. Am Aberglauben hindert ihre wache Intelligenz sie allerdings nicht. Keine Pfauenfedern in die Garderobe, bloß keine Perlen und recht oft eine Acht, die Glückszahl aller Artisten.

Aber nur in dieser Hinsicht ist sie ein Kind des Varietés, was die Ansprüche angeht, ist sie ein verwöhnter Star. Weil ihr die Toiletten zu dreckig sind, verpaßt sie sich allmorgendlich einen Einlauf. In Lebensgewohnheiten ist sie ohnehin sehr konsequent – alles wird nur in Mineralwasser gegart –, was Männer angeht, bevorzugt sie Abwechslung. Und bekommt Panik, sobald sie an sich leiseste Anzeichen von monogamen Neigungen feststellt. Guido Deiro, einem gemein gutaussehenden italienischen Akkordeonsolisten, verfällt sie rettungslos. Andere Mütter beruhigen treue Töchter, Matilda West beunruhigt das. Und sie atmet auf, als Mae sich von Deiro trennt. Natürlich erst, nachdem sich die Investition in ihn ausgezahlt hat in Gestalt eines Karrieresprungs. Bei dieser einen großen Liebe läßt Mae es dann vorsichtshalber bewenden.»Männer waren für mich von da an nur noch von Bedeutung, als sie mir helfen konnten, noch mehr Mae West zu sein.« Was das heißt, weiß sogar ihr Dienstmädchen.

Als Mae einmal spät nach Hause kommt in ihr Appartement aus Seide und Talmi, Satin und Kitsch, eröffnet ihr die Zofe, daß schon zehn brünstige Verehrer warten. »Ich bin heute zu müde«, seufzt Mae. »Schick zwei weg.«

Sie bettet sich zwar in jene falschgoldene Schnörkelpracht, die sie für Rokoko hält (schließlich sieht sie sich in der Tradition der großen französischen Mätressen, der Madame Pompadour oder Dubarry), sie hält sich jedoch Liebhaber, die echt potent sind – vor allem finanziell.

Mae West behauptet: »Ich bin am besten, wenn ich schlecht bin«, aber sie behält engen Kontakt mit denen da unten, mit dem zwielichtigen Milieu, mit den Schiebern und Gaunern, den Luden und Nutten. Nicht nur aus Mitleid: Von denen kriegt sie keine Brillanten, aber brillante Ideen für Broadway-Stücke, die sie selber schreibt, oder besser gesagt: vom Bett aus diktiert. Während des ersten Weltkriegs, als andere Frauen in Amerika auf herbe, tapfere, anstrengende Art vorführen, wie Emanzipation geht, was sie riskieren und was sie können, betreibt Mae Women's Lib auf ihre Art – auf der Bühne.

»Statue of Libido« wird sie getauft und fotografiert wie die Statue of Liberty, eine Fackel in der Hand, um den kurvenreichen Körper das Sternenbanner geschlungen. Jede der Komödien, in denen sie auftritt, und später jeder Film, ist ein Stück von ihr. »Cool bleiben und absahnen«, sagt sie als Tira in *I am no Angel*, und das praktiziert sie auch. Der Film basiert auf einem Stück, das noch deutlicher sagt, worum es in ihrem Leben geht. Und zwar in einem Wort, das damals gerade erst aus den medizinischen Fachbüchern geholt worden war: »Sex«. »Wenn Sie Aufregung nicht vertragen«, warnt das Theaterplakat 1929, »besuchen Sie Ihren Arzt, bevor Sie Mae West in *Sex* besuchen.«

Wer zu Mae ins Theater geht, muß auch aus anderen Gründen gute Nerven haben.

Ein Montag abend, Premiere im New Yorker Biltmore Theatre, Ecke 42. Straße und Broadway. Auf dem Programm steht *Pleasure Man*, ein neues Stück von Mae West. Allerdings ohne sie: Sie steht an diesem Abend als *Diamond Lil* auf einer anderen Bühne. Im Zuschauerraum geht es heftig zu. Einige stehen auf, buhen, schimpfen, spucken auf den Fußoden und verlassen demonstrativ den Saal, andere kreischen vor Vergnügen und klatschen sich die Hände wund. Der Schlußvorhang fällt über einer schillernden Szene von Travestiekünstlern. Da stürmt die Polizei in die Garderoben, verhaftet die 55 Leute vom Ensemble und prügelt sie, in voller Bühnenverkleidung, mit grellem Make-up und großen Perücken, in die »Black Mary«. Mae West hört davon, läßt sich sofort aufs Polizeirevier in der 47. Straße bringen, wird von ihren Leuten stürmisch begrüßt und von der Polizei gleich mit verhaftet. Am frühen Morgen kommt sie gegen eine Kaution von 1000 Dollar frei. Und auf den Titelseiten der Zeitungen steht, direkt neben dem Bericht über Roosevelts Nominierung als Präsidentschaftskandidat: »Razzia bei Mae West. 56 Verhaftungen bei Premiere«.

Es gibt Kritiker, die das Stück großartig finden, wie Jack Conway vom Filmblatt *VARIETY*. Der hatte auch schon *Drag* gepriesen, Mae Wests Komödie, die in der Schwulenszene spielt. Conway kapiert, daß Mae West die Verlogenheit anwidert, mit der hunderttausend Verehrer hinter dem Sarg herschluchzen, dem romantischen und einwandfrei schwulen Stummfilmhelden. Und daß genau dieselben die Homosexuellenszene zum Sumpf der Verderbnis erklären. Er findet es gut, daß Mae West nicht mitspielen will bei der Glorifizierung harter Männer, wie sie im Namen des Staates und der bürgerlichen Doppelmoral betrieben wird. Aber Conway ist ein Einzelkämpfer; Kritiker vom anderen Lager sind in der Überzahl. Doch auch geifernde Ausfälle halten die New Yorker nicht ab, immer wieder zu Mae West zu pilgern, dieser Priesterin der unverstellten Begierden. Der Bürgermeister allerdings verkündet: »Die Stadtverwaltung ist fest entschlossen, diese Art obszöner Vorstellungen ein für allemal zu unterbinden.«

Nein, es ist niemand nackt zu sehen, schon gar nicht Mae West, die prinzipiell hochgeschlossen daherkommt. Aber die Art, wie sie, den Shimmy tanzend, ihre Kurven zum Erbeben bringt, gilt als pornographisch. Auch der Inhalt ihrer Komödien balanciert immer schwindelerregend knapp am Rand des juristischen Tatbestands: Bei Mae schaffen Nutten den Aufstieg, und schwule Künstler machen Karriere. Das finden die Sittenrichter so schamlos.

Am 27. April 1927 schießen die Reporter allerdings ein Foto von der schamlosen Mae West, das selbst die Damen von der Heilsarmee rührt: Zärtlich schmiegt Mae, im feinen Mantel mit Fuchskragen, die weiße glatte Wange an die einer alten Dame in Persianer, die den Arm um die Jüngere schlingt und sie küßt: Mutter und Tochter West. Allerdings in dem Moment fotografiert, als Mae das Gefängnis verläßt. Zehn Tage hat sie gesessen. Und zum PR-Gag gestaltet. Bewunderer ihres Witzes haben Mae West nicht nur mit der Literatin Dorothy Parker verglichen, diesem scharfzüngigen Bildungsmonster, nicht nur mit Groucho Marx, dem abgründigen Komiker, sondern sogar mit Oscar Wilde. Zugegeben: Maes Humor war ebenso exaltiert.

Da geht sie, glitzernd wie eine Schaufensterauslage von Harry

Winston, die Treppe hinauf. »O meine Güte«, stöhnt das Hausmädchen bewundernd hinter ihr drein, »welche Diamanten!«

»Mit Güte«, sagt die Bewunderte kühl, »haben die gar nichts zu tun.«

Mae findet nur eines pervers: um etwas herumzureden. Woran sie beim Verfassen neuer Stücke als erstes denke? »An den Kassenerfolg.«

Und was ihr Anliegen sei? »Ich bin nicht an großer Kunst interessiert, ich will den Leuten vielmehr geben, was sie wollen.«

Und was ist das? »Schmutz.« Wobei das eine Vokabel ist, die sie bei den Sittenrichtern borgt und selber nicht gebraucht.

Mae West persönlich hält Schwule ein Leben lang für arme Kranke, schon allein deswegen, weil sie ihren Reizen offenbar nicht erliegen. Aber ihr Gerechtigkeitssinn macht sie zur Vorkämpferin. Eine, die immer den Eindruck erweckt, sie werde in jeder Sache siegen, für die sie sich prügelt.

Ein Opfer, ein blondes Dummchen, eine übertölpelte Ehefrau –, das spielt sie nie. Um zu erreichen, was sie will, bringt sie jedes Opfer, auch jedes finanzielle. Um die Verfilmung von *Diamond Lil* zu sichern, versetzt sie Diamantarmbänder im Wert von damals 30 000 Dollar im Pfandhaus.

Und mit diesem Film rettet sie die bankrotte Paramount, die schon an Metro-Goldwyn-Mayer verscherbelt werden sollte. 46 Millionen Kinobesucher haben bis Ende 1933 Mae West gesehen in ihren beiden Triumphen, *Sie tat ihm unrecht* – der Verfilmung von *Diamond Lil* –, und *Ich bin kein Engel*. Rekorde sind lebenslang ein Aphrodisiakum für den Kerl in Mae West; sie bezieht schließlich das zweithöchste Privateinkommen in den USA.

Daß manche Männer gern mit ihrer sexuellen Leistungskraft und der Zahl ihrer Beutezüge prahlen, ist uralt. Mae West beansprucht für sich dasselbe Recht, denn Potenz ist keine Frage des Geschlechts. »An einem Samstag abend«, gibt sie stolz zu Protokoll, »haben wir bis zum nächsten Samstag um vier durchgehalten. Ein Dutzend Gummidinger, zweiundzwanzigmal. Danach«, gesteht sie kokett ein, »war ich schon ein wenig müde.«

Nur über die Ereignisse, sagt sie, führe sie Buch. In Wahrheit ist sie nur Buchhalter der Rekorde. Mehr ist einfach mehr, heißt ihre Devise, und das freut ihre Bank. Leider auch die Typen aus der dunklen Szene, denen Mae sich doch eigentlich verbunden fühlt.

Die Dreharbeiten zu *Night After Night* sind fast fertig. Ein Schauspieler, der gerade als Chauffeur jobbt, kutschiert Mae nach Hause. Als sie aussteigt, sind zwei Pistolen auf sie gerichtet. Alle Klunker und 23 000-Dollar in bar werden geraubt; Mae hat als echter Kerl immer gern Geld in der Tasche, aber diesmal ist es etwas mehr, weil sie die letzte 18 000-Dollar-Rate für das Mausoleum ihrer Mutter zahlen muß. Mae schließt eine Lebensversicherung über 100 000 Dollar ab – als Patriarch sorgt sie gern und gut für eine ganze Reihe Abhängiger –, läßt sich eine Wohnungstür aus Stahl mit Klappfenster einrichten, schläft mit Pistole neben dem Bett und stellt zwei Leibwächter ein. Holt einer von ihnen den Star am Bahnhof ab, fragt Mae: »Tragen Sie eine Pistole, oder sind Sie nur so erfreut, mich zu sehen?« Auch dieser Spruch geht ein in eines ihrer Stücke. Mae West spielt, was sie ist, und lebt, was sie spielt.

Weil es beruhigend ist und so schön familiär, hält sie sich als Dauerkonserve gern einen Liebhaber für alle Tage, einen Frauenhelden, wie den Schauspieler George Raft, sogar 50 Jahre lang. Das ist sie ihrem Image genauso schuldig, findet Mae, wie die Ablehnung bestimmter Rollen.

Federico Fellini hätte die welkende Diva gern für *Julia und die Geister*. Die Rolle gefällt Mae ausgezeichnet: eine erotische Hexe. Dann aber kriegt sie raus, daß die außerdem Mutter ist. Und schon knallt sie Fellini ein wütendes »Nein« auf den Tisch. Mitte 50 ist Mae, als Billy Wilder sie bittet, Norma Desmond zu spielen, den alternden Stummfilmstar in *Sunset Boulevard*. Wütend erklärt ihm Mae, erstens sei sie nicht alternd und zweitens nie ein Stummfilmstar gewesen. Gloria Swanson, die die Rolle schließlich nimmt, ist um einiges jünger als Mae West. Elvis Presley bemüht sich um Mae, als sie schon über siebzig ist. Aber als Mae drauf kommt, daß sie eine ältere Frau verkörpern soll, die pleite ist und einen jungen Trinker zum Liebhaber nimmt, lehnt sie ab. Mütter, Verliererinnen und ältere Damen zu spielen empfindet sie als Rufmord an sich selber. Aber mit fast achtzig sagt sie sofort zu, als ihr angeboten wird, Myra Breckinridge zu spielen: eine lüsterne Romanfigur von Gore Vidal, eine Frau, die sich junge Männer greift. Als sie zu ihrem Comeback interviewt wird, entrüstet sie sich: »Das ist doch kein Comeback! Ich hab ja niemals aufgehört.« Und das stimmt: Denn auch im Privatleben spielt Mae West ihre Rolle, macht aus ihren Wohnsitzen bizarre Bühnen und aus sich selbst eine glitzernde, groteske Legende.

Ein Haus am Strand von Santa Monica. Die Läden sind geschlossen.

An einem Tisch sitzt eine amerikanische Heldin: die Pilotin Amelia Earhart. Mae West und die Fliegerin bewundern sich: jede die andre für ihren Mut, Männerbastionen niederzureißen. Mae kennt Amelia aus La Quinta, dem Schrebergarten der Film-Moguln, denn Amelias Mann ist Leiter der Filmedition bei Paramount. Und jetzt sitzt die Pilotin zusammen mit Mae und ein paar Freunden um den Tisch und leitet eine Séance. Keiner, ordnet sie an, dürfe den Tisch berühren. Plötzlich bewegt sich das Möbel in Richtung Mae und gibt Klopfgeräusche von sich. Die Pilotin übersetzt; der Klopfgeist wird als Maes verstorbener Vater identifiziert, der der Tochter mitteilt, welcher der gerade aktuellen Verehrer empfehlenswert sei und von welchem sie die Finger lassen solle. So zumindest schildert Mae später das Ereignis.

Die Läden im Strandhaus sind immer geschlossen, nicht nur, weil schlechte Beleuchtung beim Tischerücken hilfreich ist.

Aber die Starfotografin weiß, daß Mae West trotzdem da ist: Sie bildet sich nur ein, Sonne zerstöre Gesundheit und Schönheit. Beim Betreten des Hauses wird Diane Airbus, der Fotografin, etwas übel; an den Wänden riesenhafte Aktgemälde mit nackten Männern, deren Mannespracht golden glänzt, um sie her schweben rosa Wölkchen in Hodengestalt auf lichtblauem Himmelsgrund. Zwei Affen turnen über die teuren Teppiche am Boden und erleichtern sich, wo immer es ihnen gefällt. Eines aber beeindruckt Diane Airbus: die alte, theatralisch geschminkte und behängte Mae West. »Herrisch, bewundernswert, großmütig, sanft und mädchenhaft«, findet sie die angeblich lasterhafte Diva. »Sie ist«, wundert sich die Fotografin, »sogar von einer gewissen Aura der Unschuld umgeben.« Daran änderten auch die jungen Liebhaber nichts, die sie sich noch als Greisin leistet, daran ändert auch ihr chronisches Lügen über das Alter nichts oder ihre lächerliche Behauptung, sie sehe immer noch wie 26 aus.

Sie fordert zwar junge Männer gerne auf, mal ihre Brüste zu betasten, und empfängt noch als 70jährige gern die offiziellen Herrenbesuche im Negligé, auf dem Bett lagernd. Aber sie bleibt stark und deutlich. »Ein Fels, an den ich mich klammerte«, rühmt Marlene Dietrich ihre Freundin Mae. Denn Mae hat eben jene Unschuld, die ihr nicht mal die eitle Diamantenpracht nehmen kann: Die Klunker sind ja für Mae nur Fetische des Glücks.

»Sie hatte das Gefühl«, heißt es in Maes Originalton in *Diamond Lil*, »daß das Leben ihren Körper nie verlassen könne, solange dieser mit Diamanten bedeckt sei.«

Aber es verließ ihn doch: nach 88 Jahren.

Mae West

1892: Sie wird am 17. August in New York geboren.
1911: Heirat mit Frank Wallace
1917: Erster Auftritt in einem Leopardenfell
1926: Durchbruch mit dem Broadwaystück *Sex*
1928: Ihr Stück *Diamond Lil* läuft zwei Jahre am Broadway.
1932: Filmvertrag mit Paramount Pictures. Bis 1933 sehen 46 Millionen Besucher ihre Filme. Mae West ist die bestbezahlte Schauspielerin ihrer Zeit.

1944: Mit ihrem Stück *Katharina die Große* geht sie auf Tournee durch die USA.

1955: Meas Songs erscheinen auf Platte.

1959: Ihre Memoiren erscheinen unter dem Titel *Tugend hatte damit nichts zu tun*.

1970: Ein Comeback mit *Myra Breckinridge* mißlingt. Auch *Sextett* (1977) wird ein Flop.

1980: Mae West stirbt am 22. November nach einem Schlaganfall in Hollywood.

BRIGITTE BARDOT
Die unwiderstehliche Extremistin

Extremisten sind gefährlich. Das ist bekannt.

Brigitte Bardot, bekennende Extremistin, war und ist brandgefährlich.

Und zwar für sich selber. Ihr Leben: ein andauernder Attentatsversuch gegen die eigene Person.

Extremisten wie BB werden nicht geboren. Sie werden gemacht durch Erlebnisse wie dieses.

Die Sechzehnjährige geht mit dem verklemmten Sohn des Hausarztes aus, Medizinstudent und brav bis in die Brille. Sie trägt zum ersten Mal Nylons und Strapse, von der Mama gekauft. Und drüber ein Kleid, von Mama geliehen. Zu Fuß bringt der Student sie von der Party heim. Zehn nach zwölf, statt wie befohlen um Mitternacht, sind die beiden daheim bei dem Mädchen. Der Vater lauert beiden auf, deutet auf die Uhr, legt die Tochter übers Knie und verdrischt ihr vor dem Verehrer den Hintern.

Psychologen von heute diagnostizieren: ein verkappter Päderast, der daran sein geiles Vergnügen hatte. Brigitte Bardot sagte dazu nur: Er hat mich gedemütigt. Und beschließt die Flucht aus der heimischen Atmosphäre, die sie »Kalten Krieg« nennt.

Die wohlerzogenen konservativen Eltern von Brigitte waren selbst Extremisten, nur weniger auffällig. Der Vater, der sie verdrosch, war ein belesener, gebildeter Mann, Ingenieur, Fabrikant und Bildungsbürger, der von der Académie Française für seine Gedichte einen Preis bekam. Ein Mann, der seine Frau betrog und dann vom Balkon, 5. Stock, springen wollte, um sich das Leben zu nehmen, weil er darin die einzige Chance sah, diese Frau endgültig zu verlassen.

Und die Mutter, die strahlend Schöne, von Brigitte ihrer Sanftmut wegen gerühmt? Sie geht mit ihrem Mann aus, kommt heim und findet eine chinesische Porzellanvase zerschmettert vor. Das Kindermädchen wird entlassen, Brigitte (7) und Mijanou (4) werden mit der Reitpeitsche verprügelt. »Und mit eiskalter Stimme fällte Mama ein Urteil«, schreibt Birgitte Bardot, das keinen Widerspruch duldete: »Von jetzt an seid ihr nicht mehr unsere Kinder, sondern Fremde. Und wie Fremde werdet ihr uns von jetzt an siezen.« Am Grab ihres Ehemanns bittet sie später Brigitte, wieder du zu ihr zu sagen. Aber da ist es zu spät.

Der beste Nährboden für Extremismus ist die Mischung aus Unsicherheit und Sehnsucht nach dem Großen, dem Absoluten. Das gilt auch für die göttliche Extremistin Brigitte Bardot, die später von sich sagt: »De Gaulle, mein Name und der Eiffelturm stehen in der ganzen Welt für Frankreich. Wir bilden eine untrennbare Trilogie.«

Und dennoch zweifelt sie immer an sich.

Mit nicht einmal 15 wird die Hobbyballetteuse Brigitte zum Titelmodel der *ELLE* und schreibt dazu in ihren Erinnerungen: »Ich war stolz: Ohne Brille und Zahnspange sah ich hübsch aus.« Und keine halbe Seite danach notiert sie: »Genaugenommen war ich häßlich und scheu.«

Noch als Diva geht sie nur mit Wimperntusche ins Bett und hat dabei panische Angst, der Liebhaber an ihrer göttlich geschwungenen Seite könne sie beim Aufwachen mit schwarzverschmierten Augen sehen.

Wer so verunsichert ist, sucht sich Vaterfiguren. Ein Vater, der vom Balkon springen will, taugt dazu bei aller Bewunderung nicht, also war es der Großvater, genannt Boum. Als die spießige Familie Brigittes Träume von einer Filmkarriere mit dem Argument vernichtet, das bedeute, eine Hure zu werden, meint er: »Wenn die Kleine eines Tages eine Hure werden will, dann wird sie es, mit oder ohne diesen Film.«

In den Augen Ihrer Eltern war sie wahrscheinlich schon kurz danach eine, aber sie ahnten nichts, die wähnten sie im Urlaub.

Doch die Tochter fuhr in die Schweiz, wo sie »auf einer Tischkante abtrieb«. Das bekannte BB so offen wie alles andere. Diese Offenheit gehört bis heute zu dem, was sie für Verständnisvolle wirklich göttlich macht: Das ist für sie die Gloriole der Wahrhaftigkeit. Weniger Verständnisvolle sagen: »Extremisten haben eben kein Herz.«

Die Extremistin BB hat davon zuviel. Und hat Gründe dafür, wenn sie herzlos wirkt.

Immerhin hatte zum Beispiel Vater Bardot den Liebhaber der Tochter, als sie abends mit ihm heimkam, mit dem Revolver bedroht. Die angeblich sanfte Mama nimmt ihm die Knarre aus der Hand, richtet sie selber auf Roger Vadim und sagt: »Wenn mein Mann nicht den Mut hat, Sie zu töten, werde ich es tun.«

Nur logisch, daß Brigitte ein Leben lang Tabus durchbrechen und Verbote mißachten wird. Daß für sie sexuelle Verführung gleichbedeutend wird mit Freiheit. Von Anfang an: Genau diesen Vadim, nach dessen Besuch zu Hause die Mutter das Silberbesteck nachzählen läßt, sucht sie sich als den Mann aus, der sie zur Frau machen soll. Unterwegs zum Bett Vadims, anstatt zum Gymnasium, sieht sie sich im Schaufenster: mit Kniestrümpfen, Faltenrock und Pferdeschwanz, und findet sich spießig. Trotzdem befreit sie sich zügig »von dieser lästigen Jungfernschaft«. Für sie, die ein Leben lang betet, die an Gott glaubt und an das Paradies, ist es normal, daß der schräge Roger Vadim katholischen Religionsunterricht nehmen muß, bevor er sie heiratet. Göttlich ist für Brigitte aber alles Natürliche: das Barfußgehen und das Nacktsein und die Liebe. Und daher ist für sie jeder Liebesakt ein Gottesdienst und nackt im nächtlichen Meer zu baden eine Heilige Messe.

Extremisten schrecken vor nichts zurück. Als der Vater Brigitte, die Schulschwänzerin, nach England ins Internat schicken will – ohne zu ahnen, was sie während des Schuleschwänzens tut –, steckt sie den Kopf in den Gasbackofen, während die Eltern im Theater sind. Reiner Zufall, daß die früher zurückkommen – die Vorstellung ist ausgefallen.

Respekt kennen Extremisten kaum. Der behindert sie nur. Als Brigitte in intellektuellem Kreis von einer ältlichen Theaterdirektorin gefragt wird: »Kleines, sind Sie noch Jungfrau?«, antwortet sie: »Nein, Madame, und Sie?«

Genau diese Wesenszüge wird BB, die göttliche Extremistin, ein Leben lang beibehalten. Und zugeben. »Ich kenne keine Einschränkungen, keine Grenzen, keine Abstufungen.« Das gilt vor allem für den Sex.

»Wenn ihr ein Mann ins Auge fällt«, schrieb die große Schriftstellerin Marguerite Duras, »geht die Bardot ohne Umschweife auf ihn zu. Nichts hält sie auf. Ob im Café, zu Hause oder bei Freunden. Sie verschwindet mit ihm auf der Stelle, ohne ihren Begleiter, den sie verläßt, nur eines Blickes zu würdigen.« Die Extremistin BB bleibt ein Leben lang kompromißlos und rücksichtslos – vor allem sich selber gegenüber. Die Zahl der Selbstmordversuche, durch die sie einem Dasein entkommen will, das ihren göttlichen Ansprüchen nicht genügt, überblickt sie selber kaum noch.

Sie bleibt hemmungslos und schrankenlos. Sie zeigt ihren Körper ganz nackt, weil sie halbe Dinge nicht mag. Treibt damit Männer zur Ekstase und Priester auf die Barrikaden: Sie verteufeln die »Satansbraut« von der Kanzel und reißen ihre Filmplakate in Fetzen.

Die Zahl ihrer Liebhaber kennt Brigitte selber schon mit 25 nicht mehr.

Und sie pflegt dieses Image. In einer Pressekonferenz wird sie gefragt: »Was denken Sie über die freie Liebe?« Und sie sagt: »Ich denke nicht, wenn ich liebe.«

Auch ihren Ruf als Buhlerin poliert sie. »Was reizt sie an einem Mann am meisten?« fragt ein Journalist.

»Seine Frau«, sagt Brigitte.

»Und was nehmen Sie zum Einschlafen?« – »Die Arme eines Liebhabers.«

Die Extremistin BB bleibt unbarmherzig konsequent, selbst wenn es um Barmherzigkeit geht. Ob sie um Tiere kämpft oder um Menschen. Denn ihr Gerechtigkeitssinn macht sie fanatisch. Fanatisch verteilt sie als junge Frau handgeschriebene Flugblätter für die Eheleute Rosenberg, die in den USA als Vaterlandsverräter vom Kommunistenverhetzer McCarthy auf den elektrischen Stuhl gesetzt werden sollen. Und als die trotzdem hingerichtet werden, zerreißt sie den Filmvertrag nach drüben.

Extrem unbarmherzig ist Brigitte auch, wenn einer ihre Visionen zerstört. Ist ein Mann einmal ein Gott in ihren Augen, dann hat er gefälligst einer zu bleiben. Ist er es nicht mehr, weil sie ihm Socken waschen soll, ihn in Hemd und Pantoffeln rumschlurfen sieht oder hört, wie das Klo rauscht, dann wird er entsorgt. Götter pinkeln nicht. Gunter Sachs, der ihr Haus an der Côte d'Azur mit Rosen zuregnet, der todeslüstern und liebestoll mit ihr auf einer Motoryacht ohne Steuermann aufs Mitternachtsmeer hinausrauscht und Liebe macht auf Deck, dieser Mann offenbart in seinem Pariser Appartement voll fremder Dessous und Fotos, die ihn im Kreis der Groupies zeigen, ein anderes Ich. Sie findet seinen Stil gewöhnlich und seine sexuellen Eskapaden schamlos. Kalten Herzens beschließt sie, sich zu rächen und ihn zu betrügen nach Strich und ohne Faden. Fanatisch vergißt sie später in ihrem Kampf um die Tiere die Gebote der Toleranz: Sie wird des Rassismus angeklagt, als sie das rituelle Schlachten der Mohammedaner als »islamische Zügellosigkeit« anprangert. Männer, die auf diese Art Schafe schlachten, sind für sie Bestien. »Eines Tages werden sie uns die Kehlen durchschneiden, und wir haben es verdient«, empört sie sich. Eine Menschenrechtsorganisation zeigt sie an.

BB brennt und denkt nicht daran, die Flamme zu drosseln. Morddrohungen bringen sie nicht davon ab, gegen französische Metzger und die Jäger der besten Gesellschaft aufs derbste zu Felde zu ziehen. Alles oder nichts: Das ist für BB eine Religion. Alles Geschmeide, die teuersten Brillanten, verkauft sie für die Rettung von Robben.

Die Extremistin bleibt ein Leben lang frech und respektlos. Auch bei feierlichen Anlässen. Über die Mutter ihres dritten

Ehemanns, des milliardenschweren Playboys Gunter Sachs, schreibt sie: »So stelle ich mir Gunter im Rock vor, eine alternde Walküre.« Und den standesgemäßen Auftritt in bayerischer Tracht (maßgefertigt) auf dem sachsschen Gut Rechenau kommentiert sie nur: »Wir sahen grotesk aus, aber Tradition verpflichtet eben.« Ein Nackt-Double lehnt sie ab, weil »die Person einen Hängearsch hatte«, und zieht sich selbst aus. Als sie das erste Mal mit Alain Delon dreht und der bei Liebesszenen nur darauf achtet, daß seine blauen Augen optimal zur Geltung kommen, anstatt sie anzusehen, flirtet sie über seinen Rücken weg mit Mitarbeitern. »Es war einfach toll! Delon machte seine Liebeserklärung der Kamera«, lästert sie, »und ich seinem Stallmeister.«

Über ihren langzeitigen Bettgefährten spottet sie: »Alain ist ein schöner Mann, gewiß. Aber auch die Louis-XVI.-Kommode in meinem Salon ist schön.« Mit beiden verbinde sie gleich wenig Leidenschaft. »Um sich zu erwärmen«, lästert sie über den kalten Typen, »ist ihm nichts Besseres eingefallen, als Werbespots für Pelze zu machen.«

BB bleibt auch immer extrem naiv und gutgläubig. Jung himmelt sie zwei Männer an, die Kommunisten sind. Schließt daraus, die kommunistische Partei sei ein Club der Genies, und will ihr beitreten. Sie rettet einen Esel, der tags darauf vom Bauern via Diebstahlsanzeige gesucht wird. Und heute versteht sie es einfach nicht, daß Anhänger und Verehrer ihr vorwerfen, mit einem Busenfreund des rechtsradikalen Le Pen verheiratet zu sein. Für sie ist ihr vierter Ehemann, Bernard d'Ormale, ein zärtlicher, verständnisvoller, feiner, stiller Gefährte – auch wenn er sie mal verdrischt.

Die Extremistin BB ist ungehemmt sinnlich und prüde zugleich. Progressiv und konservativ in einem. Bedauert, »wie es mit Frankreich bergab ging«. Regt sich auf, daß statt des Angelusläutens vom Kirchturm der Ruf an die Moslems von elektrifizierten Minaretten erklingt, daß Homosexuelle legalisiert sind, das Recht auf Eheschließung und zur Adoption von Kindern fordern, und vor allem über den Sittenverfall. Ausgerechnet die Bardot!

Die Extremistin, die bekennt: »Bei mir ist immer alles übertrieben«, bleibt widersprüchlich bis ins Mark. Will von keinem Mann abhängig sein und schwärmt immer wieder von Liebhabern, wie von Jean-Louis Trintignant: »Er offenbarte mir, was vollkommene Liebe ist. Er zeigte mir, was es bedeutet, wenn eine Frau von einem Mann abhängt, den sie liebt.« Sie wird seit dem Sensationserfolg von *Und ewig lockt das Weib* zuerst in den USA, dann auf der ganzen Welt als Sexkätzchen, als Sexidol verkauft, fühlt sich gar nicht so und tut doch alles, um genau dieses Bild zu zementieren. Sie liebt das Glück der einfachen Dinge, das Barfußgehen im Sand, den Geruch von Holzfeuer und provenzalischen Kräutern, sie liebt roten Landwein, Zwiebelbrot und Knoblauchpasteten, aber ihr Champagnerkonsum ist höher als der Colakonsum jedes Schulkinds heute, und für ein aufsehenerregendes Kleid, das für andere nur ein Fetzen ist, blättert sie Tausende hin. Sie liebt den einen Mann und will ihn nicht verlieren, aber trotzdem betrügt sie ihn mit dem nächsten, geht vom Liebeslager mit feuchtem Schoß ins Nebenzimmer, um am Telefon einem anderen Liebesschwüre zuzuflüstern.

»Mein Traum, mein Ideal, mein Märchenprinz«, schreibt sie über Ehemann Nummer zwei, »war Jacques Charrière.« Trotzdem hat sie neben ihm ein Verhältnis mit Jean-Louis Trintignant und bescheißt den mit Gilbert Bécaud, später Gunter Sachs mit Serge Gainsbourg und jeden zwischendurch mit Filmpartnern oder Gelegenheitsgigolos. Sie provoziert Katastrophen, Eifersuchtsdramen und Männerprügeleien und hat Angst vor dem, was sie anrichtet. Sie fordert es heraus, daß ein Mann sie verläßt oder betrügt, und leidet nachher wie ein Tier an der Einsamkeit. Und behauptet – woran sie glaubt –, von Natur aus treu zu sein. Sie spottet über die Devise der Mutter, eine Frau solle einen Mann aus derselben Straße, sprich: vom selben sozialen Niveau heiraten. Und führt dann stolz den vor, mit dem sie es geschafft hat: Gunter Sachs. Um ihn kurz darauf zu hintergehen mit einem simplen Barkeeper, den nichts interessiert als Skifahren, Fußball und Fußball im Fernsehen.

Sie flieht die Gängelung der Mutter, die sie als Kind in wollene Unterhosen sperrte und in Klischees von Wohlerzogenheit, und lobt die Eltern als die treuesten Freunde. Mokiert sich über deren Ahnungslosigkeit: »Sie waren immer einen Liebhaber zu spät dran.« Aber kaum ist sie verzweifelt, rast sie heim ins elterliche Nest. Sie findet den Begriff Ehre, der ihr von Kind an eingebleut worden war, anachronistisch und pervers und tut soviel, um ihre Ehre oder die Familienehre zu retten. Als sie einen Tag am Krankenbett einer Freundin verbringt und die Klinik mit Sonnenbrille und Kopftuch verläßt, um den Paparazzi zu entkommen, heißt es am nächsten Tag in allen Schlagzeilen: BB hat sich liften lassen. Weil sie dagegen klagt, wird sie geprüft. Ihre Oberlider werden umgedreht, ihre Stirn, die Stellen hinter den Ohren abgesucht nach Narben, die Kopfhaut abgefingert, bis das Haar verfilzt ist. Aber für die Ehrenrettung erträgt sie's.

»Ich wollte«, gesteht die Extremistin, »immer alles gleichzeitg haben. Den Spatz in der Hand und die Taube auf dem Dach.« Und erkennt, daß »diese Zweischneidigkeit meiner Existenz der Grund für meine Labilität ist, für alle Trennungen, Dramen und Unbeständigkeiten, die meinen Leidensweg pflastern«.

Was braucht es, um diese göttlich schöne Frau glücklich zu machen? Sicher kein Kind. Als sie auf dringenden Wunsch ihres zweiten Ehemanns Jacques Charrière ein Kind austrägt, dreht sie schier durch. »Ich schrie, schlug mit den Fäusten auf meinen Bauch ein, warf mich gegen Möbel, versuchte mich zu verletzen und das Wesen, das ich in übertriebener Opferbereitschaft in mir trug, zu töten.« Die Entbindung zu Hause beschreibt sie wie ein monströses, teuflisches Schlachtfest, als eine dämonische Folter. »Man sagte mir, es sei ein Junge. Mir egal, ich will ihn nicht sehen.« Und danach leidet sie lieber an den milchprallen, sikkernden Brüsten, als dieses Kind zu stillen.

Sie will es nicht verlieren, weil dieses hausgemachte Produkt sie glücklich macht, und ist doch gottfroh, als der depressive Vater ihr den Sohn entreißt und seiner Schwester übergibt.

»Mein Leben lang habe ich nur nach Glück gestrebt. Doch immer wieder wurde ich unweigerlich in unerklärliche Hoffnungslosigkeit gestürzt. Wieso?« wundert sie sich.

Extremisten sehen eben nicht, wann sie andere verletzen, wie viele Herzen sie zerfetzen. Und die Extremistin Brigitte Bardot kennt wie ein Gott nur die Gesetze, die sie selber macht.

Göttlich aber ist das Feuer, das in ihr brennt. Und das wird nie erlöschen.

Brigitte Bardot

1934: Am 28. September wird Brigitte Bardot in Paris geboren.

1952: Heirat mit Roger Vadim

1965: Erster Welterfolg mit *Und immer lockt das Weib*

1956: Trennung von Vadim.

1959: Heirat mit Jacques Charrière. Ein Jahr später kommt Sohn Nicolas zur Welt.

1962: Die Bardot als Charakterschauspielerin in Louis Malles *Privatleben*

1963: Scheidung von Charrière.

1966: Heirat mit Gunther Sachs. Die Ehe hält drei Jahre.

1974: Brigitte Bardot zieht sich aus dem Filmgeschäft zurück.

1976: Sie gründet die *Stiftung zur Rettung der Tiere in aller Welt*.

1987: Brigitte versteigert Schmuck und Erinnerungsstücke zugunsten der Stiftung.

1990: Sie dreht einen Dokumentarfilm über den Handel mit exotischen Tieren.

1992: Vierte Ehe mit Bernard d'Ormale

1994: Sie erhält Morddrohungen, weil sie zum Verzicht auf Pelze und den Verzehr von Pferdefleisch aufruft.

1996: Unter dem Titel *Initiales B. B.* veröffentlicht Brigitte Bardot ihre Memoiren.

COCO CHANEL

Die Generalin, die heimlich weinte

Am Hotel »Ritz« in Paris wehen die Hakenkreuzfahnen. In einer
der Suiten sitzt vor dem offenen Kaminfeuer, bei einem Boden-
deckelchen Wodka und ein paar Löffeln Kastanienpüree, ein
aufregendes Paar. Sie ist mager, das schwarze, glatte Haar liegt
wie ein Helm auf ihrem Kopf. Ihre dünnen Lippen sind grellrot
geschminkt, ihre schwarzen Augen glänzen kohleschwarz im
kalkweißen, faltigen Gesicht. Er ist sehr blond, sehr groß, sehr
athletisch, sehr deutsch. »Sagen Sie Spatz zu mir«, bittet er die
kleine Französin. Sie sagt es lächelnd, denn solche Bitten läßt
sich eine Frau von 56 Jahren auf der Zunge zergehen.

Die Affäre von Coco Chanel und Hans Günther von Dincklage
ist mehr als eine Romanze: Sie ist ein politischer Skandal. Denn
der alerte Diplomat, mit dem sie während der Besatzungszeit in
ihrem Wohnsitz, dem »Ritz«, die Suite teilt, ist Spion und gehört
zu fünften Kolonne. Coco Chanel hat zwar brav ihr Modehaus
in der Rue Cambon geschlossen, hält sich für eine Musterfran-
zösin und den Spatz angeblich für einen Flüchtling. »Wenn eine
Frau in meinem Alter das Glück hat, einen Liebhaber zu finden,
kann man nicht von ihr erwarten, daß sie seinen Paß über-
prüft«, entschuldigt sie sich später.

Sie brauchte eben einen Liebhaber, um zu überleben. Aus
ihrem Geburtsdatum, aus ihrem Leben, macht sie ein Geheimnis, aber daraus nicht: daß ihr das eigene Wohl immer vor dem
Gemeinwohl ging. Sie entwickelte zwar mit dem feschen Feind
den absurden Plan, eine private, vom deutschen Geheimdienst
erlaubte Friedensverhandlung mit ihrem alten Freund Churchill
zu führen. Coco als Friedensengel der Deutschen und Franzosen. Aber letztlich ging es ihr in der Affäre mit dem strammen

Deutschen nicht darum, Leben zu retten, sondern ihr Ego. »Eine Frau«, sagt sie, »die nicht geliebt wird, ist keine richtige Frau.«

Ums Geliebtwerden geht es wohlgemerkt, nicht ums Lieben. Und deswegen hielt sich Coco ihr Leben lang männliche Begleiter als Demonstrationsobjekte ihrer Weiblichkeit. Dafür war sie bereit zu zahlen, zu leiden und zu lügen.

Coco Chanel war eine Göttin. Aber nicht als solche geboren. Ihre Gloriole hatte sie selber elektrifiziert mit vibrierender Energie. Und ihren Olymp hatte sie sich allein gebaut. Nicht allein mit Fleiß und Besessenheit, sondern auch mit Lüge und Gerissenheit. Die Tochter eines Hausierers und einer unehelich geschwängerten Magd wurde sich früh darüber klar, daß die Gesetze des Erfolges die des Krieges sind. Strategie, Kalkül und Draufgängertum. Und Coco Chanel kapierte, daß nur eine Moral sie ganz nach oben tragen würde: die doppelte. Eine Frau, die damals wie ein Mann Karriere machen wollte, mußte mit den Waffen der Frau die Männer schlagen. Coco Chanel war ihr eigener Marketingstratege, ihr eigener Coach und wußte, was PR ist, bevor es PR gab. Wenn die Kindheit schon schäbig war, mit einem Vater, der sich beim Zigarettenholen für immer verdrückte, dann wollte sie das Ganze wenigstens als zu Herzen gehendes Rührstück verkaufen. »Meine Mutter starb, als ich sechs war«, erzählte Coco. Sie war bereits zwölf. In den sechs Jahren zwischen Lüge und Wahrheit hatte sie mit der Mutter auf der Straße Knöpfe, Garn und billigen Wein verhökert. Und dann?

Ein trostbedürftiges Kind mit flehendem Blick wird ins Waisenhaus des Klosters in Moulins aufgenommen: So klingt Cocos Version der Geschichte. Die Wahrheit: Ein verdrecktes, verwahrlostes Mädchen wird abends abgegeben, die Nonnen haben bereits gegessen und bieten ihm zwei harte Eier an. »Merde, ich mag keine Eier«, erklärt das Mädchen. Und offenbart damit bereits die Qualitäten der Coco Chanel.

»In allem, was ich tue, steckt Arroganz«, bekennt sie später. Mit dieser Arroganz erfindet sie sich selber. Sie glaubt so lange, etwas Anderes, Besseres zu sein als alle anderen Frauen ihrer

Zeit, bis sie es ist. Bevor sie die moderne Frau nach ihrem Bild formt, formt sie sich selber danach. Schon der Vater, behauptet sie, habe sie Coco genannt. Doch die Wahrheit liegt nicht in der Kindheit, sie liegt in der »Rotonde«, einem Musiklokal in Moulins. Keine feine Adresse, dieser Tingeltangelschuppen. Aber eine Gelegenheit zum Auftritt für die 19jährige, die tagsüber hinter der Theke eines Wäschegeschäfts steht und Fischbeinkorsetts verkauft. »Wer hat Coco gesehen?« singt sie, ein sentimentales Lied von dem verlorengegangenen Hündchen Coco. Ihre Stimme ist so dünn wie ihre Figur und der durchgewetzte Stoff ihres Kleidchens, aber sie erntet Applaus, einen Namen und einen Verehrer.

Die Soldaten haben das mickrige Wesen, das abends vor den Stallungen wartet, ob einer anbeißt, schlicht übersehen: Sie gelüstet es nach einem Vollweib, einem weichen Ruhekissen. Aber der Lebemann und Pferdezüchter Etienne Balsan, der jede wohlgerundete Kokotte bezahlen und jede Kurvenschönheit erobern kann, sucht keine Ruhe, er sucht Abwechslung.

Und das bietet dieses Ladenmädchen mit der stolzen Haltung einer Königin, diese Göre von nirgendwo, mit dem Drang nach oben. Damen von Welt und Halbwelt, die auf Balsans Schloß Royallieu verkehren, betet sie nicht an: Sie zerlegt sie mit messerscharfen Bemerkungen. Verurteilt deren Aufmachung als monströs, ihr Make-up als gespenstisch, ihre Klamotten als pervers. Etienne, der Pferdezüchter, züchtet nun eine Dame: bringt Coco Reiten bei und Tanzen, zeigt ihr, wie man einen Handkuß annimmt oder ein Blumengebinde, wie man Austern ißt und wie einen Hummer. Aber Coco zieht sich nicht das Korsett der Gefälligkeit an, sie zieht die Hosen an; sie läßt sich von Balsans Schneider Reithosen nähen, anstatt im unbequemen Rock und Damensitz zu leiden. Und Balsan imponiert ihre Ungeniertheit. »Du mußt reiten«, verriet sie später einem ihrer Models das Rezept für ihre Reitkünste, »als ob du Eier hättest.« Coco Chanel hat welche, und noch etwas mehr. Daß Freud sie als »phallische« Frau, zu deutsch: als eine drängende, nach vorn dringende

Frau, bezeichnet hätte, weiß sie nicht. Denn sie liest weder Psychologisches noch Literarisches, sie zieht sich lieber Kitschromane rein von Pierre Decourcelles.

Was Klasse ist, lernt sie nicht aus Büchern, sondern aus der Beobachtung – gerade von denen, die keine Klasse haben. Coco Chanel steigt zur ungekrönten Herrin von Royallieu auf und kleidet sich wie ein Herr. Pumpt Etiennes Jacketts und Krawatten, die sie zu weißen Blusen trägt und mit dem Anspruch einer Gräfin. »Luxus ist nicht das Gegenteil von Armut, sondern von Gewöhnlichkeit«, erklärt Coco später. So gesehen ist sie bereits mit 21 ein Luxusgeschöpf. Vor allem weiß sie, was anderen Frauen fehlt: der Instinkt für das Aufsehenerregende.

In einer Ära der Überdekoration kann das nur die Reduktion sein. Im Kaufhaus erwirbt Coco billige kleine Strohhüte und dekoriert sie sparsam. Denn wenn selbst die Nutten halbe Blumen- und Gemüseläden auf wagenradgroßen Kopfbedeckungen tragen, kann nur der Verzicht noch auffallen. Die Frauen reißen Coco diese Hüte aus den Händen. Auch privat erobert die kleine Hutmacherin Männer und Frauen durch ihre Frechheit, ihr improvisiertes Outfit zum Besonderen zu erklären, und ihre Stilbrüche zum neuen Stil. Inmitten gähnender Playboys ist die dreiste, respektlose Coco eine Sensation. Der englische Dandy Arthur »Boy« Capel, die Volksausgabe von Valentino und praktischerweise heterosexuell, kommt nach Royallieu und erliegt ihr sofort. Und Etienne ist geschäftsbereit. Vor den Kulissen agiert Coco als emanzipierte Frau. Hinter den Kulissen agieren die Haremsfürsten: Etienne und Boy handeln das Mädchen aus. Balsan stiftet ihr seine Junggesellenwohnung in Paris als Abfindung. Capel finanziert Cocos Modesalon dort. Ort der Übergabe: der Bahnhof von Peau. Coco steigt in den Zug nach Paris – ins Schlafwagenabteil von Boy Capel. Die Herrenreiter haben jeder für sich das Gefühl, ein gutes Geschäft gemacht zu haben, aber Siegerin ist Coco. Ihre Trophäe heißt Rue Cambon Nr. 25. Und was dort passiert, ist symbolisch: Ausgerechnet aus einem Stoff, der bis dahin nur für Männerunterhosen benutzt wird, schneidert Coco die erste Kollektion. Jersey kommt nach oben und Coco auch. Als Sonnenkönigin von Paris erstrahlt sie im Glanz ihrer Selbstsicherheit. »Le style, c'est moi«, heißt ihre Devise. Der Mittelpunkt ihrer Modewelt ist sie selbst. »Ich mache Kleider, die mir gefallen, das ist das einzige Geheimnis«, sagt Coco Chanel. Was ihr nicht gefällt, wird rigoros entfernt: Spitzen und Jabots, Schleifen und Korsetts, Polster auf dem Hintern oder unter dem Busen.

Statt hochtrabender feministischer Theorien über die Befreiung der Frau zu verbreiten, befreit sie die Frauen aus dem Gefängnis ihrer Kleider, in das sie jahrhundertelang eingesperrt waren. Lange bequeme Jacken mit Taschen für Schlüssel und Zigaretten, Röcke mit Beinfreiheit und Kleider ohne eingeschnürte Taille und ausgestopfte Weichteile, statt vieler Roben das kleine Schwarze für jede Gelegenheit: Pragmatismus und Eleganz schließen sich nicht aus, beweist sie Stück für Stück. Coco selber wird zum Vorführmodell ihrer Theorie: unterwürfige Frauen sind fad, freche Frauen sind gefragt.

»Mit 30«, offenbart Coco, »muß sich eine Frau zwischen ihrem Gesicht und ihrem Hintern entscheiden.« Coco Chanel entscheidet sich für das Gesicht. Denn es ist unmöglich, die Hintern noch aufreizender auszustopfen, die Busen noch höher, die Taillen noch enger zu schnüren. Also setzt sie auf die Provokation des Understatements. Verbirgt den Busen und die Taille, zeigt Bein und Courage. Die Haare kurz wie Josephine Baker, der schwarze Panther.

Coco ist eine Göttin mit seherischen Gaben. Sie ahnt die neuen Regeln der westlichen Welt: Nicht Schönheit, sondern Seltenheit steigert den Wert eines Objekts. Also gibt sie sich schwer erreichbar. Kunden kriegen sie fast nie zu Gesicht, und im gesellschaftlichen Leben spielt sie die weiße Gazelle für die Großwildjäger von Paris. Im blauen Rolls-Royce zieht sie davon, eine schwarze Gauloise zwischen den langen Fingern. Ein schwer zu erjagendes Wild und also eine kostbare Beute. Millionäre und Großfürsten, Society-Barone giepern nach ihr. Und sie liebt es, falsche Fährten zu legen, Fallen zu stellen, Galane zu sammeln wie Geweihe. Verwirrung ist die Basis der Verführung, das weiß Coco Chanel. Sie setzt dieses Wissen ein und um. 1928 kommt ihr Parfum auf den Markt, Chanel No. 5. Eine Sensation und eine Provokation. Denn die Nasen sind gewöhnt an unschuldige Blumenduftnoten, an Maiglöckchen, Veilchen und Rosen. Aber Chanel No. 5 ist eine betörende Komposition aus vielen Ingredienzen. Widersprüchlich wie die Patin, gefährlich und unwiderstehlich.

Coco Chanel sei eine Sphinx, behauptet Winston Churchill. Und die Sphinx stellt bekanntlich mörderische Anforderungen. Wer ihre Fragen nicht beantwortet, ihre Bedürfnisse nicht befriedigt, wird beseitigt. Coco poliert ihr Image als Sphinx. Verliert sie einen Mann, trocknet sie heimlich die Tränen und sagt, sie habe ihn hinausgeschmissen. Boy Capel an eine Adlige zu verlieren, die ihm den sozialen Aufstieg ermöglicht, tut Coco weh, aber keiner sieht es ihr an. Als er kurz darauf mit dem Auto an einen Baum fährt und stirbt, leidet sie, wenn auch im verborgenen. Vielleicht, weil Boy Capel sie kannte, sie durchschaute und trotzdem liebte. »Hör auf zu lügen, Coco«, hat er sie gewarnt. »Du erzählst lauter Unwahrheiten.« Aber er vergötterte die notorische Lügnerin und gab sie aus Gründen auf, die sie verstand: für den sozialen Aufstieg, den ihm die Heirat mit einer Adligen ermöglichte.

Coco ist eine Sphinx, die nichts verrät über ihre Gefühle. Sie geht auf den Friedhof, wenn sie die Wahrheit loswerden will, wenn der Lügenballast sie zu erdrücken droht. Tote klatschen nicht. Als eine Freundin ihr rät, zum Psychiater zu gehen, meint Coco nur: »Wozu? Ich habe doch nicht einmal meinem Priester die Wahrheit gesagt.« Sie will ja kein Engel sein, sondern ein Rätsel. Und gefällt sich in der Rolle der lockenden, verderbenbringenden Sphinx. Das zieht magisch an: gelangweilten Geldadel wie Emigrantenadel. Und vor allem Künstler. Picasso und Cocteau entwerfen für Coco Modeschmuck, mit Igor Strawinski, Ernest Hemingway und Max Ernst geht sie aus, und vielleicht etwas weiter. Potenz, hat Coco kapiert, heißt Produzieren, nicht

Rezipieren. Machen, nicht Annehmen. Ihre Potenz ist grenzenlos: Sie entwirft Kostüme für Cocteaus *Antigone*-Inszenierung und gewagte Badekleidung für Strawinskis Ballett *Le train bleu*, Inneneinrichtungen und Taschen, Gürtel und Schuhe.

»Eine schöne Frau ohne Gnade ist sie«, hat der Regisseur Luchino Visconti gesagt. Coco verletzen solche Bemerkungen nicht, denn die Alternative heißt: gnadenlos oder erfolglos. Herzlos aber scheint sie nur, das ist sie nicht. Sie blecht für die Opiumentzugskuren von Cocteau, dem Ballettmagier Serge Diaghilew schenkt sie satte Summen, Strawinski ist der höchstbezahlte Hundeausführer der Nation.

Das uneheliche Straßenkind Coco wirkt aristokratischer als jede Aristokratin. Der Herzog von Westminster, reich an Schlössern und Marotten, verfällt ihrem bizarren Charme. Und sie verfällt seinem exzentrischen: Der Duke trinkt zum Frühstück grünen Chartreuse und läßt sich vom Diener die Schnürsenkel bügeln. Wenn Luxus das Gegenteil von Gewöhnlichkeit ist, dann hat sie hier den luxuriösesten Mann Europas an der Angel. Aber leider hat auch er gewöhnliche Wünsche: einen Thronfolger. Nicht, daß sich Coco fürs Gebären zu schade wäre. Es sei eine Sackgasse, sich in Karriere zu verrennen, statt Kinder zu kriegen, hat sie immer wieder gewarnt. Aber es ist spät. Zu spät: Die 41jährige kann sich zwar auf 35 runterlügen, aber der Körper, der kennt die Wahrheit. »Demütigende Gymnastik«, gesteht sie, habe sie betrieben, nur, um schwanger zu werden. Vergeblich. Sie verliert nach Punkten, aber sie siegt in Sätzen. Den Heiratsantrag des Herzogs, erfindet sie munter, habe sie abgelehnt mit den Worten: »Es gibt viele Herzöge in England. Aber nur eine Coco Chanel auf der Welt.«

Coco hat keine Probleme, neue Bestätigungsautomaten an Land zu ziehen. Denn sie ist ein lebendes, ungeheuer spannendes Kontrastprogramm. Redet von Sparsamkeit und schmeißt die Juwelen, die ihr der Herzog schenkte, vor dessen Augen über Bord ins Mittelmeer. Gibt sich zerbrechlich und ist stärker als jeder Kerl. Macht auf Bildung und dekoriert ihre Räume hinterm Geschäft mit Buchattrappen. Demonstriert Nüchternheit und ist abergläubisch bis ins Mark.

Der russische Großfürst Dimitri ist der nächste Mann an Cocos Seite. Er macht ihr den Hof, er macht ihr Geschenke, aber er macht die ewige Mademoiselle nicht zu dem, was sie will, obwohl sie es bestreitet: zur Madame. Die Lüge, sie brauche keinen Ehemann, nimmt man ihr offenbar ab. Daß sie Liebhaber braucht, paßt besser zum Image. Allerdings verdirbt ihr der Überwinterungslover aus Deutschland erst mal die Rolle als Frankreichs Idol. Sie kann von Glück reden, daß sie nicht nackt mit kahlgeschorenem Kopf durch die Stadt gejagt wird wie andere Frauen, die mit den Besatzern kollaborierten. Aber das Schicksal straft sie härter: Die Exil-Jahre mit Dincklage sind Folter, sind Tod für ihre Kreativität. Als sie mit 70 aus Lausanne nach Paris zurückkehrt, sagt sie: »Man stirbt nicht nur einmal im Laufe eines Lebens.«

Fürs nächste Sterben muß sie erst einmal wiedergeboren werden. Und das wird sie auch. Strahlend und leuchtend wird Coco Chanel zum zweitenmal inthronisiert als die Göttin von Paris. Eine arbeitssüchtige, herrschsüchtige, rabiate Göttin. Und die Furcht vor ihr steigert den Respekt vor ihr.

1953 sucht die junge Baronesse Marie-Hélène Rothschild ihren modischen Beistand. Das Abendkleid, das sie vorführt – eine Bonbonniere aus tiefrotem Taft – , reißt ihr Coco vom Leib. Aus den Fetzen kreiert sie ein Ersatzkleid – der erste Triumph der Wiedergeborenen. Im Frühjahr 1955 stellt sie das Chanelkostüm vor. Und ist damit die größte Modedesignerin des Jahrhunderts. Sie, an der sich Männer wie Etienne Balsan als Pygmalion versuchten, verwandelt die spießig-herzige Sissi in die betörend raffinierte Romy Schneider, macht aus Jeanne Moreau eine Diva und aus Grace Kelly erst wirklich eine Fürstin. Jetzt gibt Coco endlich zu, wo sie steht.

Betty Catroux, eines ihrer Mannequins in den 60er Jahren, sagte über das Lebensbild, das Coco ihren Mädchen vermittelte: »Der Mann war der Feind.«

Denn der Mann hat seinen Dienst getan – er kann gehen. Frauen allerdings, die nur dem Mann zu Diensten sind, gelten ihr noch weniger.

Im November 1963 blättert Coco in einer Illustrierten und sieht schreckliche Bilder. Auf dem Rücksitz der amerikanischen Staatskarosse ist Kennedy zu sehen, wie er zusammensinkt neben seiner Frau. Coco freut das Bild. »Sieh da«, sagt sie, »Jackie trug ihr Chanel in Dallas.«

Nur gegen eins hilft weder Spott noch Erfolg, weder Morphium noch Champagner: gegen die Einsamkeit.

»Ich wollte unabhängig sein, nicht allein«, bekennt die tapfere Lügnerin schließlich verzweifelt. »Es ist schrecklich, allein zu sein.«

Coco mietet einen Mann, der ihren Schlaf bewacht. Denn sie fürchtet die Nacht und die Sonntage, wo sie die Leere nicht vollpacken kann mit Arbeit und Aktivismus.

Sie stirbt Sonntag nacht, am 10. Januar 1971. Im weißen Seidenpyjama wird sie gefunden, das Gesicht naß von Tränen. Als habe sie sich in den Tod geweint.

Coco Chanel

1883: Am 19. August wird Gabrielle Chanel, später Coco genannt, als uneheliches Kind in Saumur geboren.

1985: Coco kommt nach dem Tod ihrer Mutter ins Waisenhaus.

1901: Die Chanel kommt nach der Schule nach Moulins in ein Kloster und lernt dort Nähen.

1904: Sie zieht zu dem Offizier Etienne Balsan auf dessen Schloß Royallieu und verdient ihr erstes Geld als Hutmacherin.

1910: Coco Chanel eröffnet ihr erstes Geschäft in der Rue Cambon in Paris, das Arthur Capel finanziert.

1919: Capel, den sie selbst als Liebe ihres Lebens bezeichnet, kommt bei einem Autounfall ums Leben.

1923: Das Parfüm *Chanel No. 5* kommt auf den Markt.

1940–45: Coco schließt ihr Modehaus während des Krieges und

geht mit dem deutschen Diplomaten Hans Günther von Dincklage ins Exil in die Schweiz.

1953: Coco kehrt nach Paris zurück und eröffnet ihr Haus neu.

1955: Sie kreiert das Chanelkostüm, das sie weltberühmt macht.

1971: Am 10. Januar stirbt Coco Chanel 87jährig. Sie wird am Genfer See beerdigt.

INGRID BERGMAN

Die Heilige mit der Lust an dem, was sie Sünde nannten

Hoch über dem Times Square in New York strahlt ein Heiligenbild, 20 Meter hoch. In einer weißen Rüstung leuchtet dort die neueste Nationalheilige der USA, ein Sinnbild der Reinheit und Kühnheit. Ingrid Bergman, 29 Jahre alt, als *Johanna von Orleans* auf einem Plakat für Victor Flemings Verfilmung von 1948.

Die Amerikaner beten sie an, diese große, aufrechte Frau aus dem Norden. Stolz, stark und pur, ohne Schmuck und Schminke. Weiblich und trotzdem jungfräulich.

Aber die junge Schwedin kannte das Schicksal der Französin: Als Visionärin war Johanna ausgezogen, um ihr Land zu retten. Als Heldin wurde sie gefeiert und verklärt. Dann als Hexe zu lebenslangem Kerker verurteilt. Und nachdem sie unter Folter ihre Visionen widerrufen hatte, wurde sie auf dem Scheiterhaufen verbrannt.

Die Heilige Johanna von Hollywood wußte also, was auf sie zukam. Denn Hexenverfolgungen wurden niemals abgeschafft. Sie haben nur immer subtilere Formen angenommen.

Zwei Jahre danach, hoch über dem Times Square. Eine hochschwangere junge Frau sitzt in Rom am Frühstückstisch und schlägt eine amerikanische Zeitung auf. Dann eine italienische. Dann noch eine amerikanische. Und liest überall dasselbe. Eine Ausgeburt des Teufels sei sie, eine Hure, ein sittlich verwahrlostes Wesen. Da sind sich der Vatikan und die amerikanischen Frauenverbände einig: diese Ingrid Bergman, im Bauch ein Kind von einem skrupellosen Verführer und noch verheiratet mit dem braven Lindström, ist unzumutbar für die Öffentlichkeit. Aus der Heiligen ist die Hexe geworden, aus der Verehrten die Verfolgte.

In den Studios sitzen Bosse mit großer Klappe und kleinster Courage. Sie kuschen und bieten der Verteufelten keine Rollen mehr an. In den Chefredaktionen sitzen Männer mit mächtigem Gehabe und erbärmlichem Mut. Sie machen mit bei der Hexenjagd. Nicht einmal fürs »Rote Kreuz« darf die Frevlerin noch im Radio werben.

Die Sünde der Ingrid Bergman: Sie hat nicht den äußerlichen Gesetzen der Gesellschaft, sondern den Befehlen ihres Inneren gehorcht. Sie hat die amerikanische Spießeridylle aufgegeben für einen Mann, den sie leidenschaftlich liebt. Hat den akkurat gescheitelten Zahnarzt Dr. Petter Aron Lindström sitzenlassen zugunsten eines rundlichen, schmallippigen neorealistischen Filmemachers mit schütterem Haar. Sie ist aus dem falschgoldenen rosa gefütterten Käfig ausgebrochen und auf die splitternackte, trostlose Insel Stromboli gezogen, um mit Roberto Rossellini dort den Film *Stromboli* zu drehen. Und seine Geliebte zu werden.

Hexen sind Frauen, die sich jene Freiheit nehmen, nach der sich andere sehnen. Hexen sind Frauen, die weiser sind als andere. Sie wissen mehr über die Natur und schrecken daher nicht zurück vor ihr.

Hexen sind Frauen, die den Männern angst machen, weil sie mutiger sind als sie. Und den Frauen, weil sie deren geheimste Wünsche ausleben. Das genau hat Ingrid Bergman immer getan, egal, was es sie gekostet hat.

»Die Welt ist schön, und es lohnt sich, für sie zu kämpfen.«

Das könnte die Bergman gesagt haben, geschrieben hat es Ernest Hemingway. In seinem Roman *Wem die Stunde schlägt*, für dessen Verfilmung er sich 1943 die Bergman ausgesucht hatte. Sie hatte um diese Rolle gekämpft. *Ich kämpfe um dich* heißt ein Film, den sie 1945 mit Gregory Peck gedreht hatte. Und sie kämpfte ein Leben lang. Mit zwei hatte sie die Mutter verloren, neun Jahre später den Vater, kurz darauf die Tante und Ersatzmutter. Und gerade deswegen kämpfte sie um Glück. Wenn sie gewann, wurde ihr Lächeln noch tiefer, der Glanz um sie noch heller, ihr Gang noch stolzer, ihr Blick noch kühner. Wenn sie verlor, verdunkelte sie sich. Aber nur kurz. Denn aus jedem Kampf bezog sie neue Energie, bewies er doch ihre Stärke. »Ich mache, wozu ich Lust habe«, sagte sie. Das war in den 50er Jahren kein offenes Bekenntnis, es war eine Provokation.

Viele Männer konnten das nicht ertragen. Erst recht nicht die von der Filmindustrie gezeugten Plastikheroen, die ihre künstliche Existenz für echt und den Drehbuchmut für authentisch hielten.

»Sie konnte nicht gut arbeiten«, behauptete Ehemann Nr. 1, »wenn sie nicht in ihren Partner oder Regisseur verliebt war.«

Das behauptete er allerdings erst, nachdem die Bergman ihn verlassen hatte. Die Rache der Männer hieß Verleumdung. Und zwar nach dem bewährten Muster. Galt es als Indiz männlicher Potenz, Leidenschaft und animalischer Vitalität, wenn einer von ihnen jedes weibliche Starlet, jeden kurvigen Star ins Bett zerrte, unterstellten sie der Bergman für ihre erotische Begierde nur negative Beweggründe.

Aus reiner Berechnung habe sie mit Produzenten, Regisseuren und Filmpartnern geschlafen. Mit kaltem Herzen im heißen Leib habe sie alle, von Ian Fleming bis Alfred Hitchcock, von Gary Cooper bis Cary Grant, von Anthony Perkins bis Gregory Peck und Anthony Quinn, verführt.

Manche fragten sich damals schon, warum die Bergman ihre Leidenschaft nicht verbarg, deretwegen sie mit Haß und Häme beworfen wurde. Warum sie nicht wie so viele andere Stars und Politiker auch ein Doppelleben führte. Hochglanzlackierte Ehe, poliertes Heim, frischgestrichene Fassade der Bürgerlichkeit. Und daneben eben das, was Spaß macht. Aber die Heilige Johanna von Hollywood dachte wie die von Orleans: Die hätte ohne Folter auch nie widerrufen. Also bekannte sich Ingrid Bergman zu jeder ihrer Liebschaften. Daß sie es immer wieder mit der Überschwenglichkeit eines Mädchens tat, spricht nicht gegen sie, es spricht nur für die Intensität ihrer Gefühle. Und daß sie bei einer Liebesszene im Film wirklich lieben wollte und nicht nur Liebe spielen, spricht vielleicht gegen ihr schauspielerisches Vermögen, aber für ihre emotionale Ehrlichkeit.

Die hatte sie ja eigentlich beliebt und berühmt gemacht, auch wenn man in Hollywood anfangs darüber genauso gelästert hatte wie über den Auftritt der Schwedin, die nie Make-up trug, sich kaum frisierte und mit flachen Schuhen daherkam, die Füße leicht nach außen gedreht.

»Müssen die jetzt auch noch Küchenmädchen importieren«, giftete Filmstar Joan Bennett auf einer Party über die Konkurrentin.

»Bauernmädchen«, korrigierte Ernst Lubitsch.

Auch das Bauernmädchen Johanna von Orleans hatte mit ihrer Offenheit und Natürlichkeit überzeugt. Aber nur, solange sie ins Programm paßte.

Es hatte Petter Lindström gefallen, was sie elf Tage vor der Hochzeit an ihn geschrieben hatte, damals schon ein aufsteigender Stern. »Mein Goldiger, mein Einziger auf der Welt, mein wunderbarer einzig Geliebter. Wenn Du nur in meiner Garderobe sein könntest und ich auf Deinem Schoß sitzen könnte. Wie schön wäre das, denn ohne Dich ist alles so trostlos.«

Offenbar meinte Petter Lindström, er müsse diese Frau zum dressierten Schoßhündchen erziehen. Es ängstigte ihn wohl, daß sie durch *Casablanca* zur ruhmumstrahlten Filmgöttin aufgestiegen war und durch *Gaslight* zur Oscarpreisträgerin. Als sie mit derselben Direktheit, mit der sie ihm Liebesschwüre gemacht hatte, nun Bekenntnisse abgab, die dem Ehemann unliebsam waren, trichterte er ihr ein: »Du darfst bei Interviews nicht immer drauflos reden. Du siehst doch ganz intelligent aus. Schweig und laß die Leute denken, du seist es.« Aber für Dressur und Käfighaltung war Ingrid Bergman so geeignet wie ein Adler. Und je dichter Petter die Stäbe setzte, desto heftiger wurden ihre Ausbruchsgelüste. Nach drei Mißerfolgen fühlte sie sich beruflich so beengt wie menschlich. Schweigend zu verzagen und zu verkümmern lag ihr nicht.

Sie ging in die Offensive und bot sich Roberto Rossellini an –

allerdings nur als Schauspielerin. Doch die Bergman gab sich immer ganz her.

»Dieser Mann aus Rom hat mich völlig durcheinandergebracht, in meiner Welt das Unterste zuoberst gekehrt«, sagte sie. »Ich habe in Rom erfahren, was Liebe ist. Dieser Mann ist unglaublich herrlich.«

Petter hatte seine Frau verloren. Nicht, weil er den großen Star an seiner Seite mit scharfer Kritik kleinzumachen suchte. Auch, weil er sagte: »Ich mache niemals einen Fehler.«

So etwas sagen nur schwache Menschen.

Leider war Roberto nicht stärker. Das wußte Ingrid nur noch nicht, als sie sich in seine Arme warf. Ihre Vorgängerin, Anna Magnani, wußte es.

Als Rossellini mit ihr in einem Hotel in Amalfi saß, brachte der Kellner ein Telegramm von Ingrid – sie wollten sich treffen in Paris. Ungeöffnet steckte er es ein, während die Magnani Salsa und Spaghetti vermischte. »Alles in Ordnung?« fragte sie, die längst Bescheid wußte.

»Jaja«, sagte er. Da schüttete sie ihm die Spaghetti samt Salsa über den Kopf. Roberto war und blieb ein Feigling mit Imperatorengesten.

Er gab sich siegessicher und bibberte vor Angst, die Beute wieder zu verlieren. Als sich Ingrid mit Petter im Hotel »Reale« in Messina zur Aussprache traf, ließ er die Ausgänge von seinen Helfern bewachen, alarmierte die Polizei, und als die keinen strafbaren Tatbestand in dem Treffen sah, raste er im roten Sportwagen wie ein Besessener ums Haus, um eine Flucht zu verhindern. Offenbar rechnete er mit einem Rückfall seiner Geliebten. Kaum hatte er die Königin von Hollywood erobert und im Triumphzug heimgeführt, ging er wieder ins Bordell. »Und ich stand am Fenster und rauchte und rauchte«, sagte die Bergman. Daß sie ihm drei Kinder gebar, zuerst Robertino, dann die Zwillinge Isotta und Isabella, fand die machistische Memme in Ordnung. Daß sie ihm seinen Ferrari, seinen Rolls-Royce, seinen Alfa Romeo finanzierte, fand er angemessen. Und daß seine

Frau, Großverdienerin ohne Luxusgelüste, mit ihm unter einem Schuldenberg versank, störte ihn nicht. Ingrid auch nicht. Doch daß er ihr brüllend untersagte, mit anderen Regisseuren als ihm Filme zu drehen und sie schließlich widerwillig Jean Renoir auslieferte wie eine Geisel, das störte sie. »Ich übergebe Ihnen Ingrid«, sagte Rossellini zum französischen Kollegen. »Sie ist nicht glücklich.«

Aber sie wurde es mit jedem Film, den sie zuerst ohne Robertos Einwilligung, schließlich gegen sein ausdrückliches Verbot drehte.

Der Adler flog wieder, hoch und majestätisch und ohne jede Angst vor Absturz. Daran konnte Roberto auch nichts ändern, wenn er sie auf offener Straße ohrfeigte.

»Der Wert ihres Lebens«, hat Liv Ullman zwei Jahre vor dem Tod der Kollegin geschrieben, »liegt in dem Glauben, daß sie alle Verleumdungen ertragen kann, die sie herausfordert, wenn sie lebt, wie ihr Gefühl es befiehlt. Lebt, wie sie es tut. Sieht, wie sie sehen will, haßt, wenn sie haßt, und wieder liebt, wenn sie liebt.«

Die Bergman haßte Roberto dafür, daß er wie vorher Petter ihre Flügel zu stutzen und ihre Höhenflüge zu bremsen versuchte. Denn ganz oben schweben wollte er, Roberto der Große.

Bei der Premiere von *Tea and Sympathy* verließ sie den Mann, für den sie so viele Erniedrigungen ertragen hatte und zum katholischen Glauben übergetreten war, bereits in Gedanken.

»Als ich mich einmal allein zeigte, um meinen Soloa in Empfang zu nehmen, sah ich zu Roberto hinüber. Wir sahen uns direkt in die Augen. In diesem Moment wußte ich, daß meine Ehe zu Ende war.«

Dafür nahm die Karriere der Bergman einen Neuanfang. Zurück in Hollywood, nahm sie mit ironischem Siegerlächeln die Vergebung ihrer Sünden an. Und den zweiten Oscar.

»Um im Filmgeschäft zu überleben«, hat sie schließlich selber gesagt, »brauchst du ein kurzes Gedächtnis und die Konstitution eines Ochsen.« Die Kraft bezog sie aus der neuen Liebe: Mit 43 heiratete sie den Filmproduzenten Lars Schmidt, der ihr etwas höchst Unspektakuläres schenkte: Ruhe und Geborgenheit. Für die unermüdliche Streiterin begann mit den 60er Jahren eine Kampfpause. Sie gärtnerte rings um ihr Pariser Landhaus oder auf Danholmen, einer Insel nördlich von Göteborg, die sie gekauft hatte. Der dritte Mann ließ dem Adler seine Freiheit. Und daher hielt sich Ingrid gerne im Adlerhorst auf. Ging auf den Markt zum Einkaufen, kochte für Lars und bekundete ihre Zufriedenheit. Vorsichtige Menschen mißtrauen der Idylle, dem trügerischen Gefühl der Gefahrlosigkeit.

Vorsichtig war Ingrid Bergman aber nie gewesen. Nach so vielen Kämpfen, nach so vielen Siegen wähnte sie sich unverletzbar.

Doch in der Stille verschaffen sich Selbstvorwürfe Gehör. In der Idylle wuchern die Schuldgefühle. Für keine einzige ihrer Affären und Lieben schämte sich die Bergman. Auch nicht der Liebschaft mit dem Geschäftsmann Jan van Eyssen 1971, die gezeigt hatte, daß auch die fairen Briten zu Hexenverfolgern taugen: Am Bühnengang des Londoner Theaters, in dem sie auftrat, warteten sie auf die Sünderin, beschimpften und bespuckten sie. Aber das quälte sie nicht. Was sie peinigte, war der Gedanke, ihre Kinder vernachlässigt zu haben. Vor allem Pia, die sie bei Petter Lindström zurückgelassen hatte. Und die damals, gerade elf Jahre alt, vor Gericht aussagte: Nein, sie wolle ihre Mutter nicht sehen. Nein, sie liebe ihre Mutter nicht, sie möge sie nur. Nein, sie habe nicht das Gefühl, von ihrer Mutter geliebt zu werden. Die Richter lehnten den Besuchsantrag der Mutter ab. »Schuldig«, sagte eine Stimme ihr, »schuldig, deinen Kindern nicht gegeben zu haben, was sie brauchten.«

Und Schuldgefühle machen krank.

Ein Novemberabend, ruhig und friedlich. Ingrid Bergmann zieht sich aus. Und entdeckt an ihrer linken Brust eine Verdikkung. Und zum ersten Mal schiebt die Johanna von Hollywood den Kampf auf. »Ich wollte das nicht wahrhaben. Ich dachte, so was passiert nur anderen Menschen«, sagte sie später. Erst acht

Monate danach, am 15. Juni 1974, läßt sie sich die linke Brust abnehmen. Daß sie spät zu kämpfen begann, weiß sie. Und tut es deshalb mit verbissener Energie. In demselben Jahr, noch 1974, holt sie Sidney Lumet, der Agatha Christies Bestseller *Mord im Orientexpress* verfilmt, für eine Nebenrolle zurück auf die Leinwand. Und die Bergman macht sie zur Hauptrolle: 1975 bekommt die Sechzigjährige den zweiten Oscar.

Im Januar 1978 holt sie der einzige Gegner ein, dem sie erliegen sollte: der Krebs. Auch die rechte Brust wird amputiert. Und wieder stellt sich die Bergman dem Feind, von Angesicht zu Angesicht. Zur Genesungskur der Kämpferin gehörten wie immer Arbeit, Selbstüberwindung und eine neue Liebe. Mit Ingmar Bergman dreht sie in diesem Jahr *Herbstsonate*. Und überwindet sich, sich selber preiszugeben, die Nacht in ihrem Inneren zu zeigen. Denn sie spielt eine gefeierte, vereinsamte Pianistin, die über der Karriere die Kinder vergessen hat. Und in den Zügen der Bergman liegt in diesem Film ein Ausdruck, den keiner je zuvor darin gesehen hatte: Angst und Verzweiflung. Und gleichzeitig schimmmert das durch, was ihr Gesicht immer hatte strahlen lassen: die Sehnsucht nach Leben. Sie trennt sich von ihrem Mann und geht Hand in Hand mit einem griechischen Tycoon spazieren.

»Jeder Tag, den ich die Krankheit überlebe«, sagt sie, »ist ein Sieg für mich.« Eine Johanna redet nicht vom Kämpfen, sie kämpft.

Und je härter die Bedingungen dabei sind, desto besser geht es ihr. In der Septembersonne Israels, bei 40 Grad im Schatten, ficht die Johanna von Hollywood ihre vorletzte Schlacht. In ihrer letzten Rolle als Golda Meir, als Israels große Präsidentin. Und wieder reißt sie mit ungeheurem Mut den Schleier von der schwärenden Wunde. Zeigt allen, die sie erleben, was sie eigentlich zerfrißt. Sie verrät, warum sie, die hochgewachsene Christin mit dem edlen Profil, überzeugen kann in der Rolle von Golda, der gedrungenen Jüdin mit dem plumpen Körper und der mächtigen Nase: dasselbe Leiden des Körpers und der Seele.

»Ja, ich bedaure mit einem großen Gefühl der Schuld meine

240

Kinder«, hatte Golda Meir gestanden. »Ich war nie bei ihnen, wenn ich das hätte sein sollen.«

»Jetzt bin ich 66«, sagt Golda im Film, »und habe Krebs. Wie lange habe ich noch zu leben?«

Die Kameraleute haben Tränen in den Augen.

Sie wissen, daß die Frau, die das sagt, 66 Jahre ist und Krebs hat.

Sie hat noch acht Monate zu leben.

Und sie stirbt, wie eine Kämpferin stirbt: lächelnd.

Aber die Hexenverfolgung der Ingrid Bergman ist nach ihrem Tod noch nicht zu Ende. Vier Jahre danach nimmt die Polizei auf Stromboli, der Schicksalsinsel der Bergman, eine Meldung auf. Tatbestand: Vandalismus. Die Täter: unbekannt, wahrscheinlich reaktionäre Katholiken. Haßerfüllt haben sie die Gedenktafel aus Majolika zerstört, die ein Verehrer der Ingrid Bergman in die Außenmauer der kleinen Kirche San Vincenzo hatte einmauern lassen. Lieber hätten sie wohl die Hexe selbst gelyncht.

Fünf Jahre nach dem Tod der Bergman bringt Laurence Leamer eine umfassende Biographie über sie heraus. Hexenverfolgung in modernster Ausführung: Leamer behauptet, sie sei eine Frau von gnadenlosem Ehrgeiz und hemmungslosem sexuellen Appetit gewesen. Nichts als eine berechnende gefühlskalte Strategin.

Johanna von Orleans wurde 25 Jahre nach ihrem Tod offiziell freigesprochen.

Und Ingrid Bergman wird täglich freigesprochen.

Weil ihr Gesicht die Verfolger der Lüge überführt.

Ingrid Bergman

1915: Die Schauspielerin wird am 29. August in Stockholm geboren.

1933: Aufnahme in die königliche Schauspielschule in Stockholm

1937: Heirat mit dem Arzt Petter Aron Lindström

1939: Erstes Filmangebot aus Amerika: *Intermezzo*

1942: *Casablanca* mit Humphrey Bogart

1943: Ernest Hemingway sucht sie aus für die Verfilmung seines Romans *Wem die Stunde schlägt.*

1944: Oscar für *Das Haus der Lady Alquist*

1945: *Ich kämpfe um dich*

1948: *Johanna von Orleans*

1950: Trennung von Lindström. Noch im gleichen Jahr Heirat mit Roberto Rossellini

1956: *Elena und die Männer* mit Regisseur Jean Renoir.

1957: Trennung von Roberto Rossellini und Rückkehr in die USA. Oscar für *Anastasia*

1958: *Indiskret* und *Die Herberge zur sechsten Glückseligkeit.* Heirat mit Lars Schmidt

1974: Oscar für die beste weibliche Nebenrolle in Sidney Lumets *Mord im Orientexpress*

1978: Scheidung von Lars Schmidt; *Herbstsonate* mit Ingmar Bergman

1981: Der in diesem Jahr gedrehte Film *Golda Meir* bringt ihr posthum einen Emmy ein.

1982: Ingrid Bergman sirbt am 29. August in London.

MARIA CALLAS
Die Tigerin mit dem Liebeshunger

Schwül ist es in Athen an diesem Herbsttag. In einem der stickigen Zimmer des Konservatoriums sitzt Elvira de Hidalgo, eine spanische Sopranistin, und kneift die Augen zu. Sie will hören, sehen lieber nicht. Denn was sie gerade gesehen hat, ist erschreckend. Ein monströs fettes Mädchen in einer durchgeknöpften dunkelblauen Schulschürze, darunter schauen dicht und tiefschwarz behaarte Schienbeine heraus. An den großen Füßen trägt sie ausgelatschte Sandalen. Pickel blühen im teigig weißen Gesicht. Zwei schwere Zöpfe hängen über den Ohren, und oben auf dem Kopf sitzt eine lächerliche weiße Mütze.

Elvira de Hidalgo hat recht, die Augen zu schließen. Denn nun bricht er über sie herein, dieser Wasserfall aus nie gehörten schillernden Tönen, wuchtig, unaufhaltsam. Eine Naturgewalt. »Im geheimen«, gestand die Hidalgo später, »hatte ich jahrelang auf eine solche Stimme gewartet.« Es war die Stimme der sechzehnjährigen Cecilia Sophia Maria Anna Kalogeropoulos.

Die Hidalgo, die mit Enrico Caruso aufgetreten war, spürte, wie dieses Temperament sie überwältigte. Und merkte, daß ihm jede Kontrolle fehlte. Nur: Wer kann die Niagarafälle zu einer Schloßparkfontäne machen, jederzeit abzustellen? Kontrolle – das klingt für die meisten nach Zwang. Für diesen Teenager namens Maria klang es bald nach Erlösung. Denn damit bekam sie, was sie wollte: Liebe. Diese wunderbare Sache, die man ihr verweigert und die sie zu erpressen versucht.

»Wenn ich«, erzählte Marias schöne Schwester, »einen Verehrer empfing, stürmte Maria ins Wohnzimmer und setzte sich zwischen uns. Dann ließ sie ihr langes dunkles Haar fallen – sie hatte wirklich unheimlich schönes Haar – und bildete damit einen Vorhang, so daß ich meinen Verehrer kaum mehr sehen konnte und die Konversation im Eimer war.«

Maria war in New York, wohin die Eltern ausgewandert waren, auf monströse 100 Kilogramm angeschwollen, weil sie die fehlende Liebe durch Essen ersetzte.

Zurück in Griechenland – ohne den Vater –, holte sie sich die Liebe durchs Singen. Aber damit holte sie sich nicht die Art Liebe, nach der sie sich eigentlich sehnte, die verzehrende, begehrende, glühend heiße. Sie bekam erst einmal die Sorte Liebe, die Züchter ihren Hunden, Dompteure ihren Löwen, Dressurreiter ihren Pferden schenken. Verabreicht von der ehrgeizigen Mutter. Und dann bekam sie die lauwarme Sorte, die beschützende Liebe. Verabreicht durch einen behäbigen Provinzmillionär aus Verona, der mit Ziegelsteinen und konsequentem Geiz zu Geld gekommen war: Battista Meneghini, 28 Jahre älter als die Sängerin, die unter dem Namen Maria Callas die operngeilen Italiener bereits zu Hörigen ihrer Stimme gemacht hatte. Ihm fehlte nur eines: Glanz. Ihr fehlte nur eines: Liebe. Und was er ihr gab, hielt sie dafür.

Am 21. April 1949 heiraten sie in der Chiesa dei Filippini in Verona. Und die Mutter telegrafiert: »Denk immer daran, Maria, daß Du zuerst dem Publikum gehörst und erst dann Deinem Mann.«

Sie denkt nicht daran. »Ich möchte Dir nur eines sagen, mein Geliebter«, schreibt sie am 2. Mai 1949 an Meneghini, »daß ich Dich liebe, daß ich Dich verehre und achte. Auch wenn ich als Sängerin berühmt bin – viel wichtiger ist, daß ich den Mann meiner Träume gefunden habe.«

Ihre Füße sind zu dick, um in Schuhe zu passen. In Schlafzimmerpantoffeln schlurft sie zur Probe. Aber der betuchte Mann legt ihr sein Herz zu diesen dicken Füßen. Und sie schenkt ihm ihr ganzes Leben. Sie habe keine Freunde, und sie brauche keine Freunde, sagt sie. Sie habe ja ihn. Glück? Sie redete sich ein, das sei es. Denn das bedeutet Sieg. Der Plattenproduzent Walter Legge besucht Maria nach einem umjubelten Auftritt in der Suite.

Die Frau, deren erregende Stimme noch ein paar Stunden vorher das Publikum zur Raserei getrieben hatte, sitzt, eine Strickjacke über dem Nachthemd, im Bett neben ihrem Mann und blättert wie er in bunten Illustrierten.

Das bürgerliche Geborgensein im Mief des Wohlstandes war einer der zahllosen Triumphe im Leben der Maria Callas, die immer kämpfte, obwohl sie das Kämpfen haßte.

»Immer habe ich nur kämpfen müssen. Ich mag es nicht. Mir sind die nervösen Zustände, in die man dadurch gerät, zuwider. Bisher habe ich immer gewonnen, doch nie mit dem Gefühl einer inneren Befreiung. Es sind schale Triumphe.«

Schal schmeckt auch bald der Triumph, den solventen Mann gekriegt zu haben, der Beruf und Fabrik für die Karriere der Frau aufgibt und sie mit Juwelen behängt, diesen vorzeigbaren Liebesbeweisen. Er schmeckt nach ein paar Jahren wie abgestandenes Bier, denn während die Callas sich bei Plattenaufnahmen in Leidenschaft zerfetzt, genauso gnadenlos mit sich selbst wie auf der Bühne, schläft der Ehemann über seiner Zeitung ein. Schal schmeckt sogar der Triumph über die Rivalin Renata Tebaldi, mit deren Fans sich ihre einen Bandenkrieg liefern. An Ovationen kann man sich gewöhnen, und an prasselnde Nelkensträuße auch. Sogar an den Honig, den Verehrer einem ums Maul schmieren, und selbst der Titel »Divina«, »Göttliche«, wird zur Gewohnheit. Superlative leiern schneller aus als Gummis.

Aber eine Frau, die brennt, will immer dasselbe: Sie will mehr.

Was die Callas für mehr Liebe, Bewunderung und Anerkennung leistet, ist nicht in Worte zu fassen. Aber in Zahlen. Nicht nur in der Zahl von über 600 Aufführungen, in denen sie sich verausgabte, bebend bis in die Nervenenden, glühend bis in die Schenkel, leidend bis zur äußersten Schmerzgrenze. Auch in den Zahlen einer wunderlichen Aufstellung. In der graziösen Handschrift der Callas, mit jenen exzessiven Unterlängen, aus denen jeder Graphologe ihren Hunger nach Liebe, Leben, Leidenschaft lesen würde, steht da: »*Gioconda* 92/*Aida* 87/*Norma* 80/*Medea* 78/*Lucia* 75/*Alceste* 65/*Elisabetta* 64.«

Diese Liste dokumentiert einen neuen Triumph: den des Stars über sich selber, über die Familie, über die ganze Welt. Denn sie belegt, Auftritt für Auftritt, die Verwandlung einer dicken, haarigen Raupe in einen Schmetterling. 28 Kilogramm nimmt die Callas in der Saison 1953/54 ab. Und kommentiert das nachher trocken: »Ich hatte einen Bandwurm. Jetzt habe ich keinen mehr.«

Ob sie wirklich Bandwurmeier gegessen hat und sich danach kurieren ließ von dem Parasiten, sei dahingestellt. Möglich ist es. Denn Maria Callas war eine Fundamentalistin. In ihr brannte ein Feuer, lichterloh. Leidenschaft nannten es die einen, Besessenheit die anderen, Fanatismus die Feinde. Und um das Feuer am brennen zu halten, brauchte sie nur eines: Liebe. In irgendeiner Form. Und sie heizte sich selber an, koste es, was es wolle. Sie wußte, daß dieses Feuer brandgefährlich war, aber sie riskierte es, bei lebendigem Leib zu verbrennen.

Der Regisseur Luchino Visconti erkannte, daß die Callas eine Rolle nicht einfach überzog wie ein Kostüm, sondern als ein wirkliches Schicksal annahm, daß sie das Sterben nicht spielte, sondern starb. Sie habe, sagte Visconti, immer mit voller Stimme gesungen – bei jeder Probe, auch wenn sie gewarnt wurde. Schonung ist für eine Frau, die brennt, eine Lüge. Denn Leidenschaft läßt sich nicht auf Sparflamme zurückdrehen. Sicherheit ist für sie ein Argument der Spießer, Vernunft eine Ausgeburt des Mittelmaßes.

Aber die Callas singt und lebt nach der Devise: voller Einsatz, volles Risiko. Genau damit wird sie zur Stimme des Jahrhunderts. Wenn sie die *Lucia di Lammermoor* singt, wird sie mit ihr wahnsinnig, wenn sie *Tosca* singt, wird sie zur Geliebten, die vor nichts zurückschreckt, nicht einmal vor dem Selbstmord, wenn sie Medea singt, wird sie mit ihr zur Mörderin der eigenen Kinder. Sie singt, als balanciere sie am Abgrund. Und jeder, der das miterlebt, zittert für sie. Schafft sie den Balanceakt, dann wird sie in Rosen und Jubelschreien ertränkt. Aber wehe, die Göttin versagt. Dann werden die Jünger zu reißenden Wölfen. Nach den großen Premieren hätten sie jede Haarnadel, jeden Fetzen ihres Kleides wie eine Reliquie an sich gerissen und geküßt. Aber dann kommt der 2. Januar 1958.

Die Callas hat noch in der Neujahrsnacht im Fernsehen die große Arie aus Bellinis *Norma* gesungen, die beginnt mit den Worten: »Casta diva«, »Keusche Göttin«. Und dann hat sie gefeiert, in einem römischen Nachtclub, voller Lärm und Qualm. Die Callas feierte, wie sie sang: rückhaltlos, hemmungslos, grenzenlos. An Neujahr wacht sie auf und ist stumm. An Neujahr ist kein wirklich guter Arzt zu kriegen. Die Callas ruft den Theaterchef an. Aber er ignoriert ihre Absage. Es geht schließlich um ein, es geht um das Konzert, um eine Gala. Es geht, anders gesagt, nicht um die Musik, sondern um die Callas.

Nach dem ersten Akt bricht sie ab. Tomaten, Eier, Exkremente, Schmähungen: Mit allem wird sie beworfen und als »zweitklassige griechische Sängerin« verspottet. Aber die Leidenschaft der Callas lodert erst richtig auf, wenn sie Rache nehmen kann. Als junge Frau hatte man sie bei der Metropolitan Opera in New York abgewiesen. Sie schwor, man werde sie dort einmal auf Knien um einen Auftritt anflehen. Und man flehte einige Jahre später.

Rache treibt sie auch am 9. April auf die Bühne der Scala. Nur unter Polizeischutz kommt sie heil dort an. Sie singt die Rolle der Anna Bolena, die Frau, die von Englands König Heinrich VIII. zuerst verführt und dann geköpft wurde. In Donizettis Oper ist Anna Bolena unbeugsam stolz.

»Richter? Gegen Anna?« schreit sie empört. Die Callas meint: »Richter? Gegen Maria?« Sie spuckt mit jedem Ton ihre Verachtung ins Publikum. Und erhält sie, in Rosen verwandelt, zurück.

Liebesbeweise braucht sie, täglich. Aber die müssen nicht teuer sein. Von Freunden erbettelt sie Kleinigkeiten, Döschen, Glaskettchen, Nippes – Souvenirs der Liebe. Die junge Valeria Pedemonte, eine Anbeterin der Callas, sieht ihrer Göttin immer zu, wenn sie die Scala verläßt. Gefolgt von den Ministranten, die ihren Auftritt zelebrieren und kindergroße Blumengebinde hinterhertragen. Aber in den langen, schmalen Händen hält sie nur eins: Valerias Veilchensträußlein.

Dann jedoch tritt der Mann in ihr Leben, der nicht schenken kann. Nur zudecken mit Gold und Brillanten. Ein Mann, der diese Frau nicht lieben will, sondern besitzen. Es tritt ein Mann in ihr Leben, der abgebrüht ist gegen Wunder und Weihen, den die Stimme der Callas sowenig erzittern läßt wie ihre glänzenden Augen und ihr magisches Spiel. Auch Sex erregt ihn nicht, der schon als 12jähriger wußte, was Nutten können und kosten. Aber Macht, die Macht über Geld besitzt er, dieser kurzgewachsene Grieche mit pomadiertem Haar, knolliger Nase, schlampigen Anzügen und vulgären Manieren. Nicht aber über eine Frau, die wichtig genug ist. Der Tankerkönig Aristoteles Onassis will sich endlich die größte, die berühmteste Frau der Welt unterwerfen: die Callas.

Venedig im goldenen September ist für Verführung ein idealer Platz. Und ein Ball dort in einem herrlichen Palast erst recht. Aristoteles läßt seine schöne junge Frau stehen und tanzt mit Maria. Und bringt, um sie zu erobern, ein überwältigendes Opfer: Er hört sich in London die Callas in Covent Garden an. Dann aber geht er in die Zielgerade. Er lädt sie nebst dem lästigen Gatten Meneghini auf seine Yacht ein, diesen Leistungspark seines Reichtums, der jede Geschmacklosigkeit erlaubt. Barhocker zum Beispiel, bezogen mit der Vorhaut von Walen, die Aristoteles Gelegenheit geben zu einer feinsinnigen Bemerkung. »Madame«, sagt er, »Sie sitzen auf dem größten Penis der Welt.« Damit schreckt er die Callas nicht ab. Auch nicht damit, daß er bei strahlendem Sonnenschein auf dieser Kreuzfahrt entlang der türkischen und griechischen Küste nichts Besseres zu tun weiß, als Strategien auf die Innenseite leergerauchter Zigarettenschachteln zu kritzeln oder Tankermanöver durchzuspielen an einem elektronischen Spieltisch.

Die Callas spürt, daß ihr angetrauter Papa Meneghini, der nichts als Veroneser Dialekt spricht, in der Gesellschaft hier, zwischen Winston Churchill, Lord Moran und Gianni Agnelli, wirkt wie eine Fritte im Champagner: peinlich und deplaziert. Aber sie spürt nicht früh genug, was eine Beziehung zu Onassis bedeutet:

sich als Opfer schlachten zu lassen auf dem Altar seiner Eitelkeit. Sie gilt als Tigerin. Und dieses Opfer reizt Onassis. Die Tigerin heißt die Callas, seit sie die Zähne zeigte und die Klauen ausfuhr vor den Fotografen. Das ist auf dem Höhepunkt ihres Ruhms gewesen, im November 1955. Sie ist als *Madame Butterfly* einen herzzerreißenden Bühnentod gestorben, hat das Messer in den Leib gestoßen und sich mit letzter Kraft über die Bühne geschleppt. Da überfallen sie zwei Agenten in ihrer Garderobe und werfen ihr Vertragsbruch vor. Die Tigerin tobt mit grellgeschminktem wutverzerrtem Gesicht, die Paparazzi drücken auf den Auslöser, das Bild geht um die Welt.

Jeder wußte, diese Tigerin ist gefährlich. Und Onassis beschließt, sie zu dressieren und zur Hauskatze zu machen. Leise Quälereien ist die Callas ja gewöhnt. Luchino Visconti, ihr angebeteter Luca, hatte das in anderer Form auch praktiziert. Egal, was er von Maria auf der Bühne verlangte: Sie gehorchte. »Er konnte sehr kalt, manchmal sadistisch sein«, verriet ein Zeuge. »Er fand Gefallen an der Macht, die er über sie hatte. Er konnte ihr sagen, sie solle auf allen vieren gehen, und sie tat es!«

Nun übernimmt Onassis den Oberbefehl über die Callas, ohne Rücksicht auf andere, denn Rücksicht war eine geschäftsschädigende Eigenschaft, das wußte er. Meneghini schlief nicht mehr neben der Gattin in Bettjacke ein, er wachte auf, und das Bett neben ihm war kalt. Eines Nachts, verrät er später, stürzt eine schlanke schöne Frau in seine Kabine, sie ist nackt und weint und schreit. »Ari treibt es mit Maria in der Lounge.« Christina, Frau Onassis, weiß, sie hat verloren. Meneghini weiß es auch. Und die Callas triumphiert.

Der Tag des eigentlichen Triumphs ist der 6. August 1959. Die Gesellschaft macht einen Landausflug zum Berg Athos. Und der Patriarch Athenagoras, gerührt über die prominenten Gäste, legt die Hände von Maria, die er Griechenlands schönste Tochter nennt, und von Ari, »Griechenlands mächtigstem Sohn«, ineinander und segnet sie wie bei einer Heiratszeremonie. Von da an wartet Maria auf einen Antrag von Ari. Sie verläßt Meneghini

Hals über Kopf. Und wartet vergeblich. Denn Ari hat ja, was er will: Er hat die Tigerin an der Leine. Er küßt sie nicht, er streichelt sie nicht, er nimmt sie sich, wenn er sie will. Und sie macht mit, denn er hat sie entkräftet. Die Kraft der Tigerin, das weiß er, liegt in ihrer Stimme. »Ich halte sie in Form«, sagte die Callas, »indem ich aktiv bin. Wenn ich herumsitze und nichts tue, wird meine Stimme dick und kriegt einen verquollenen Klang.« Und Onassis zeigt der Callas, wie Nichtstun geht: Kaviar statt Koloraturen, Champagnerorgien statt Proben, Haute Couture statt hohes C.

1959 hat sie noch 28 Vorstellungen in sechs verschiedenen Opernhäusern gesungen. 1961 sind es nur noch sieben. 1963 nur noch zwei. Warum Maria ihn liebt, diesen Matrosen, der meistens halbnackt herumläuft, unflätig redet, sich ordinär benimmt und sie vor allen beleidigt, diesen Typen, der ihr verbietet, in Hörweite zu singen, und Nachtclubsängerinnen preist, ihrer herrlichen Stimme wegen?

Für sie ist er der Mann. Der, der sie erst zur Frau gemacht hat. Der Inbegriff des mediterranen Machos. Ein Mann, der für sie Heimat bedeutet.

Im Dezember 1960 kehrt die Callas an die Scala zurück, wo die Spielzeit mit Donizettis *Pulito* eröffnet wird. Onassis spielt unten im Parkett den Gesellschaftslöwen, begrüßt Gracia von Monaco, Gina Lollobrigida, die Begum Aga Khan: ein Sieger. Und die Callas auf der Bühne, die einstmalige Tigerin, ist die Verliererin. Ihre Freundin, die Sängerin Giulietta Simionato, sieht sie und sagt dazu später: »Wie hatte sie sich verändert .... Es war, als hätte man ihr die Flügel gestutzt. Sie wußte genau, daß sie die Kontrolle über ihre Stimme verloren hatte.«

Und damit den Glauben daran, geliebt zu werden. Denn die Callas hatte immer gesagt: »Ich wurde nur geliebt, wenn ich sang.« Das Publikum applaudiert dem reanimierten Mythos. Aber die Freunde wissen: Der Mythos verendet bereits. Nun setzt Maria alle Energie und alle Hoffnung ins private Glück. Und läßt sich demütigen, um es zu ergattern. Als sie dem Mann, von dem sie das Glück erhofft, einen neuen Hut vorführt, sagt er: »Entweder schneidest du dir die Nase ab, dann stimmen die Proportionen zum Hut, oder du mußt dir einen größeren Hut zulegen, damit er zu deiner Nase paßt.«

Eine Szene von vielen ähnlich demütigenden.

Aber Maria liebt diesen Mann, der wie sie ein Extremist ist, der wie sie ein Kind ist in der Hülle des Erwachsenen, der ihre griechische Muttersprache spricht und wie sie fremd wirkt in all dem Glanz und Gold. Ein Mensch, der das Meer liebt, nicht die Ballsäle.

1963 findet Maria bei Ari ein Cartier-Etui mit einem teuren Armband. Daneben liegt ein Zettel von ihm, ein Liebesgruß: an Lee Radziwill, die Schwester von Jackie Kennedy. Maria sieht das Armband kurz darauf an Lees Arm. Aber noch gibt sie nicht auf. Im Herbst lädt Onassis auch das Präsidentenpaar auf seine Yacht ein. Und lädt Maria aus. Jackie kommt zum Ausgleich ohne Mann. Und noch immer kämpft die Tigerin weiter. 1966 wird sie von Onassis schwanger. Und er nötigt sie zur Abtreibung. Aber sie will immer noch Frau Onassis werden.

1965 bricht Maria Callas in Paris vor dem Finale der *Norma* zusammen. »Von dieser Stunde an hörte die Callas auf, die Callas zu sein«, schreibt Nadia Stancioff, ihre Freundin und Biographin. Onassis hat es geschafft. 1966 ist auf den Titelseiten der französischen Zeitungen ein Foto mit der Callas zu sehen. Nicht im Arm von Ari beim Hochzeitskuß, sondern im Krankenhaus. Die Presse behauptet, sie habe sich umbringen wollen. Am 20. Oktober 1968 unterzeichnet Aristoteles Onassis auf der Insel Skorpios endlich den Ehevertrag. Allerdings nicht mit Maria, sondern mit Jacqueline, verwitwete Kennedy.

Die Tigerin fletscht noch einmal die Zähne: »Was ich ihm nie verzeihen werde, ist, daß er noch zwei Tage vorher alles bestritten hat.« Sie, die nicht mal beim Kartenspiel lügen konnte, verzweifelt. Sie ist fassungslos: »Wie konnte Jacqueline einen Mann heiraten, der eine Affäre mit ihrer Schwester gehabt hat.« Und die keusche Göttin fleht zu den Göttern, sie mögen sich rächen.

Die Götter stehen ihr bei: nicht, indem sie helfen, nur, indem sie das Unglück verdoppeln. Onassis wird unglücklich mit der kaufberauschten Präsidentenwitwe. Er merkt, daß die nicht seine Liebe will wie Maria, nur seine Milliarden. Schon ein Jahr nach der Hochzeit belagert er Maria wieder. Aber sie sperrt ab. Nimmt keine Blume an von ihm, keinen Brief, kein Telefongespräch. »Ich will, daß er mich endlich in Ruhe läßt«, wütet sie. »Ich brauche ihn nicht.«

Eine gebrochene Frau richtet sich noch einmal auf: Sie dreht mit Pasolini in der Türkei und in Italien, bei Grado, *Medea*. Nicht als Sängerin, nein, als Schauspielerin verausgabt sie sich in glühender Hitze bis zum Zusammenbruch. Sie sieht einen Weg, den Weg zum Filmstar.

Und sie spürt Leidenschaft, die des schwulen Regisseurs. »Wenn er wirklich etwas für Frauen empfinden könnte«, sagt sie ihrer Freundin Nadia, »dann wäre ich zweifellos diese Frau.« Sie redet sich ein, ihn umdrehen zu können, ihn zu retten vor dem, was sie Selbstzerstörung nennt. Doch tief innen weiß sie, daß das genauso eine Illusion ist wie die Idee, Ari vergessen zu können.

Und Onassis, selber müde geworden, kehrt zurück. Er brauche sie, sagt er. Und er braucht sie wirklich. Denn beide sind sie einsam inmitten der Reichen und Berühmten. Jetzt geht die griechische Tragödie mit den Hauptdarstellern Onassis und Callas ihrem Ende zu: der absoluten Ausweglosigkeit. Jetzt, wo Ari Marias Liebe will, kann sie sie ihm nicht mehr geben. Denn durch Jackie steht er im Licht der Öffentlichkeit wie ein Verbrecher im grellen Licht der Suchscheinwerfer: Flucht unmöglich.

Die Tigerin bäumt sich noch einmal auf: Giuseppe di Stefano überredet sie zu einer unseligen gemeinsamen Konzerttournee. Und die Legende Callas begräbt sich dabei selbst. Die Tigerin ist eingesperrt: In die Musik kann sie nicht mehr fliehen und zu Ari auch nicht. Zu seinem Krankenbett wird Maria Callas nur ein einziges Mal zugelassen.

1975 stirbt Onassis. Und die Callas lebt nur noch äußerlich

weiter. Von morgens bis nachts läuft der Fernseher. Und sie schafft es nicht, diesen einzigen treuen Unterhalter abzustellen, selbst wenn Freunde kommen. Ihre schönen, langen Hände, hungrig nach Zärtlichkeit, kraulen die beiden Zwergpudel. Gesellschaftliche Auftritte meidet sie. Ihr Appartement in der Pariser Rue Mandel 36 wird zur selbstgewählten Zelle, ihr Dasein zur Einzelhaft inmitten der Millionenstadt. »Bravo« ruft nur noch einer hier: die Callas selber, wenn sie ihre alten Platten anhört. Als Nadia sie an Silvester anruft, hört sie nicht die Stimmen von Gästen im Hintergrund, nur das Geräusch der Einsamkeit. »Es hat sich keiner getraut, mich einzuladen«, sagt Maria. »Dabei würde es mir doch genügen, wenn einer mit mir ins Kino käme. Aber mach dir keine Sorgen, ich hab ja Djedda und Pixie und den Fernseher.«

Der Glanz um die Diva ist erloschen. Nicht mal ein großes Finale ist ihr vergönnt. Sie stirbt am 16. September 1977 einen banalen, einen schäbigen Tod im Schlafzimmer: Mit 53 verendet sie kläglich, röchelnd und mit blauen Lippen, nach einer Herzattacke. Der Arzt steckt im Stau.

Erst über der Leiche von Maria Callas geht wieder die Gloriole auf, die sie auf dem Gipfel des Ruhms umstrahlte. Nach ihrem Tod rühmen tränenerfüllten Auges die Menschen wieder das Überwältigende, das Herzzerreißende an dieser Frau, die es schaffte, mit ihrer Stimme die Menschen erschauern und erzittern zu lassen, als gehe es um ihr Leben.

»Verdoppelt die Trompeten! Vervierfacht die Fanfaren«, schreibt Yves Saint Laurent. Er schreibt es zu spät.

Maria Callas

1923: Sie wird am 2. Dezember in New York geboren.

1931: Als Achtjährige erhält sie ihren ersten Gesangsunterricht.

1938: Maria debütiert in Athen als Santuzza in *Cavalleria rusticana*.

1947: Die Callas singt in Verona die Titelpartie der Oper *Gioconda* und lernt den Ziegeleibesitzer Battista Meneghini kennen.

1949: Sie heiratet Meneghini in Verona.

1951: Maria Callas wird von der Scala in Mailand fest engagiert.

1954: Sie debütiert als *Norma* in den USA an der Oper in Chicago.

1958: Am Neujahrstag läßt sie in Rom eine Vorstellung platzen, weil ihr die Stimme versagt.

1959: Sie tritt in Hamburg, Stuttgart und München auf.

1963: Maria geht auf Europatournee und verdient pro Abend bis zu 100 000 Mark.

1970: Mit Pier Paolo Pasolini verfilmt die Callas *Medea*.

1973: Mit Giuseppe di Stefano gibt sie ihr Regiedebüt in Turin mit der *Sizilianischen Vesper*.

1974: Sie singt ihre letzten Konzerte, kehrt nach Paris zurück und erteilt nur noch Gesangsunterricht.

1975: Aristoteles Onassis stirbt. Er vermacht ihr fünf Millionen Dollar.

1977: Am 16. September stirbt Maria Callas und wird auf dem Friedhof Père Lachaise beigesetzt.

CLAUDIA CARDINALE

Das Prachtweib, in dem
ein Kerl steckt

Die Villa in den Albaner Bergen liegt verborgen. Es duftet bitter-
süß nach Oleander und Zypressen. Vom Gestank und vom Lärm
der Straßen Roms ist hier nichts zu spüren. Am Pool liegt eine
Frau von fast vierzig Jahren, eine Frau mit vollen Brüsten, runden Hüften, langem, dunklem, leicht gewelltem Haar bis zur
Taille, das rötlich im Sommerlicht glänzt. Bei ihr ein Mann, ungefähr gleich alt, sehr viril, ein südländischer Typ, aber blond.
Plötzlich sieht er, wie zwei Männer ihre Kameras auf ihn und
seine Geliebte richten. Er geht ins Haus, greift sich eine Pistole,
drischt die Paparazzi zuerst krankenhausreif und fängt dann
eine Schießerei mit ihnen an. Die beiden verlassen fluchtartig
das Gelände, werfen sich ins Auto, rasen los. Der Mann mit der
Pistole hinterdrein. Die Verfolgungsjagd endet im Straßengra-
ben. Tote gibt es nicht, aber es gibt eine Anzeige. Da hilft es
nichts, daß die Frau, die er schützen wollte, ein Nationalheilig-
tum ist und Claudia Cardinale heißt. Denn der Kamikaze ist
nicht nur jedem Italiener, der einen Fernseher hat, als Regisseur
ein Begriff, Pasquale Squitieri ist auch bei der Polizei kein Unbekannter: 1958 stand er zum ersten Mal vor Gericht – wegen
fahrlässiger Tötung. Der Draufgänger aus Neapel hatte eine verheerende Karambolage verschuldet, bei der fünf Menschen star-
ben, er allein überlebte. Pünktlich zehn Jahre danach hatte er
seinen nächsten Auftritt vor Gericht. Damals war er Bankange-
stellter und inszenierte keine Filme, sondern einen schlichten
Betrug. Pasquale Squitieri hatte einige Millionen Lire von den
Konten einiger Kunden auf seine Konten ummanövriert. Auch
wenn er es reuig zurückgezahlt hat, jetzt summiert sich alles auf
seinem Schuldenkonto zum Ergebnis: 14 Monate Haft.

Claudia läßt den blindwütigen Liebhaber nicht sitzen, sondern schickt ein Gnadengesuch an den Staatspräsidenten Sandro Pertini. Claudia ist in den Augen anderer ein echter Star, vor allem aber ist sie eins: eine echte Frau. Sie erreicht einen Aufschub – Aufatmen.

Sommer 1981. Claudia Cardinale reißt sich gewaltig zusammen, denn sie muß das feuchtschwüle Klima in Peru ertragen. Die pappigen Kleider am Körper, die Angriffstruppen der Stechmücken und zwei so geniale, aber maßlos anstrengende Menschen wie Regisseur Hans Werner Herzog und Kollege Klaus Kinski. Sie drehen *Fitzcarraldo*. Mitten in die Arbeiten platzt ein Anruf aus Rom, Claudias Anwalt Ugo Longo ist am Apparat. »Ich komme sofort«, sagt sie nur. 24 Stunden später ist sie in Rom, denn Pasquale ist verhaftet worden und sitzt im Gefängnis. Da hatte er nur harmlos seinen Reisepaß verlängern lassen wollen für eine Reise in die Sowjetunion, und der Computer hatte statt einem Ja nur unliebsame Dinge aus der Vergangenheit ausgespuckt. »Ich bin ein gebrochener Mann«, jammert Pasquale. »Meine Karriere ist vernichtet.«

Claudia bleibt ruhig, obwohl sie noch nicht weiß, was sie der gemeinsamen kleinen Tochter Claudia erzählen soll, wenn der Papa nicht mehr heimkommt, und was Pasquales drei Kindern aus erster Ehe, die sie versorgen muß, wenn von Papa kein Geld mehr kommt. »Eine starke Frau, die, wie ich, wirklich liebt«, sagt sie nur, »wird alles für den Mann ihrer Leidenschaft tun. Pasquale kann sich auf mich verlassen.« Sie hält Wort: Für umgerechnet eine Million Mark Kaution, die Claudia zahlt, kommt der Geliebte nach vier Monaten frei – ein Mann, der sie belogen und betrogen hat, angeblich manchmal auch geschlagen. Aber Claudia Cardinale bleibt dabei: »Er ist der Mann meines Lebens. Die Inkarnation der Männlichkeit.«

Der wichtigste Mann davor, der mittlerweile weißhaarige Franco Cristaldi, nutzt Pasquales Abwesenheit, um die Frau, die er an den ungebärdigen Neapolitaner verloren hat, wieder anzubaggern. Vergeblich. Gut, er hat die Cardinale entdeckt, er hat sie gemacht, aber er hat sie auch wie ein dressiertes Tier im Käfig gehalten, bewacht von den Argusaugen seiner Eifersucht, eingezwängt in seine Herrschsucht. Sie durfte sich weder die Haare schneiden noch an ihrem Make-up das Geringste ändern. »Es war wie in einer komfortablen Irrenanstalt.« Das zumindest sagt Claudia Nazionale, wie sie die Italiener nennen. Dabei ist sie gar nicht in Italien geboren und spricht noch heute Italienisch mit deutlich französischem Akzent.

Heimat ist dort, wo einem die Tränen kommen. Als die Cardinale mit 57 in Karthago den Duft von Jasmin einatmet, als sie in der Kathedrale dort die Ordensbrüder in ihren weißen Kutten sieht und den Chor singen hört, in dem sie früher mit ihrer Schwester gesungen hat, da fängt sie zu weinen an, denn das reißt Erinnerungen an die Kindheit auf. Eine Kindheit in Tunesien.

In einer Kneipe auf der Insel Djerba sitzt eine Frau und gabelt ihren Couscous.

Sie genießt es, in der Heimat Urlaub zu machen, und wirkt auch einheimisch hier, mit der braunen Haut, den tiefdunklen Augen und dem braunschwarzen Haar. Sie ist siebenunddreißig, aber aus etwas Entfernung sieht sie aus wie eine früh erblühte Zwanzigjährige. Ein unauffälliger Mann tritt an ihren Tisch, schiebt einen Zettel hin und einen Stift. Und während die Frau ihren Namen darauf schreibt, sagt der Autogrammjäger leise: »Erkennen Sie mich nicht? Ich bin Didou.«

Da lacht die Cardinale laut. Der zum Mittelmaß geschrumpfte Verehrer war, als sie 15 war, der schönste Mann am Strand von Tunis. Und die Beamtentochter Claude Josephine Rose Cardinale, die es schwer hat in Tunis, wo die Kinder von Italienern verachtet und oft verprügelt wurden, verdankt ihm einiges: den ersten Anflug von Selbstvertrauen. Bevor Didou hinter ihr her ist, hält Claudia sich für das, wofür ihr sizilianischer Vater sie hält: für häßlich und dumm. Aber wenn Didou, der Schwarm aller Schulfreundinnen, sich um sie bemüht, dann muß ja etwas an ihr dran sein. Andere kapieren das schneller: Claude Cardi-

nale ist 19, als sie bei einer Mißwahl der Unitalia-Filmgesell-
schaft zur »schönsten Italienerin von Tunis« gewählt und von
Franco Cristaldi, dem späteren Ehemann, entdeckt wird. »Claudia ist das Beste, was Italien seit der Erfindung der Spaghetti
hervorbrachte«, hat David Niven gesagt.

Daß sie zu Hause wie in Hollywood zum Inbegriff der schönen
Italienerin wird, verdankt sie aber nicht ihrer Sinnlichkeit, sondern ihrer Herzlichkeit. Kühle Diven gibt es genug, solche wie
die Cardinale selten. Gefühle sind ihr wichtiger als Erfolge,
Freunde wichtiger als Trophäen, Wahrhaftigkeit wichtiger als
Makellosigkeit: »Liften lasse ich mich nie«, sagt sie. Andere sagen das auch, halten sich aber offensichtlich nicht daran. Die
Cardinale jedoch lebt mit ihren feinen Fältchen, die mittlerweile
wie Strahlen aufgehen, um die schwarzen Sonnen ihrer Augen.

»Claudia Cardinale«, meint Monica Vitti, » ist die einzige italienische Schauspielerin, mit der man befreundet sein kann.«
Auch, weil sie schweigen kann. Wie gut, erfährt die Öffentlichkeit zum ersten Mal 1966.

Irgendwo unterwegs in Südamerika – deswegen gilt die Ehe
in Italien nicht –, heiratet Franco Cristaldi seine Entdeckung
Claudia und adoptiert Patrick, Claudias kleinen Bruder, den sie
dauernd im Schlepptau hat. Jetzt erst verrät Claudia, daß der
angebliche Bruder ihr unehelicher Sohn ist, Vater unbekannt.
Cristaldi, der Stratege, hatte sie zu dieser Lüge überredet. Denn
er brauchte eine Frau, die Männer sich ins Bett träumen, keine
stillende Mutter.

Aber es vergehen noch einmal fast dreißig Jahre, bevor die
Cardinale in ihrer Autobiographie gesteht, wer sie mit 17 ge-
schwängert hat: kein Liebhaber, sondern ein Mann, der sie in
Tunis verschleppt und vergewaltigt hat. Die frühe Geburt hat
Folgen: CC ist erst vierzig, als Patrick ankündigt, er werde sie zur
Großmutter machen. Aber noch zwei Monate davor wird die
Großmutter Mutter von Claudia der II. Und siebzehn Jahre, also
tausend dramatische Streitereien mit Pasquale später antwortet
sie auf die Frage, auf welche drei Dinge sie in ihrem Leben nicht

260

verzichten möchte: »Meine Tochter, meinen Sohn, meinen Mann.«

Wen es irritiert, daß die Cardinale die Ihrigen als »Dinge« einordnet, kennt nicht ihr berühmtes Gespräch mit Italiens berühmtestem Dichter Alberto Moravia.

Metaphysische Untersuchungen über die Claudianerie hieß das Buch, das daraus entstand, aus einer langen Sitzung der 25jährigen Schönheit und des 56jährigen Schriftstellers, geführt im Jahr 1963, ein Jahr, nachdem sie durch Viscontis *Il Gattopardo* zum Idol geworden war.

»Ich werde«, sagt Moravia gleich am Anfang, »ein sonderbares Interview mit Ihnen anstellen. Sie müssen es auf sich nehmen, zu einem Objekt reduziert zu werden.« Er will keine Geschichten von ihr wissen, nur exakte äußere Angaben, die für sie, das Ding Cardinale, bezeichnend sind. Die Maße von Taille (59), Hüfte und Busen (95), den Kopfumfang, die Hals- und Beinlänge (weiß sie nicht), das Verhältnis zum Körper. Er will wissen, welches sie für ihren ausdrucksstärksten Körperteil hält (die Arme) und wie sie schläft (nackt, auf der rechten Seite, mit eng zusammmengerolltem Körper, die Knie nah beim Kinn). Er verführt sie zu einer gnadenlos sachlichen Analyse ihrer Merkmale. Und sie redet: über ihre abstehenden Ohren, die beim Diskutieren rot werden und für den Film *Die üblichen Unbekannten* angeklebt wurden. Über ihre Art, in der Badewanne zu liegen (wobei sie auf die Füße schaut), herauszusteigen (nach 20 Minuten, immer mit dem linken Fuß zuerst), um sich mit einem gelben Bademantel trockenzurubbeln.

Wie sie ihre Stirn finde, fragt Moravia.

»Es ist eine nicht sehr hohe, eine wenig harte Stirn«, sagt die Cardinale.

Und der Ausdruck ihres Mundes?

»Etwas hart«, sagt das Vollweib.

Die Hände?

»Wenig weiblich«, meint sie. »Claudia, du bist ein echter Kerl«, hat schließlich auch John Wayne zu ihr gesagt. Aber dieses Stück Kerl, diese Härten, braucht eine echte Frau; sie braucht diese männlichen Qualitäten, um ihre weiblichen verteidigen zu können. Doch davor, jemanden zu verletzen, schreckt Claudia Cardinale zurück. Sogar damals, als sie sich gerade hemmungslos und hoffnungslos verliebt hat in Pasquale. Claudia verläßt ihren Macher und Mann Cristaldi, Pasquale seine Frau Silvana und die drei Kinder. Da versucht Silvana, sich umzubringen, und die Verliebten trennen sich, weil Claudia es will. 22 Tage halten sie es aus, dann durchbricht die Leidenschaft den Damm der guten Vorsätze endgültig. »Wie viele Orientalen«, sagt die Italienerin aus Tunis, »glaube ich an Schicksal. Und doch ist nichts im Leben ein Geschenk. Um alles Wichtige muß man kämpfen.« Also kämpft sie für Pasquale, aber nie gegen Silvana. Denn Claudia Cardinale ist mutig, forsch ist sie nicht. Visconti erst hat ihr beigebracht, größere Schritte zu machen, einen Raum zu durchmessen; sich im Bikini zu zeigen, dazu konnte sie noch niemand bringen. »Ich weiß nicht, wie man es sich mit einer nicht hundertprozentig perfekten Figur trauen kann, einen Bikini anzuziehen«, wundert sie sich, die sich selber als Perfektionistin bezeichnet und Frauen, die im Supermarkt Lockenwickler oder am Pool Gesichtsmasken tragen, unappetitlich findet. Schönheitspflege ist für sie ein intimes Ritual, das keinen anderen etwas angeht. Und Erotik genauso. »Das ist eine Frage der Alchimie.« Zu ihrer Schönheit hat Claudia Cardinale ein gebrochenes, aber mit Sicherheit kein angestrengtes Verhältnis. »Ich tue nicht viel dafür«, hat sie noch vor wenigen Jahren gesagt, »ich pflege mich wie jede Frau. Ich bin unglaublich faul, rauche und trinke Wein.«

Vor 34 Jahren, als Moravia seine Erkundungen der Nazionale betrieb, fragte er sie: »Glauben Sie, daß Sie schön sind?« Und sie meinte verwirrt: »Ich weiß nicht, ob ich wirklich schön bin, ich glaube, ich bin seltsam.«

Sie selbst erklärte damals, das Seltsame sei wohl, daß ihr Kopf und ihr Körper nicht zusammenpaßten. Genau daraus hat sie etwas gemacht: das Faszinosum der Claudia Cardinale. Der nicht perfekten und daher vollendeten Frau. »Sie war 37 Jahre alt«, schrieb Elsa Morante, Moravias Gattin, »und tat sicherlich nichts, um jünger zu wirken. Ihr Körper war eher unterernährt und ohne Formen. Ihre krausen und kohlpechrabenschwarzen Haare begannen weiß zu werden. Sie hatte ein Gesicht, das das eines kränklichen Mädchens zu sein schien.«

So sieht sie aus, die römische jüdische Lehrerin Ida in Elsa Morantes legendärem Roman *La Storia*. Kein Wunder, daß die Kritik empört kreischte, als es hieß, die Cardinale werde die Ida in der Verfilmung des Romans spielen. Denn ihr Körper war gar nicht unterernährt, ihr Haar nicht kraus, ihr Gesicht nicht kränklich. Eine krasse Fehlbesetzung, empörten sich die meisten. Aber sie war die Idealbesetzung, denn Claudia Cardinale, jung vergewaltigt und schwanger geworden, kannte die Gefühle von Ida, die im zweiten Weltkrieg von einem deutschen Soldaten vergewaltigt und schwanger wird. Claudia Cardinale und Ida teilten auch dieses Seltsame: diese Widersprüchlichkeit aus Wärme und Spröde, aus Sanftmut und Stärke. Ida und Claudia sind hundertprozentige Frauen, die instinktiv wissen, welche Wunden sie verbergen müssen und welche sie zugeben dürfen.

Mit 52 dreht die Cardinale einen Film mit ihrem Mann: *Augenblicke des Schmerzes*. Es geht um Drogenhandel und Drogensucht. Und da erst gibt die Cardinale zu, daß auch Patrick, ihr Sohn, Drogen genommen hat, daß sie die Sorgen, die sie spielt, kennt. Was sie mit 25 zu Moravia sagte, hat sie über Jahrzehnte hinweg bewiesen: »Im Leben bin ich ein ganz gewöhnliches Mädchen wie alle anderen auch.« Eine Frau, die ihre Tochter mit einem klapprigen Fiat in die Schule bringt, Pasta liebt, mit den Kilos kämpft, die sich später Sorgen macht um das hübsche Mädchen, die in Zeiten von Aids um ihre Kinder bangt. Und Mitleid hat mit ihnen: »Aids verbietet dieses Sichfallenlassen, das doch so notwendig zur Liebe gehört.«

Claudia Cardinale ist eine ganz gewöhnliche Frau. Sie sagt heute noch: »Ich lasse mich gern bewundern.« Sie schluckt morgens die Sorgen runter und betrachtet im Spiegel ihr älter werdendes Gesicht, sie hört allmählich auf, die Fältchen zu zählen und die Tage, an denen sie melancholisch wird. Sie streitet sich mit ihrem Mann, verläßt ihn und wird verlassen und kommt nicht los von ihm. Eine Frau mit gewöhnlichen Kümmernissen. Ungewöhnlich ist nur, daß sie anders als die anderen Diven nie hysterisch ist, nie überdreht, nie überzogen. Eine Frau ohne Allüren, der ihr Mann wichtiger ist als die Rollen und die Persönlichkeit, wichtiger als die Prominenz. »Ich will mein Gesicht behalten«, raubt sie den Schönheitschirurgen die Hoffnung, »denn es gehört mir. Sollte mich die Kamera eines Tages nicht mehr lieben – ich verschmerze es. Es gibt Wichtigeres.«

Das ist Feminismus der sanften Art. Denn für eine Feministin, wie die CC, ist Hingabe keine Schwäche und Vergeben ein Zeichen von Stärke ...

»Ich liebe und ich brauche ihn«, sagt Claudia Cardinale über den jähzornigen Pasquale Squitieri. »Ich brauche so einen stolzen Mann wie Pasquale, weil ich selbst so stolz bin. Ein Schwächling hat bei mir keine Chance.« Und ein Klatschjournalist, die lauteste Sorte von Schwächling, erst recht nicht. Am 2. Juni 1996 freut sich die *NEW YORK POST* über eine fette Füllung für das Sommerloch: Claudia Cardinale, vermeldet sie, habe ein Verhältnis mit Frankreichs Staatspräsident Jacques Chirac. »Paris brummt nur so vor Gerüchten«, heißt es da. Schließlich lebt Claudia Cardinale seit Jahren in ihrer Pariser Wohnung im Marais, Pasquale Squitieri in der Villa in Rom. Daß beide täglich telefonieren und sich fast jedes Wochenende sehen, interessiert die *NEW YORK POST* wenig. Und der Klatschvirus aus den USA erweist sich als hochansteckend. In London, in Paris, sogar in Istanbul, macht die angebliche Liaison von JC und CC Schlagzeilen. Und was macht Claudia Cardinale? Sie tobt zuerst und amüsiert sich dann. Was denn Chirac dazu sagen wird, fragt sie ein Journalist. »Ich vermute, der lacht genauso drüber wie ich.« Und das Gerücht versickert dort, wo es herkommt – in der Gosse. Denn die Cardinale ist eine Frau, die den Jahrmarkt der Lächerlichkeit nie betritt. Auch nicht als Schauspielerin. Nicht jünger, älter wäre sie gerne im Film. »Ich würde heute sofort die Rolle der Mutter Teresa übernehmen«, hat sie gestanden.

Heiliggesprochen wird sie zwar sicher nicht. Denn als man sie fragte, wo sie versagt habe, meinte sie ehrlich: »Ich wollte eigentlich nur einem einzigen Mann im Leben treu sein.«

Anbetungswürdig ist Claudia Cardinale trotzdem. Oder geben wir es zu: gerade deswegen.

Claudia Cardinale

1938: Sie wird am 15. April in Tunis als Tochter eines Sizilianers geboren.

1957: Bei einer Mißwahl wird sie zur »schönsten Italienerin von Tunis« gewählt.

1958: Claudia wird vom Filmproduzenten Franco Cristaldi entdeckt und feiert mit der Komödie *Diebe haben's schwer* große Erfolge. Sie bekommt ihren unehelichen Sohn Patrick.

1960: Unter der Regie von Luchino Visconti dreht sie *Rocco und seine Brüder*.

1962: *Der Leopard* bringt ihr einen Vertrag in Hollywood ein.

1966: Auf einer Reise nach Südamerika heiratet sie Franco Cristaldi. Die Ehe wird in Italien nicht anerkannt.

1969: *Spiel mir das Lied vom Tod*

1975: Claudia Cardinale trennt sich von Cristaldi und verliebt sich in den Regisseur Pasquale Squitieri.

1979: Sie bekommt Tochter Claudia und wird kurz darauf von ihrem Sohn zur Großmutter gemacht.

1993: Bei den Filmfestspielen in Venedig wird sie mit dem Goldenen Löwen für ihr Gesamtwerk geehrt.

GRETA GARBO

Die Marmorschönheit
mit rosa Träumen

Sie öffnet mit ihren großen, kräftigen Händen den Brief aus
Deutschland. An die 15 000 Fanbriefe bekommt sie jede Woche,
aber sie weiß auf den ersten Blick, wer der Absender dieses
Briefs ist. Denn der Mann bestürmt sie schon lange. Nicht pornographisch, wie viele andere. Schwärmerisch, leidenschaftlich,
pathetisch. Der Verehrer fleht sie, die Frau seiner Träume, an,
endlich, endlich nach Deutschland zu kommen. Und sie kommt.
Göttlich, entrückt, unberührbar schreitet sie an den Wachposten
vorbei, den Blick in weite Ferne gerichtet, geht die Treppe hinauf. Hitler neigt sich über ihre Hand. Beide versinken in tiefen
Fauteuils, er malt seine Visionen von ihr als Heilige der Natio-
nalsozialisten. Da greift sie in ihre Tasche, zieht eine kleine
Browning heraus. Und Hitler sinkt tot in sich zusammen.

Das ist kein Film: Das ist ein fester Vorsatz im Kopf von Greta
Garbo gewesen. »Wenn der Krieg damals nicht angefangen hätte, wäre ich hingefahren«, sagte sie. »Und dann hätte ich eine
Pistole aus meiner Tasche geholt und ihn erschossen. Ich bin die
einzige, die sie nicht durchsucht hätten.«

Nein, Greta Garbo war nicht politisch, schon gar keine Heldin.
Sie war nur romantisch. Als Kind bereits hatte sie sich vorge-
stellt, einen grausamen König umzubringen und auf seinen
Thron einen guten Ritter zu setzen. Daß ausgerechnet Rosa die
Lieblingsfarbe der kühlen Schwedin war, ist verräterisch. Rosa
war auch der Traum, Hitler zu ermorden. Gut, angeblich hat die
Garbo wirklich eine kleine Rolle im Geheimdienst der Alliierten
übernommen. Aber eine sehr viel größere Rolle als die Ideale
von Freiheit und Gerechtigkeit für die Menschheit spielten im
Leben der Greta Gustafson ihre höchst privaten Ziele.

Die Tochter eines arbeitslosen Seemanns, Straßenkehrers und Aushilfsgärtners, die den Vater schon mit 14 verlor, sah sich als kleines Mädchen bereits umstrahlt von einer Gloriole. Und Gretas Kindheitsphantasien wurden wahr. Eine Prinzessin, leuchtend in ungeahnter Herrlichkeit, hatte sie werden wollen. Und sie wurde die Göttin Hollywoods. Ein Junge zu sein hatte sie sich eingeredet, Puppen verschmäht, Zinnsoldaten geliebt. Und später lief sie am liebsten in einem Herrenmantel und in Männerschuhen herum. Die schönsten Frauen Hollywoods wurden ihretwegen liebeskrank. Und sie selber, die Männer enthauptete mit ihrem lasziven Lächeln, stilisierte sich zum Kerl – so sehr, daß sie daran glaubte. »Ich rauche«, sagte sie, »seit ich ein kleiner Junge war.« Wenn sie wie immer früh aufbrach bei Freunden oder Bekannten, erklärte sie nur knapp: »Er muß ins Bett.«

Bei Freunden tauchte sie später gerne mit der Bitte auf: »Hast du nicht eine Tasse heißen Tee für einen alten Mann?«

Die Traumrollen dieser Frau, die für die Welt Inbegriff weiblicher Verheißung war und ist: Franz von Assisi, Hamlet oder am liebsten Dorian Gray. Das Mädel, das Dorian ins Verderben reißt, fand sie, sollte Marilyn Monroe spielen. Greta kam aus einem Arbeiterviertel, wo es menschelte, wo es stank, wo jeder alles anfaßte. Trotzdem bekam sie schon als junge Frau den Titel »die Göttliche« verliehen. Denn sie schien auf einem Sockel zu stehen: anbetungswürdig und unerreichbar. Der Trick war bekanntlich das Geheimnis, das sie umwaberte. Fragt sich nur: Wie geht das – geheimnisvoll zu wirken?

Es war nicht nur die magische Makellosigkeit ihres Gesichtes, dieses schwindelerregende Ebenmaß. Es war vor allem die Tatsache, daß sie sich niemals zeigte. Weder die Seele noch den Körper. Es war nicht ihr Busen, es war ihr Blick, es waren nicht die schwingenden Hüften, es war die erotische Grausamkeit ihrer Oberlippe, die Männer und Frauen erregte. Göttlich erscheinen ließ sie das Geheimnis, das ihren Blick verschleierte, das ihre dunkle Altstimme umhüllte und aus ihrem recht banalen Leben ein Mysterium machte.

268

Schon an der Königlichen Theaterakademie in Stockholm war das so gewesen. »Wir wußten nie«, sagte einer ihrer Mitstudenten, »ob sie alles wußte oder nichts.« Das wußte Greta Gustafson selber allerdings auch nicht.

Sie wußte nicht einmal, wer sie war. »Macht aus mir, was ihr wollt«, war ihre Devise. Sie verführte, ohne sich verführerisch zu finden, sie verkörperte Überlegenheit, ohne sich überlegen zu fühlen. Greta wußte auch nicht, was sie suchte: den Mann, der sie beherrschte, oder den, der sich unterwarf? Die Frau fürs Leben oder nur für eine Nacht? Geborgenheit oder Einsamkeit? Nur eines war ihr klar: Sie wollte nach oben.

Die Vierzehnjährige mit den dicken Waden, den schiefen Zähnen und dem verfilzten Kraushaar steht in einem Barbierladen in Stockholm als Rasiermädchen, rührt den Schaum an, seift die Männer ein, putzt und schleift die Klingen, wäscht schmutzige Waschbecken und hört die nicht gerade sauberen Witze der Herren. Einer sieht in ihr mehr als das dickliche Mädel mit Doppelkinn. Er sieht diesen Blick unter langen Lidern, die veilchenblauen Augen, überschattet von schweren Wimpern, er sieht die vollendete Geometrie eines marmorglatten Gesichts. Und holt sie als Verkäuferin in sein teures Kaufhaus. Dort wird aus Greta, dem adretten Mädel, ein Hutmodell für den Hauskatalog. Daß aus dem behüteten Teenager eine Schauspielerin wird, verdankt sie aber keinen Herren, nur sich selber. Sie bewirbt sich an der Schauspielschule und fällt dort in einem Ibsen-Stück einem Herrn namens Stiller auf. Mauritz Stiller, der finnisch-russische Regisseur jüdischer Konfession, der in bestickten Westen, mit reichberingten Händen, im maßgefertigten gelben Kissel Kar durch Stockholm brettert und so halsbrecherisch fährt, daß es bei einem Bremsmanöver den Hund aus dem Fenster schleudert: dieser schillernde, bisexuelle Dandy ausgerechnet macht aus der plumpen Greta Gustafson eine Greta Garbo. Den Namen erfindet er, so eine der Legenden, inspiriert von dem altnorwegischen Wort *garbo* für Waldnymphe oder Waldgeist. Allerdings sprach Stiller kein Altnorwegisch. Andere haben behauptet, er sei darauf gekommen durch die italienische Musikanweisung *con garbo* – mit Anmut. Spötter, die mit dem ersten Ruhm zugleich die Garbo umgaben, deuteten den Namen so: Er bestehe aus den Anfangsbuchstaben von *Gör alla roller berömvärt opersonligt* – sie spielt alle Rollen hervorragend unpersönlich. Aber das Unpersönliche macht eben das Geheimnisvolle aus. Stiller ist kein milder Mäzen. Er macht Greta fertig, er demütigt sie, schmäht sie als Trampel, zwingt sie, zwanzig Pfund runterzuhungern. Und baut sie auf, hebt sie in den Himmel, verklärt und rühmt sie als das Gesicht des Jahrhunderts, wie man es nur einmal erlebt.

Im Windschatten seines Ruhms kommt sie nach Hollywood, wo der MGM-Boß Louis B. Mayer die »schwedische Kuh« nur als Knochenbeiwaage nimmt zu Stiller. Aber schnell ist sie strahlender als ihr Macher, stärker als die stärksten Filmmoguln und handelt mit eherner Härte sensationelle Gagen aus. Aufsehen erregt sie, weil sie vorgibt, das nicht zu wollen. Inmitten der lauten Selbstdarsteller schlägt sie leise Töne an. »Ich streite nie«, sagte die Garbo. »Und ich würde auch im Film nie eine Streitszene spielen.« Sie schweigt und pflegt ihr Image als eine, die den Boden der Banalität und Vulgarität nicht berührt. Das Angebot, im *Fall Paradine* die Hauptrolle zu übernehmen, lehnte die Garbo später ab mit dem Argument: »Keine Mamas, keine Mörderinnen«. Nicht warme Sinnlichkeit, sondern distanzierte Unterkühltheit ist es, was ihre erotische Ausstrahlung ausmacht. Der Schauspieler Wayne Morris, hieß es, habe seine Wasserhähne im Badezimmer statt mit »hot« und »cold« mit »Anne Sheridan« und »Greta Garbo« beschriftet. Kaum einer weiß, daß die Garbo aus der Seelennot eine Tugend macht. Daß sie sich nur deswegen nicht bindet, weil sie tief neurotisch ist. John Gilbert, ihr Filmpartner, versucht zweimal, sie zu heiraten. Durchzubrennen mit ihr, damit die Welt erfahren möge, welch lodernde Leidenschaft er in der kühlen Göttin entfacht habe. Aber sie haut ab. Schließt sich ins Frauenklo ein, um klammheimlich mit dem nächsten Zug nach Hause zu fahren.

»Ich war in ihn verliebt«, gab die Garbo zu. »Aber ich bekam es mit der Angst zu tun. Ich befürchtete, er würde mir sagen, was ich zu tun habe, er würde mich bestimmen. Ich wollte immer diejenige sein, die bestimmt.«

Loise Brooks, bekennende Lesbe und bekannte Femme fatale, sah allerdings andere Gründe für Gretas Flucht. Einen Typen wie Gilbert habe die Garbo in Wahrheit verachtet. Aber: »Sie tat, was alle Schauspielerinnen tun, seit das Wort Hure durch Schauspielerin ersetzt worden ist. Sie ging mit ihm aus und stieg der Karriere willen von Zeit zu Zeit mit ihm nebenbei ins Bett. Sobald sie ihre Schäfchen im trockenen hatte, gab sie ihm den Laufpaß.« Sicher ist: Stiller starb in einem Stockholmer Armenhaus an vergifteter Leber und gebrochenem Herzen, Gilbert starb jung, alkoholsüchtig und garbosüchtig. Und der schwarze Schleier, mit dem sie an sein Grab trat, verbarg wahrscheinlich nur die Tränen, die sie nicht vergoß.

»Verliebt«, sagte die Garbo, »ist jeder einmal. Aber heiraten? Ich habe immer dieses übermächtige Verlangen, allein zu sein.«

Menschen machten sie nervös, Dinnerpartys depressiv, Paparazzi aggressiv.

»Laßt mich in Ruhe«, war ihr Kernsatz. Eine krankhafte Angst umklammerte lebenslang ihr Herz: die Angst, sich festzulegen. Die übliche Antwort auf Einladungen hieß: »Wie soll ich wissen, ob ich am Mittwoch Hunger habe?« Gnadenlos und erbarmungslos schlägt sie sich immer wieder frei. Errichtet Mauern um ihr Haus und um ihre Seele, stachelbewehrt.

Ein Reporter überrumpelt sie dennoch, als sie hektisch rückwärts aus der Garage fährt. Er springt aufs Trittbrett, die Garbo legt einen Gang ein, flucht »verdammt« und gibt so energisch Gas, daß es den Reporter aufs Kreuz haut. Und dieses Oneword-Interview wird zu einer Geschichte aufgebläht, denn längere Geschichten waren von der Garbo nicht zu ergattern.

Nähe heißt für sie Gefahr, Intimität bedeutet ihr, den Verrat zu riskieren. Also keine Interviews, keine Autobiographie, keine Heirat, keine Familie, kein Zusammenleben, keine Bekenntnisse. Wer nichts von ihr will, kriegt etwas. Unter Schwulen und Bisexuellen oder verheirateten Lesben ist ihr wohler als im Kreis begehrlicher Heterosexueller. Trotzdem droht immer wieder Bindung oder Verpflichtung. Zweimal hat die Garbo angeblich abgetrieben. Göttinnen wie sie gebären nicht.

Sie läßt sich auf Frauen ein, die sich einen Ehemann als soziales Alibi halten. Vor deren Zudringlichkeit wähnt sie sich sicher. Zu Unrecht. Lilyan Tashman, der Vamp mit Sinn für Komik, brennt auf die Garbo. Und dieses Feuer ist brandgefährlich. »Wenn Lilyan einige Gläser getrunken hatte«, sagte eine Kollegin, »war es besser, nicht mit ihr auf die Damentoilette zu gehen.«. Drei Jahre ist sie mit der Garbo zusammen, quält sie mit ihren Selbstzweifeln und ihrer hysterischen Unsicherheit. Daß daran angeblich ein Gehirntumor schuld ist, bei dessen Operation sie schließlich mit nur 35 Jahren stirbt, wissen beide nicht. Die Garbo weiß nur, was sie belastet und behindert, und das stößt sie ab wie eine alte Haut.

Fifi d'Orsay, das sogenannte Pariser Sexsymbol, das den Eiffelturm nur von Fotos kennt, wird die nächste heimliche Geliebte der Göttlichen. Heimlichkeit aber ist auf dem Jahrmarkt der Eitelkeit unmöglich.

»Da Greta in ihrem Schneckenhaus sitzt«, vermeldet prompt eine Tageszeitung in Los Angeles im Jahr 1930, »amüsiert sich ganz Hollywood über diese Liebesaffäre und ist sehr neugierig. Fifi ist Gretas erste Freundin seit der Trennung von Lilyan Tashman.«

Doch sobald eine Liebschaft öffentlich wird, ist sie für die Garbo nur noch Abfall, Seelenmüll, den man zu entsorgen hat. Also weg mit Lilyan, weg mit Fifi. Her mit Mercedes. Die Garbo will kein Star sein, aber sie will angebetet werden, auf höchstem Niveau. Das bietet diese Mercedes de Acosta, acht Jahre älter als die Garbo, mit einem Bekanntenkreis wie ein Prominentenalbum, einer Garderobe wie aus *Dracula* und einem Auftritt wie Dorian Gray. Die spanische Adlige, aufgewachsen in Frankreich und den USA, Drehbuchautorin, Dichterin, Dramatikerin, lullt die Garbo mit Poesie und Lilien ein, verwöhnt sie mit Champagner und Gedichten. Sie füttert die nach Romantik hungernde Greta mit astrologischen Einsichten und fernöstlicher Weisheit. Und Greta streute ihr Blütenblätter, wenn sie kommt. Mercedes schafft es, mit der Unnahbaren sechs Wochen in nächster Nähe zu verbringen, auf einer Insel im Silver Lake. Sechs Wochen, in denen Mercedes die Göttliche verklärt – und versteht. Sie versteht, daß diese Frau, die ohne Scham nackt herumläuft, die durch die Fluten schießt wie ein Fisch, die sich zum ersten Mal auf ein Pferd setzt und losreitet, als sei sie mit ihm verwachsen, daß diese Frau kein Plastikgeschöpf made in USA sein kann und will. »Sie ist ein Naturgeschöpf«, schwärmt Mercedes. »Ein Geschöpf des Windes, des Sturms, der Felsen, der Bäume und des Wassers.« Was sentimental klingt, ist höchst real. Und auch das genießt die liebeslüsterne Mercedes. »Dann sah ich sie über mir«, schrieb sie, »die Konturen ihres Gesichts und ihres Körpers zeichneten sich vor dem Himmel ab – als wären ein strahlender, urgewaltiger, erhabener Gott und eine ebensolche Göttin zu einer Person verschmolzen.«

In der synthetischen Welt des Films fühlte sich die Schwedin mit den breiten Schwimmerschultern, den langen, kräftigen Beinen, den großen muskulösen Füßen immer fremd. Das hat auch Cecil Beaton gespürt, der bisexuelle Fotograf, der sie anbetete und erst ins Bett bekam, als er sie ignorierte. »Teil der Natur zu sein«, schrieb er, »berauschte sie – wie jemand, der zum ersten Mal Champagner trinkt.«

Die Natur unterschreibt bekanntlich keine Verträge. Und die Garbo unterschrieb nie einen Ehevertrag. Vor allem aber hat keiner das Recht, sich mit den Schönheiten der Natur zu brüsten. Keine darf sagen, Gottes Herrlichkeit sei sein Privatbesitz, sein Schrebergarten. Wer immer sich mit der Garbo brüstet und anmaßt, sie gehöre ihm, wird verstoßen. Ob Frau oder Mann. Der Komponist Leopold Stokowski läßt sich für sie scheiden und verkündet, er werde sie heiraten. Das ist das Ende.

Aber die Bindungsangst der Garbo war auch die Scheu des Tiers vor dem Käfig, die Angst des Fisches, ins Netz zu gehen. Nur mit George Schlee, dem häßlichen, herben und herrschsüchtigen Geschäftsmann, hielt sie es aus, fast zwanzig Jahre – bis zu seinem Tod. Denn er bleibt verheiratet. Doch auch ihn verrät sie, freilich erst posthum: Als er in Paris am Herzinfarkt stirbt, flieht die Frau mit der Sonnenbrille. Und die betrogene Gattin muß einfliegen und den Ehemann zu Grabe tragen.

Lange hat sich die Garbo nicht einmal an Wohnorte gebunden: Ihre Domizile waren meistens trostlos, denn Gemütlichkeit hätte sie bedrängt und beengt.

Auch die Moralbegriffe der Garbo waren alles andere als eng. Sie wußte, daß Mauritz Stiller, nachdem sie ihn verlassen hatte, sich mit seinem berühmten Kollegen Murnau in Kalifornien Stricher vom Santa Monica Boulevard holte. Drei Jahre nach Stiller starb Murnau unter skandalösen Umständen: Sein blutjunger polynesischer Chauffeur saß am Steuer, als Murnau in seinem Packard abstürzte. Angeblich hatte Murnau mit ihm oralen Sex getrieben, was die Konzentration auf die Straße beeinträchtigte. Die Gesellschaft mied das Leichenbegängnis – die Garbo kam.

Charakter zeigte die Garbo immer. Herz zeigte sie selten. Das schien ihr geradezu exhibitionistisch zu sein.

Da verläßt sie ein teures Restaurant. Und am Ausgang steht ein Soldat in Uniform auf Krücken. Ein Bein hat es ihm weggerissen im Krieg. Zaghaft streckt er der Garbo sein Autogrammheft entgegen, aber sie läßt ihn stehen und stolziert weg mit langer Lippe. Ein grausames Spiel trieb sie in den Augen von Cecil Beaton mit Mercedes de Acosta, und das trieb sie später auch mit ihm. Er hätte es ahnen können. Clarence Sinclair Bull, damals der berühmteste Porträtfotograf von Hollywood, hätte das nicht überrascht. Denn er sah, was sie war, und zeigte es. Die Garbo sei der umgänglichste Star gewesen, mit dem er je gearbeitet habe, behauptete er. Aber er schuf das Bild von ihr, das zur Ikone wurde: Er retuschierte ihren Kopf auf den Körper der

Sphinx von Gizeh. Die Sphinx, das ist bekannt, fragt und vernichtet. Und sie weiß: Wenn ein Mensch ihr Rätsel löst, ihr Geheimnis ergründet, ist das ihr Verderben.

Also hütete die Garbo es. Und kultivierte ihr verwirrendes Ich.

Splitternackt streut sie Dünger im Vorgarten aus, jätet, pflanzt, pflückt. Bis sie auf die Idee kommt, man könne sie durch die Ritzen im Zaun sehen. Stundenlang steht sie am Fenster und schielt durch die Jalousien hinaus auf die Straße, kauert auf dem Balkon und pliert durch die Ritzen hinaus. Sie lebt das Leben der Gejagten und zelebriert das Versteckspiel mit Sonnenbrillen, Hintereingängen, falschen Namen, ausgestöpselten Telefonen und versteckten Fahrstühlen. Aber irgendwann ist sie die Gejagte ihrer selbst, ihrer harten Prinzipien, ihrer rigorosen Entscheidungen.

»Geformt aus Schnee und Einsamkeit«, beschrieb der französische Philosophie Roland Barthes ihr Gesicht. Ihre Wohnung in New York, 52. Straße, ist ein mit Antiquitäten vollgestopftes Sieben-Zimmer-Grab, rosa und pinkfarben ausstaffiert und dekoriert mit teuren impressionistischen Gemälden, aber die sind in Plastikfolie verpackt. Selbst die Bilder sind keine Freunde, sondern Geldanlagen. Freunde besorgen der greisen Göttin einen Begleiter, der sie diesem Grab entreißen soll. Und Sam Green, der 30jährige Kunsthändler, der sie an ihrem 65. Geburtstag kennenlernt, versucht alles, um ihr Freund zu sein. Fordert nie, drängt nie, gibt nur alles, was sie will: Geduld, Mitleid, Interesse für ihre Zipperlein, für die gewöhnlichsten Dinge vom tropfenden Wasserhahn bis zu neuen Schuhen, vom Lampenschirm bis zum Frühstückshackbraten. Er bewahrt sie davor, weiter in die Verwahrlosung abzurutschen, erträgt ihre häßlichen senfgelben Hosen, Pullis, Socken und Schals. Gewöhnt sich dran, daß sie Plastiktüten als Handtaschen benutzt, weil er ahnt: Sie will nicht mehr mit dem Idol konkurrieren, zu dem man sie machte. Mit der Götterstatue, zu der sie erhoben wurde. Aber irgendwann findet die Göttliche einen Vorwand, auch Sam zu verdammen.

»Greta Garbo heiratet – mit achtzig«, meldet der *GLOBE*.

Sie ruft den Freund an, den sie für den Verräter hält. »Mr. Green, Sie haben etwas Schreckliches getan.«

Sam weiß, daß Unschuldsbeteuerungen nichts helfen. Und fragt nur: »Gibt es irgend etwas, was ich tun kann?«

»Ja«, sagt die Garbo. »Legen Sie auf.«

Es ist das letzte Mal, daß er sie hört.

Vier Jahre später stirbt sie, an einem Ostersonntag, mittags um halb zwölf. Warum sie Green nicht mehr sehen wollte, warum sie so viele Menschen verstieß; das hat denselben Grund, aus dem sie niemals ihrem glühenden Bewunderer Norman Mailer begegnen wollte.

»Ich will ihm«, sagt die Garbo, »die Illusionen erhalten.«

Auch eine Sphinx nimmt kein Vermögen mit ins Grab. Aber ihr Geheimnis.

Greta Garbo

1905: Sie wird am 18. September in Stockholm geboren.

1920: Sie arbeitet als Verkäuferin in einem Warenhaus und macht Fotos für einen Katalog.

1922: Greta dreht ihren ersten Film *Luffar-Peter*.

1924: Die Garbo wird von Mauritz Stiller entdeckt und spielt in seinem Film *Gösta Berling*.

1925: Sie dreht *Die freudlose Gasse* und wird nach Hollywood engagiert.

1930: Ihr erster Tonfilm *Anna Christie* wird auch ihr erster großer Erfolg.

1933: *Königin Christine* und *Die Kameliendame* drei Jahre später machen sie unsterblich.

1939: Die Garbo dreht ihren letzten großen Erfolgsfilm *Ninotschka*. Darin gelingt Ernst Lubitsch erstmals, eine lachende Garbo zu zeigen.

1941: Der letzte Film von Greta Garbo, *Die Frau mit den zwei Gesichtern*, wird ein Mißerfolg. Sie kehrt dem Film unwiderruflich den Rücken.

1951: Nach zahlreichen Reisen durch die Welt nimmt sie schließlich die amerikanische Staatsbürgerschaft an.

1954: Sie erhält den Sonder-Oscar der Amerikanischen Akademie für Filmkunst.

1960: Die Garbo steigt ins Immobiliengeschäft ein. Ihr und ihrem Finanzberater Gaylord Hauser gehörte beinahe der gesamte Rodeo Drive in Hollywood.

1990: Greta Garbo stirbt am 15. April in einem New Yorker Krankenhaus.

GRACE KELLY

Die perfekte Beauty, die dem Vater nie gefiel

In der 20-Zimmer-Villa am Atlantik mit 12 Bädern, drei Swimmingpools und 12 Garagen hockt ein junges Mädchen in seinem Zimmer und hat Hunger.

Es sitzt an seinem Schreibtisch im Haus der Eltern in Ocean City, bettet die Orchidee, die der letzte Verehrer ihr geschenkt hat, zwischen Löschblätter und dann zwischen Buchdeckel, um sie zu pressen. Aber das Mädchen, eine grazile Blondine mit Porzellangesicht und tiefblauen Augen, denkt nicht daran, wie dieser Typ sie anhimmelt. Denn sie hat quälenden Hunger: nach Bestätigung durch ihren Vater.

Warum der sie aushungert, könnte ihr der König von England sagen.

Neun Jahre bevor Grace geboren worden ist, hat er dem seine durchgeschwitzte Mütze geschickt, mit einem ziemlich dreisten Brief, mit dem er nichts anderes sagen will als: Das ist meine Rache. Denn 1920 hatte der englische Henley-Club, ein Ruderclub für Gentlemen, den amerikanischen Nationalmeister im Einer-Rudern, einen Maurer namens John Kelly, nicht zur Regatta zugelassen. Grund der Ablehnung: Ein Maurer sei kein Gentleman.

In demselben Jahr gewann John Kelly in Antwerpen bei der Olympiade die Goldmedaille und schrieb triumphierend an den King.

Grace hätte auch die High-Society in Philadelphia fragen können, warum ihr Vater sie aushungerte. Dort hatte er alles versucht, um in die Gesellschafts-Aristokratie aufzusteigen, hatte sich um den Posten als Bürgermeister bemüht – aber der Goldmedaillengewinner, mittlerweile vielfacher Dollarmillionär, hatte keine Chance.

Dafür besaß er ein absolut sicheres Rezept für Revanche: gnadenlos Geld und Karriere machen. Und seine Kinder sollten die endgültigen Vollstrecker seiner Rache sein. Sieger in allen Sparten, die Besten in der Schule, an der Uni, die Gewinner im Job, die Ersten im Sport, die Spitzen der Gesellschaft.

Die Frau von John Kelly war zur Zucht von selbstgeborenen Rennpferden geeignet: die deutschstämmige Margret Mejer, Sportlehrerin und Dozentin für Leibesübungen an der Universität von Pennsylvania, wollte genau dasselbe wie Jack: Kinder mit den Körpern von Göttern und der Durchsetzungskraft von Bulldozern, eingekleidet in strammkatholische Moral. Peggy, die älteste Tochter, Kell, der einzige Sohn, und Lizanne, die Jüngste, machten in der familiären Leistungsschau eine gute Figur. Nur Grace war ein Versager, kränkelte und muckerte. Daß sie im Schultheater und im Ballett wenigstens Erfolg hatte, zählte daheim soviel wie ein lyrischer Sopran in Boxerkreisen. Kein Wunder, daß die Mutter, wenn hoher Besuch kam, vergaß, die blasse Blonde vorzustellen, oder daß sie auf die Geburtstagstorte dieser jämmerlichen Tochter zu wenige Kerzen steckte. Paßte also voll ins Bild, daß Grace die Aufnahmeprüfung ins College nicht schaffte (wegen Mathematik) und dann so etwas Wertloses wie eine Schaupielerkarriere anstrebte. Gesellschaftlich schädlich, moralisch zweifelhaft, finanziell aussichtslos und ideell minderwertig. Aber trotzdem schrieb sich Grace 18jährig an der American Academy of Dramatic Arts ein, der besten Schauspielschule in New York.

Sie ist kein angehender Star. Sie ist ein Allerweltsmädchen mit näselnder Piepsstimme, Philadelphia-Dialekt und breitem Kiefer, 167 Zentimeter groß, 57 Kilogramm schwer, unscheinbar und schüchtern. Aber sie weiß, was sie will: alles bringen, damit Daddy sie endlich liebt.

Ziemlich bald bringt sie einen erstklassigen Verlobten nach Hause: Don Richardson. Dozent an ihrer Schauspielschule, ein gebildeter, hochbegabter Bühnenautor. Die fromme Mutter, bekennende Katholikin, bereitet sich gründlich auf den Wochenendbesuch vor. Sie erkundet, daß der Mann Jude ist und nicht aus ersten Kreisen. Also bestellt sie kein Galaessen, sondern zwei kräftig gebaute Rüpel, Freunde ihres Sohns. Der Auftrag: den Gast fertigzumachen. Mit groben Sprüchen, antijüdischen Witzen und üblen Imitationen, wie der Jude so leibt und lebt, machen sie Don zumindest wütend. Und machen ihn klein: ziehen ihre Show ab, führen Don herum, führen vor, was ihm, dem Selfmade-Superman, gehört, was er gekauft, was er gespendet, was er aufgebaut hat. Und Grace wird ignoriert. Als Don sagt, sie werde ein Star, meint die liebe Mama: »Sie wird sich diese Flausen aus dem Kopf schlagen und vernünftig werden.« Am Morgen danach durchsucht die liebende Mutter Dons Brieftasche, findet Kondome und einen Anwaltsbrief, dem sie entnimmt, daß Don noch verheiratet ist. Sie verbietet der Tochter, den Kerl wieder zu treffen. Als die sich nicht daran hält, kommt zuerst der Vater in die Wohnung von Richardson und bietet ihm einen Jaguar im Austausch gegen die Tochter. Nachdem das nicht fruchtet, ruft der Sohn an und eröffnet Don, er werde ihm alle Knochen brechen, wenn er nicht die Finger lasse von Grace. War also nichts mit dem erstklassigen Mann.

Von da an hetzt Grace immer weiter, immer schneller nach oben, auf den Gipfel. Um es Papa recht zu machen. Statt eines Angebots an Schwiegersöhnen bringt sie Erfolge nach Hause: Sie verdient schon mit 20 ihr eigenes Geld als Model und Starlet in TV-Spots. Geradezu konkurrenzlos ist sie in der Werbung für Haushaltgeräte. Keiner nähme schließlich Marilyn Monroe einen Staubsauger ab. Aber der Vater ignoriert sie. Grace hungert weiter nach einem Löffel Bestätigung. Und bringt erste Filmverträge mit. Aber der Vater gibt ihr nichts als Ermahnungen. Ihm auch nur einen Krümel Bewunderung abzutrotzen mit einem Mann, das gibt Grace Kelly bald auf. Einem Star wie William Holden bietet er dasselbe an wie Don Richardson: nicht die Hand der Tochter, nur Prügel bis zum Scheintod. Die Eltern von Grace Kelly sind zufrieden, denn sie haben das Gefühl, in einem Punkt erfolgreich gewesen zu sein in ihrer Erziehung: Grace gilt als verklemmte Zicke. Läuft herum in flachen Schuhen, in Wollrökken, Hüte mit Schleier auf dem Kopf und an den Händen weiße Handschuhe. Mutter Kelly wäre selig, wenn sie wüßte, daß ihre Tochter bei vielen als prüde und frigide gilt. Aber es gibt, spätestens seit Don Richardson, einige, die es besser wissen.

Die Mädchen im Barbizon-Wohnheim für junge Frauen, wo sie nachts im Unterrock auf den Fluren tanzt. Oder Don, für den sie splitternackt ekstatische hawaiische Tänze aufführt im Licht des Kaminfeuers. Oder auch Ali Khan, hauptberuflich Playboy, nebenberuflich Gatte von Rita Hayworth, der ihr zuerst ein goldenes Zigarettenetui mit Smaragd schenkt: sein Standardpräsent für Mädchen, die mit ihm aus waren. Und dann ein Armband mit Saphiren: der Nachtschichttarif für Mädels, die mit ihm im Bett waren.

Grace Kelly wird das, wozu ihre Eltern sie zwingen: eine Frau mit zwei Gesichtern, zwei Leben und doppelter Moral. Sie ist auf der Leinwand das klinisch saubere amerikanische Mädchen, rein, ehrlich, jungfräulich. Wenn ein Journalist sie fragt, was sie im Bett anhat, liefert sie kein Bonmot wie Marilyn, sondern Tränen. Und wenn einer wissen will, ob sie BH-Einlagen trage, rennt sie flennend aus dem Zimmer. Hinter der Leinwand aber ist sie eine Frau, die sich bei den Liebhabern das holt, was der Vater ihr verweigert: Bestätigung.

Im Hollywood der 50er Jahre haben die männlichen Stars das Recht, sogar die Pflicht, sich als Verführer zu beweisen. Frauen wie Marilyn Monroe oder Jane Mansfield, Ava Gardner oder Jane Russell nehmen sich dasselbe Recht – für den Preis ihrer Ehrenhaftigkeit. Aber Grace Kelly hat sich das Image der unnahbaren Lady aufgebaut, kühl wie ihr Blick, keusch wie ihre Bewegungen und so hoheitsvoll, daß die Fotografen sie Queenie nennen und die Journalisten behaupten, sie gebe keine Interviews, sondern Audienz. Man fühle sich, lästert ein Reporter, bei ihr wie im Buckingham Palace. Queen Grace trägt weiße Handschuhe, als wolle sie signalisieren: »Das ordinäre Leben fasse ich nicht an. Ich berühre die Vulgaritäten Hollywoods nicht und bin unberührbar.«

Wäre sie so gewesen, fromm bis auf die Knochen, artig vom Schwanenhals bis zu dem von Stewart Granger gerühmten »herrlichen Hintern«, asketisch vom Morgen- bis zum Abendgebet: Sie wäre kein Star geworden.

Aber Grace Kelly war nicht die Inkarnation des braven amerikanischen Mädchens, sie war die Fleischwerdung der amerikanischen Sexualneurose. Das durchschaute sie. Und gedachte nicht zu vertrocknen wie ihre gepreßten Blumen. Sondern aufzublühen. Film und Leben werden zu einem Verwirrspiel. Und Grace Kelly wird zum verwirrendsten Phänomen Hollywoods.

In *High Noon* trägt sie als Amy das biedere Rüschenkleid einer Quäkerin, das Häubchen des Anstands, die Miene der braven Gattin. Aber sie hat im Film 50 Mal Gary Cooper zu küssen und tut es mit so viel Inbrunst, daß er süchtig wird. Sie stellt in *Magambo* neben Ava Gardner, der Bösen, die Gute dar. Aber sie will Clark Gable nicht im Film gewinnen, sondern im Bett – auch wenn ihr, wie sie gesteht, vor seinen falschen Zähnen graust.

Statt des Vaters erobert Grace Kelly Ersatz-Väter. Und je kälter sie wirken, desto heißer brennt Grace Kelly darauf, diese Männer zu besitzen. Es dem Vater zu zeigen, ohne daß sie es ihm zeigt.

Amerikas Idol Bing Crosby vergißt über Graces nicht üppigem, aber bebendem Busen seine sterbende Frau. Kaum ist er Witwer, will er sie heiraten. Eines Abends im Restaurant »Scandia«, an dem Tisch vorne rechts, steht Grace Kelly nach dem Dessert auf und geht für immer. Sie läßt einen Mann mit gebrochenem Herzen zurück, der noch Wochen, sogar Monate allabendlich an demselben Tisch sitzt und ins Leere glotzt.

»Ich liebte ihn nicht wirklich«, entschuldigt sie sich.

Das Ergebnis ihrer Leidenschaft: die schärfste Zunge Hollywoods, Hedda Hopper, erklärt Grace für mannstoll, und die Medusa des Klatschs, Louella Parsons, behauptet: »Die Gattinnen der Stars wetzen ihre Krallen, wenn Grace Kelly erscheint.«

Bei einem Regisseur namens Alfred Hitchcock bringt ihr das

Anerkennung. Seit er sie für *Bei Anruf Mord* ausgesucht hat, weiß er, daß sie der Typ ist, den er sucht: die Venus-Madonna, Hure und Heilige in einem.

»Ich brauche Damen, wirkliche Damen«, erklärt er, »die im Schlafzimmer zu Nutten werden.« Aber bitte erst dort. Seine Idealschauspielerin könnte, meinte Hitchcock, ruhig »daherkommen wie eine Lehrerin. Aber wenn Sie mit ihr ins Taxi steigen, überrascht sie Sie damit, daß sie Ihnen in den Hosenschlitz greift.« Nicht nur Hitchock wußte das zu schätzen, sondern auch der Schah von Persien oder Ray Midland, Frank Sinatra oder Spencer Tracy, David Niven oder später Cary Grant.

Solche Männer schwach zu machen stärkt zwar Graces schwaches Selbstbewußtsein. Aber so etwas eignet sich nicht, um des Vaters Liebe zu erobern. Als sie Oleg Cassini, den großen Modedesigner, als möglichen Gatten zu Hause vorführt, wird er aus dem Hause Kelly gepeitscht mit den probaten Methoden, die sich schon bei Richardson und Holden bewährt hatten.

Also bringt Grace etwas garantiert Lobenswertes heim: schauspielerische Leistung. 1954 sind fünf Filme von ihr in den Kinos, von *High Noon* bis *Green Fire* alles Kassenerfolge – wegen Grace Kelly. Für John Kelly ist das so eindrucksvoll wie jemand, der in der Schule Gedichte aufsagt. Doch Grace hat nicht zufällig breite Kieferknochen: Sie beißt sich fest, sie gibt nicht auf. 1955 bekommt sie den Oscar. Da werden bekanntlich die härtesten Väter weich. »Ich kann es nicht fassen«, stottert auch der Vater von Grace. »Ich kann es einfach nicht glauben, daß ausgerechnet Grace gewonnen hat. Von meinen vier Kindern ist sie die letzte, der ich zugetraut hätte, daß sie mich im Alter unterstützt.« Und damit auch jeder kapiert, was er meint, betont er: »Ich hab immer geglaubt, Peggy würde es weit bringen, denn alles, was Grace konnte, machte Peggy besser.«

Und diese Peggy hatte gesagt: »Wir Geschwister lagen immer im Kampf miteinander – um die Liebe unseres Vaters.«

Nicht ahnend, daß der nicht lieben kann, kämpft Grace, die verlorene Tochter, weiter.

Bei den Filmfestspielen in Cannes arrangiert die Zeitschrift *PARIS MATCH* ein Treffen von Grace, dem Star von Hollywood, und Rainier, dem Prinzen von Monaco. Nicht der Romantik, nur der Photos wegen.

Zum ersten Mal übersieht die abergläubische Grace die Zeichen. Daß alle Kleider verknittert sind, bis auf ein unpassend lautes mit knallroten und quietschgrünen Rosen auf schwarzem Satin, daß der Strom ausfällt und sie die Haare nicht trocknen kann, daß Rainier sie eine Stunde warten läßt. Und daß er sie im Zoo trifft, wo schöne Tiere gefangen hinter Käfigstäben ein erbärmliches Dasein fristen. Sie übersieht alles, denn sie sieht nur ihre Chance: einen echten Prinzen heimzubringen, einen zukünftigen Regenten, das *muß* den Vater beeindrucken.

Film und Leben: ein Verwirrspiel. Film und Leben verknoten sich immer enger und beklemmender.

»Ich gebe«, sagt der Vater zum Heiratsvermittler, dem Hofgeistlichen Pater Tucker, »meine Tochter nicht einem Pleitefürsten aus einem Land, das keiner kennt.« Die Presse bestätigt Vater Kelly. Rechnet aus, daß Monaco kleiner sei als der Central Park in New York, und lästert, Grace sei »viel zu schade für den stillen Partner einer Spielhölle«. Als Tucker dann auch noch zwei Millionen Dollar Mitgift herausholt, ist der neue Schwiegersohn für den Vater kein Held mehr, sondern ein Schlappschwanz, ein Schmarotzer. An diesem Eindruck ändert es nichts, daß Onassis bei der Ankunft 25 000 rote und weiße Nelken auf die Braut regnen läßt, daß die Hochzeit mit echten Prinzen, Fürsten und Milliardären ein Vermögen kostet und Gracia Patricia königlicher aussieht als alle Königinnen dieser Welt. Die Hochzeit – filmreif. Aber das Leben? Der Grimaldi-Palast ist schließlich eine Bruchbude mit undichtem Dach, ein Gespensterschloß mit 216 unbewohnten Zimmern.

Grace hat das größte Opfer gebracht, um dem Vater zu gefallen: Sie hat einen Mann genommen, über den sie sagt: »Ich werde schon lernen, ihn zu lieben.«

Und sie hat das aufgegeben, was ihr Rückgrat stärkte – ihren Beruf.

Der Erfolg, die einzige Nahrung für ihr Ego, bleibt aus. Ein filmreifes Leben soll das Leben, das Aufleben im Film ersetzen.

Und der Vater versetzt Grace den gemeinsten Stoß. Mit Mitleid lassen sich selbst starke Menschen schwächen, das weiß Vater Kelly genau. Zurück von der Hochzeitsreise, steht Gracia Patricia im Schloß und packt über 100 Care-Pakete von zu Hause aus. Waffeleisen, Truthahnkeulen, tiefgefroren, Deosprays, künstliche Blumen. Mais, Erbsen, Schinken, Rindfleisch und Hundefutter in Dosen. Klopapier in erster Qualität und Tabletten gegen Kopfweh, Bauchweh, Magenweh – gegen Heimweh sind leider keine dabei. Natürlich auch Bettwäsche, in das Mama Kelly eigenhändig das Monogramm KG – Kelly-Grimaldi – gestickt hat. Die Konserven lagert der Koch auf dem Speicher, den Truthahn entsorgt er anderweitig, die Bettwäsche, dieser Beweis amerikanischer Geschmacklosigkeit, wird umgehend zurückgeschickt: Neben Grimaldi darf doch kein anderer Name stehen!

Im Film wäre das komisch, in der Wirklichkeit ist es tragisch.

Bleibt ein Pullman-Sessel, den Grace in den Louis-XVI.-Salon ihres Gatten stellt, und ein blaues Brokatsofa, auf dem die Worte »I love you« prangen, das sie in seinem Arbeitszimmer plaziert. Und es geht ihr wie bei Daddy: Statt Lobes gibt es Zoff. »Wir erwarteten«, bekennt die Hofdame später, »daß sie Kaugummi unter die antiken Stühle klebt.«

Und Gracia Patricia lechzt weiter nach Liebe, Achtung, Bestätigung. Der Schwiegervater gibt ihr das – aber nach seinem Tode giert sie vergeblich danach, nach der einzigen Droge, die sie braucht.

Rainiers Mutter und Schwester bedenken sie nur in einem im Übermaß: mit Verachtung. Die Schwiegermutter, schreibt Gracia einem Freund daheim, habe die »Brustwarzen einer Hexe«. Aus denen kommt bekanntlich die giftige Milch des Hasses. Da hilft es nichts, daß Queen Elizabeth sagt, die junge Fürstin wirke, »als stamme sie aus einem uralten europäischen Adelsgeschlecht« –

286

was den Grimaldis keiner so leicht nachsagen kann. Das Verwirr-spiel von Film und Leben: Grace scheint darin in den Augen der Illustriertenleser die Gewinnerin zu sein. Aber sie verliert. 1960 stirbt Vater Kelly. Seit der Hochzeit war er nur zweimal in Monaco gewesen. Und sein Erbe hinterläßt er ausschließlich Kell, seinem Sohn.

Gracia Patricia gibt nun, anstatt zu nehmen. Ihren drei Kindern, vielen sozial Bedürftigen, diversen Stiftungen, den Monegassen. Sie gibt Zeit, Liebe, Zuwendung, Zärtlichkeit, um wenigstens von anderen zu bekommen, was der Vater ihr nie gab, was der Mann ihr verweigert.

Als sie 40 wird, sagt sie: »Das ist ein großer Schock für mich.« Denn in diesem Alter sei ein Mann etwas wert, eine Frau entwertet. »Vierzig zu werden ist qualvoll – das Ende.« Die Vorstellungen von John Kelly.

Daß Rainier von da an fremdgeht, tut ihr weh, aber sie protestiert nicht. Ihr Vater hat es ja auch gemacht, und einmal ungeniert 27 Handtaschen à 150 Dollar erworben als Weihnachtsgeschenke für seine Betthasen – die Kelly-Version von Ali Khans Saphirarmband. Offenbar braucht das Rainier, denkt Gracia, für seine Selbstbestätigung. Daß seine Frau so etwas bekommt, hat der Fürst von Anfang an verhindert: Hitchcocks Filmangebot für *Marnie* wurde gleich mehrfach exekutiert. Er befand, eine Fürstin dürfe keine frigide Kleptomanin spielen, das monegassische Volk empörte sich wunschgerecht, und der Papst schrieb an seine »schönste Tochter« und seinen »lieben Sohn«, eine katholische Landesmutter könne, dürfe einen solchen Frevel nicht begehen.

Und alles ist auf einmal wieder wie früher.

Film und Leben, ein Verwirrspiel.

In einem Gefängnis mit 220 Zellen sitzt eine nicht mehr ganz so grazile Blondine, denn die Trost-Droge Alkohol hat sie schwer und aufgedunsen gemacht. Aber sie hat noch immer ein Porzellangesicht und tiefblaue Augen. Die blonde Frau klebt keine Tüten, sie klebt selbstgepreßte Blumen zu Collagen. Seit sieben ist sie auf den Beinen, nachmittags hat sie Ausgang, zwischendrin gibt es ein Mittagessen. Sie trägt ein Kostüm von Chanel und Schmuck im Wert eines kleinen Eigenheims.

Noch immer preßt Gracia Patricia Blumen, obwohl die Journalistin Mara Wolynski öffentlich gespottet hat: »Gute Nacht, Gracia. Blumenpressen ist wohl die deprimierendste Kunstform, die das Menschengeschlecht je erfunden hat.«

Sie wird die Blüten-Collagen wie üblich verkaufen, das Stück für 1500 bis 8000 Dollar, zugunsten von UNICEF. Und sie wird wieder Angst haben vor der Vernissage. »Das ist ein Gefühl, als wenn man Kopf und Kragen riskierte«, gesteht sie. Trotzdem bringt sie es immer wieder hinter sich.

»Meine Eltern wußten, was immer ich tun würde, ich würde es gut tun.«

Eine Frau, deren Vater das Steuer immer in der Hand behält, lange noch über seinen Tod hinaus, kann nicht steuern. Weil sie glaubt, nicht zu dürfen. Als Teenager prallte sie bei Fahrversuchen schier auf eine Garagenwand. Und als sie mit Cary Grant *Über den Dächern von Nizza* dreht, greift der auf kurviger Straße schreckensblaß ins Steuer. Im Film. Im Leben überläßt Gracia das Steuer später fast immer dem Chauffeur.

Am 13. September 1982 aber steuert sie selbst. Und steuert ihr Leben dorthin, wo der Vater endlich nichts mehr zu sagen hat: in den Tod.

Grace Kelly

1929: Sie wird als drittes Kind des US-Milliardärs John Kelly und seiner Frau Margaret am 12. November in Philadelphia geboren.

1947: Aufnahme in New Yorks bester Schauspielschule Academy Of Dramatic Arts

1948: Grace bekommt ihre ersten Aufträge als Werbemodel – u.a. für Staubsauger.

1949: Sie schafft den Sprung an den Broadway und fällt in dem Strindberg-Stück *Vater* den Hollywoodregisseuren auf.

1951: Erste Filmrolle in *14 Stunden*

1952: Grace glänzt neben Gary Cooper in *12 Uhr mittags*. Folge: 7-Jahres-Vertrag bei MGM

1954: Für die Hitchcock-Filme *Bei Anruf Mord* und *Fenster zum Hof* bekommt sie den Preis der New Yorker Filmkritiker.

1954: Oscar als beste Schauspielerin für ihre Rolle in *Ein Mädchen vom Lande*

1956: *High Society* (mit Bing Crosby) ist ihre letzte, ganz große Filmrolle. Am 18. April heiratet sie in Monaco Fürst Rainier III. Und nennt sich jetzt nur noch Gracia Patricia.

1957: Am 32. Januar wird Tochter Caroline geboren.

1958: Am 14. März kommt Erbprinz Albert zur Welt.

1965: Am 1. Februar wird Tochter Stephanie geboren.

1970: Bei einer Benefiz-Show in London tritt sie noch einmal öffentlich auf – neben Frank Sinatra.

1982: Gracia Patricia verunglückt bei einer Autofahrt mit Tochter Stephanie. Einen Tag später stirbt die Fürstin.

PERSONENREGISTER

Acosta, Mercedes de 272, 274
Adjani, Isabelle 9
Arbus, Diane 208, 209
Albach-Retty, Wolf 47
Allen, Rupert 14
Agnelli, Gianni 249
Anouilh, Jean 189
Astaire, Fred 33, 145, 146, 183
Auermann, Nadja 10

Bailey, David 61, 66
Baker, Gladys 16
Baker, Josephine 189, 226
Baker, Norma Jean
  (s. Monroe, Marilyn)
Balsan, Etienne 229, 230
Balz, Bruno 115
Bardot, Brigitte 10, 57, 61,
  192, 211 ff.
Barnard, Christian 73, 76
Barthes, Roland 275
Basinger, Kim 9
Baulieu, Etienne-Emile 106
Bautzer, Greg 36
Beaton, Cecil 14, 154, 273, 274
Beatty, Warren 188
Beaume, George 50
Beauvoir, Simone de 74
Bécaud, Gilbert 218
Bello, Marino 130
Bennett, Joan 236
Benson, Henry 178

Bergman, Ingmar 240
Bergman, Ingrid 48, 141,
  232 ff., 242
Bern, Paul 134
Berteaut, Simone 165
Biasini, Daniel 51, 55
Biasini, Sarah 55
Bigard, Andrée 166
Birgel, Willy 114
Blatzheim, Hans-Herbert 50,
  51
Bogart, Humphrey 39, 80 ff.,
  89, 90, 156, 184, 185, 242
Botti, Giancarlo 47
Bouquet, Carole 9
Brando, Marlon 124
Brandt, Willy 145
Brialy, Jean-Claude 44, 53
Broch, Hermann 195
Bromfield, Louis 85
Brooks, Loise 271
Buchholz, Horst 48
Buckley, Kathleen 189
Bull, Clarence Sinclair 274
Bullock, Sandra 9
Buñuel, Luis 61, 193
Burton, Richard 105, 168,
  169, 172 ff., 179

Callas, Maria 10, 12, 243
Cansino, Carmen Margarita
  (s. Rita Hayworth)

290

Capel, Arthur »Boy« 225, 227, 230
Capote, Truman 172
Cardin, Pierre 194
Cardinale, Claudia 106, 256 ff.
Carmen, Jeanne 19
Carpentier, Montclair 130
Caruso, Enrico 243
Cassini, Oleg 284
Castro, Fidel 73 ff.,
Catroux, Betty 229
Cerdan, Marcel 164
Chanel, Coco 221 ff.,
Chaplin, Charlie 60, 108
Chardin, Teilhard de 162
Charrière, Jacques 218, 219, 220
Cher 11
Chevalier, Maurice 160
Chiari, Walter 41
Chirac, Jacques 264
Christie, Agatha 240
Churchill, Winston 123, 125, 221, 227, 249
Chutter, Beth 178
Cicero 12
Clavell, Edith 167
Clift, Montgomery 14
Clinton, Bill 73
Cobre, Mario 41
Cocteau, Jean 46, 166, 167, 227, 228
Cohn, Harry 144
Colette 150, 156
Connery, Sean 148, 152
Constantine, Eddie 161, 164
Conway, Jack 204
Cooper, Gary 235, 283, 289
Cooper, Stuart 42, 152, 156
Costa, Mario 68

Crawford, Joan 120, 183
Cristaldi, Franco 258, 259, 265
Crosby, Bing 283, 289
Cukor, George 188
Curtis, Tony 18, 23

d'Ormale, Bernard 217, 220
d'Orsay, Fifi 272
Davies, Douglas 164
Davis, Bette 120
De Gaulle, Charles 212
Deans, Mickey 31, 33
Decourelles, Pierre 225
Deiro, Guido 203
Dellera, Francesca 77
Delon, Alain, 44, 46 ff., 50, 53, 217
Deneuve, Cathérine 57 ff.
Di Maggio, Joe 18, 22, 23
di Stefano, Giuseppe 255
Diaghilew, Serge 228
Dietrich, Marlene 10, 12, 54, 91 ff., 165, 172, 182, 209
Dincklage, Hans Günther von 221, 229, 231
Disney, Walt 44
Dominguin, Luis Miguel 40
Dorléac, Cathérine
    (s. Deneuve, Cathérine)
Dorléac, Francoise 58
Dotti, Andrea 155, 156
Dougherty, Jim 18, 22
Douglas, Kirk 79
Douglas, Lloyd C. 79
Driest, Burkhard 47
Dunne, Dominick 151
Duras, Marguerite 215

Earhart, Amelia 208
Eastwood, Clint 75

Edwards, Blake   148
Ernst, Max   227
Evangelista, Linda   9
Evans, Robert   53
Eyssen, Jan van   239

Fassbinder, Rainer Werner
    198
Feldman, Charlie   80
Fellini, Federico   207
Ferrer, Mel   152, 155, 156
Finch, Peter   125
Finney, Albert   152
Fisher, Eddie   148, 170, 173,
    176, 177
Fleming, Victor   232, 235
Ford, John   38, 48
Forsell, Vidar   116, 118
Forst, Willi   98
Fortensky, Larry   178, 179
Foster, Jodie   9
Friedkin, William   194, 195,
    198

Gabin, Jean   95
Gable, Clark   21, 23, 83, 120,
    134 ff., 283
Gainsbourgh, Serge   61, 218
Gandhi, Indira   77
Ganz, Bruno   53
Garbo, Greta   54, 138, 182,
    266 ff.
Gardner, Ava   34 ff., 282, 293
Garland, Judy   24 ff., 36
Gassion, Édith Giovanna
    (s. Piaf, Edith)
Gazzara, Ben   152, 155
Gérardin, Toto (Louis)   161,
    162
Gilbert, John   270

Givenchy, Hubert   150
Goebbels, Joseph   116, 117
Gogh, Vincent van   12
Granger, Stewart   41, 173,
    283
Grant, Cary   104, 188, 235,
    288
Greenson, Ralph   19
Greer, Jo Ann   140
Grimaldi, Rainier, Fürst von
    Monaco   285
Grüber, Klaus Michael   195
Guitry, Sasha   167
Gumm, Francis (s. Garland,
    Judy)
Gustafson, Greta
    (s. Garbo, Greta)

Haag, Romy   110
Halliday, Johnny   61
Handke, Peter   198
Hansen, Max   113
Haran, Shifra   140
Hardy, Oliver   129
Harlow, Jean   18, 129 ff.
Hauff, Richard   73
Hauser, Gaylord   277
Hawks, Howard   79, 82
Haymes, Dick   144, 146
Hayward, Leland   182
Hayworth, Rita   43, 48,
    137 ff., 282
Heemstra Hepburn-Ruston,
    Edda Kathleen van
    (s. Hepburn, Audrey)
Heemstra, Ella van   152
Hemingway, Ernest   37, 40,
    58, 91, 98, 227, 234, 242
Hepburn, Audrey   10, 108,
    148 ff.

Hepburn, Katherine   29, 96, 120, 180 ff.
Herron, Mark   30, 33
Herzog, Hans Werner   258
Hidalgo, Elvira de   243
Hill, James   144, 146
Hilton, Nick   177, 179
Hitchcock, Alfred   235, 282, 283, 287, 289
Hitler, Adolf   115, 117, 266
Holden, William   152
Höllger, Christiane   49, 53
Holman, Leigh   123
Hopper, Hedda   88, 283
Houston, Whitney   9
Howard, Jean   80
Hudson, Rock   178
Huelpers, Arne   116, 118
Hughes, Howard   38, 40, 73, 129, 136, 183
Hunt, Helen   137
Hurley, Elizabeth   9
Huston, John   87

Ibsen, Henrik   269

Jackson, Michael   170
Jaray, Hans   98
Jary, Michael   115, 117
Johnson, Edwin C.   141
Judson, Edward   143, 146
Jürgs, Michael   48, 50, 51

Kaestlin, Henrik   52
Kafka, Franz   55, 198
Kahn, Ali Suleiman   48, 141, 142, 146
Kaye, Dennis   124
Kazan, Elia   124

Kelly, Gene   87
Kelly, Grace   186, 278 ff.
Kelly, John   278, 285, 287, 288
Kennedy, Jackie   252
Kennedy, John F.   29, 230
Kennedy, Robert   17
Kerr, Deborah   144
Keyes, Evelyn   173
Khan, Yasmin   142, 145, 146, 147
Kinski, Klaus   258
Kolle, Oswalt   50

Lamboukas, Théo   162, 166, 167
Lancaster, Burt   144
Landlau, Arthur   120
Lang, Fritz   114
Lang, Walter   187
Laurel, Stan   129
Laurent, Yves Saint   57, 58, 254
Leamer, Laurence   241
Leander, Niels   113, 117
Leander, Zarah   109 ff.,
Legge, Walter   244
Leigh, Herbert   127
Leigh, Vivien   119 ff.,
Lemmon, Jack   23, 53, 106
Lemper, Ute   10
Lenoir, Jean   158
Leplée, Louis   158, 164, 167
Lerner, Max   173
Lewis, Sinclair   37
Lindström, Petter Aron   234, 236, 242
Lollobrigida, Gina   67 ff., 105, 106, 251
Longo, Ugo   258

293

Loren, Sophia   101 ff
Lorre, Peter   114
Lubitsch, Ernst   236, 276
Luft, Sid   28, 33
Lumet, Sidney   240, 242

Madonna   9, 11
Magnani, Anna   49, 237
Malle, Louis   190, 192, 198, 220
Mankiewicz, Joe   183
Mann, Thomas   37
Mansfield, Jane   282
Marais, Jean   95
Marivala, Jack   126
Marsa, Line   160
Marx, Groucho   205
Masters, George   17
Mastroianni, Marcello   62, 66, 67, 108
Matthau, Walter   106
Matthieu, Mireille   10
Matul, Tamara   96
Mayer, Louis B.   24, 25, 36, 270
McGrew, Charles   132
Meana, Marina Ripa   70
Meir, Golda   240, 241
Mejer, Margret   280
Mandela, Nelson   75
Meneghini   249, 250, 254
Mercouri, Melina   47
Mercuri, Giovanni   68
Merivale, Jack   128
Methot, Mayo   82
Meurisse, Paul   161
Meyen, David   49, 54
Meyen, Harry   49, 50, 51, 52, 54, 55
Meyer, Johnny   40
Midland, Ray   284

Miller, Arthur   13, 19, 21, 23
Miller, Jane   20
Miller, Robert   20
Minardos, Nicos   18
Minelli, Liza   27, 28, 32
Minelli, Vincente   27, 32
Miron-Boire, Odette   97
Mitchell, Margaret   120
Mitterrand, François   73
Monroe, Marilyn   10, 12 ff., 51, 54, 57, 87, 130, 268, 281, 282
Montand, Yves   19, 21, 23, 53, 161
Morante, Elsa   263
Moravia, Alberto   261, 263
Moreau, Jeanne   189 ff., 229
Morris, Wayne   270
Mussolini, Alessandra   106

Newman, Paul   77
Nielsen, Asta   114
Niven, David   87, 144, 260, 284
Noonan, Tommy   19

O'Toole, Peter   105, 152
Olivier, Laurence   119, 122, 124 ff., 197
Onassis, Aristoteles   141, 249, 252, 255, 285
Ophüls, Max   114

Palmer, Lilli   46
Parker, Dorothy   205
Parsons, Louella   142, 283
Pascal, Gabriel   124
Pasolini, Pier Paolo   253, 255
Peck, Gregory   152, 156, 234, 235

Pedemonte, Valeria 248
Perkins, Anthony 235
Péron, Juan 73
Perske, Betty Joan (s. Bacall,
	Lauren)
Petin, Laurent 56
Pétit, Louis Le 163
Pettini, Sandro 258
Pfeiffer, Michelle 9
Piaf, Edith 10, 12, 49, 160 ff.
Picasso, Pablo 40, 227
Piccoli, Michel 52
Pills, Jacques 162, 164, 167
Plowright, Joan 126
Polanski, Roman 63
Ponti, Carlo 104, 105, 107,
	108
Ponti, Carlo jun. 108
Ponti, Edoardo 106, 107
Powell, William 135
Presley, Elvis 207
Proust, Marcel 134

Quinn, Anthony 42, 43, 77,
	89, 90, 235
Quinn, Francesco 42

Radvanyi, Geza 46
Radziwill, Lee 252
Raft, George 207
Ramey, Phil 178
Ranke-Graves, Robert von 41
Redgrave, Vanessa 193
Reggiani, Serge 53
Reinhardt, Max 92, 113
Remarque, Erich Maria 98
Renoir, Jean 238
Richard, Jean-Louis 190, 107
Riva, Maria 94, 99, 172
Rivegauche, Michel 164

Robards, Jason 88, 90
Roberts, Julia 9
Rold, Ernst 113
Rooney, Mickey 26, 36, 44
Rose, David 27, 32
Rosengren, Margrit 113
Rossellini, Isabella 237
Rossellini, Isotta 237
Rossellini, Robertino 237
Rossellini, Roberto 234, 237,
	242
Rosson, Harold 135, 136
Rosten, Norman 14
Rothschild, Marie-Hélène 229
Rubinstein, Arthur 184
Russell, Jane 282
Ryan, Meg 9

Sachs, Gunter 216, 217, 218,
	220
Sartre, Jean-Paul 73
Schell, Maximilian 100
Schiffer, Claudia 9, 10, 11
Schlee, George 274
Schmidt, Lars 239, 242
Schneider, Magda 46 ff., 55
Schneider, Romy 10, 44 ff.,
	229
Schnitt, Petra 48
Schnitzler, Arthur 46
Schönherr, Dietmar 47
Schumann, Clara 184
Schwarzer, Alice 52, 55
Scicolone, Riccardo 102, 103
Scicolone, Sofia
	(s. Loren, Sophia)
Seiler, Paul 109, 110, 115, 117
Selznick, David 120
Selznick, Myron 120
Shaw, Artie 37, 38, 43

Sieber, Rudi 96, 99
Sierck, Douglas 114, 115
Signoret, Simone 19, 53, 126
Simmons, Jean 41
Sinatra, Frank 37 ff., 42, 43, 73, 86 ff., 172, 284, 289
Siodmak, Robert 37
Skofic, Mirko 68, 77
Smith, Ludlow
Smith, Ogden 188
Squitieri, Pasquale 256, 264, 265
Stancioff, Nadia 252
Sternberg, Josef von 92, 98, 100
Stewart, James 98, 183
Stiller, Mauritz 274, 276
Stokowski, Leopold 273
Stone, Sharon 9
Strasberg, Lee 23
Strauss, Richard 65
Strawinski, Igor 227, 228
Susskind, David 174
Swanson, Gloria 207

Tashman, Lilyan 272
Taylor, Elizabeth 10, 148, 168 ff.
Thompson, Verita 88
Todd, Michael 173, 175, 179
Tracy, Spencer 87, 175, 183 ff., 284
Travilla, Billy 16, 18, 21
Tebaldi, Renata 246
Tremper, Will 114
Trintignant, Jean-Louis 218

Truffaut, François 60, 61, 190, 198

Ullman, Liv 238

Vadim, Christian 66
Vadim, Roger 60, 63, 66, 213, 220
Vidal, George 208
Vidor, Charles 146
Villani, Romilda 102
Visconti, Luchino 48, 55, 228, 247, 250, 262, 265
Vitti, Monika 106, 260

Wallace, Frank 200, 209
Warner, Jack 150,
Warner, John 177, 179
Wayne, John 261
Weigel, Hans 113
Weill, Kurt 114
Welles, Orson 55, 73, 137, 138, 140 ff., 193, 194, 198
Welles, Rebecca 146
Wertmüller, Lina 107
West, Mae 199 ff.
West, Mathilda 203
Wilde, Oscar 205
Wilder, Billy 3, 22, 114, 148, 150, 153, 154, 156, 207
Wilding, Michael 172, 174, 175, 179
Williams, Tennessee 124
Winston, Harry 206
Wolders, Robert 152, 156
Wynberg, Henry 172

Fotonachweis: Alle Abbildungen mit freundlicher Genehmigung des Ullstein Bilderdienstes

Mit starken Schultern, Hüften und Backen, den Pelzstolas und den glitzernden Juwelen hatte Mae West etwas von der lüsternen Kaiserin, als die sie sich selbst immer am liebsten sah. Die »Empress of Sex«, ein Proletenkind aus Brooklyn, das auch in Hollywood noch gern blutige Boxkämpfe anschaute, hatte ihr Leben lang ein Faible für die Rolle der Prostituierten mit dem goldenen Herzen. Sie blieb dabei, als ihr die Hollywood-Zensoren auf den Fersen waren, aber auch dann noch, als die Sittenlockerung dem Ganzen schon längst die Aura des Skandalösen genommen hatte.

Mariam Niroumand beschreibt Mae Wests Weg vom Vamp der zwanziger Jahre bis zur Camp-Figur der Sixties in einem lebendigen Sittengemälde, das bei den fahrenden Vaudeville-Trupps der Jahrhundertwende beginnt und in den Schwulenbars von New York endet.

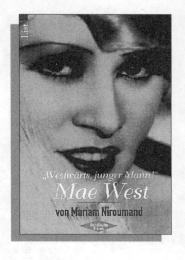

Mariam Niroumand

**»Westwärts, junger Mann!«
Mae West**
25 Abbildungen
Originalausgabe

Econ | ULLSTEIN | List

Modegöttin, Spionin und Vamp. Sie ist die Ikone der Modewelt. Ohne sie wäre der Ruhm der französischen Couturiers undenkbar. Sie kam von ganz unten, war aber schon mit 21 eine Diva – ganz oben im Olymp der Mode.

Coco Chanel (1883 - 1971) schöpfte keine Mode, sondern kreierte Stil: Ihr unnachahmliches Kostüm verwandelt die brave Romy Schneider, und aus Grace Kelly wird erst durch Chanel eine wirkliche Fürstin.

Mit Fleiß und Besessenheit, aber auch mit Lüge und Gerissenheit hat sie aus sich eine unsterbliche Legende der Mode geschaffen.

Unterwürfige Frauen sind fad, freche sind gefragt – lautete damals schon ihre aufmüpfige, trotzige Botschaft. Aber Mademoiselle bleibt stets im Hintergrund, der Glorie wegen, »denn Herzöge gibt es viele in England, aber auf der Welt nur eine Coco Chanel«.

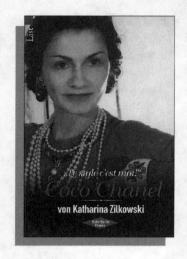

Katharina Zilkowski

**»Le style c'est moi!«
Coco Chanel**
20 Abbildungen
Originalausgabe

Econ | **Ullstein** | List

»Mut heißt, bis zum Ende zu gehen«, bis zum bitteren Ende. Die Piaf hat gekämpft und nicht gesiegt. Sie ist eine Extremistin der besonderen Art, eine Rebellin ohne Grenzen: Sie begehrt nicht einen Mann, sie begehrt sie alle – ohne Rücksicht auf bürgerliche Moralvorstellungen. Sie musste ihre Sehnsucht nach dem Absoluten mit dem Leben bezahlen, aber die Menschen verehren sie. Die eindringliche Stimme, ihre Vitalität und Leidenschaft, ihre Hingabe an das Unerreichbare haben Millionen in ihren Bann geschlagen. Sie ist und bleibt die Göttin des Chansons.

Matthias Henke

»Süchtig nach der Sehnsucht«
Edith Piaf
20 Abbildungen
Originalausgabe

Econ | ULLSTEIN | List

Pina Bausch ist die wichtigste Tänzerin und Choreografin dieses Jahrhunderts. Ihr Tanztheater erlangte Weltgeltung, weit über Wuppertal hinaus.

Ihre revolutionären Inszenierungen haben das Publikum in höchstes Erstaunen versetzt: Sie lockte alle an – die begeisterten Fans, die skeptischen Kritiker und das entsetzte Establishment. Alle wollten ihr huldigen, auf ihre Art.

Das einstige Genie der Essener Folkwang-Schule hatte es geschafft: In zehn Jahren konnte sie alles niederreißen, was bis dato für das Tanztheater galt. Es gab kein Ensemble, das sich nicht an ihrer Kunst orientiert hätte. Sie definierte das Genre völlig neu. Und Grenzen zu überschreiten, das ist ihr großes Ziel – noch heute.

Jochen Schmidt

»Tanzen gegen die Angst«
Pina Bausch
22 Abbildungen
Originalausgabe

Econ | **ULLSTEIN** | List

Ein Leben für Kunst und Leidenschaft – das ist das Prinzip der Yoko Ono. Kompromisslos und ohne zu zögern besetzt sie mit Vorliebe extreme Positionen. Bekannt – und berüchtigt – wurde sie als Frau von John Lennon, dabei war sie längst vor ihm eine vielbeachtete Künstlerin, die alle traditionellen Formen über Bord warf. Sie experimentierte mit Fluxus, Dada, Happenings. Ihre Kunst ist schrill und bizarr, aber auch sehr poetisch und humorvoll.

So viel Talent und Charakter wecken Neid und Aggression. Sie war verschrien als Zerstörerin der Beatles (was längst widerlegt ist), als Drachenlady und Hexe. Doch in den letzten Jahren zeigt sich ein Wandel in der Beurteilung: Yoko Ono wird als eigenständige Künstlerin gefeiert, selbst in konservativen Zeitungen.

Sie ist eine Rebellin im klassischen Sinn – in dieser ersten deutschsprachigen Biographie wird ihr der Respekt zuteil, der ihr schon lange gebührt.

Klaus Hübner

**»Leben auf dünnem Eis«
Yoko Ono**
20 Abbildungen
Originalausgabe

»Ein reizvolles Buch«
　　　　　　　　　Rheinische Post

Econ | **Ullstein** | List

Marlene Dietrich, der Weltstar, die Legende unseres Jahrhunderts – die Beine, die Stimme, die schillernde und unnahbare Erotik, Objekt von Kitsch, Kult und Mode für drei Generationen. Die Dietrich, die 1992 einsam in Paris starb, ist in aufreizender Weise noch immer da. Steven Bach, der mit Marlene in ihren letzten Jahren befreundet war, legt nach jahrzehntelangen Recherchen eine Biografie vor, die so genau und erschöpfend ist wie keine zuvor. Bewundernd und kritisch zugleich, hinreißend geschrieben, leidenschaftlich und kühl. In diesem Buch wird die erregende Epoche der Dietrich wieder wach. Sie war ein Genie und eine Kämpferin voller Menschlichkeit. Marlene war einsam auf kalten Gipfeln, doch ihren Witz und Lebensmut hat sie nie verloren.

Steven Bach

»Die Wahrheit über mich gehört mir«
Marlene Dietrich
31 Abbildungen

»Bewegend und einfühlsam erzählt.«   Augsburger Allgemeine

»Empfehlenswert«   Profil

Econ | ULLSTEIN | List

»Ich habe schon immer getan, was ich wollte. Women's lib? Ich war schon eine befreite Frau, bevor es den Namen überhaupt gab.« Die stets gelangweilte Amerikanerin aus reichem Hause, Venedigs letzte Dogeressa, war immer auf der Suche nach dem Funkeln in ihrem Leben. Alle zerrissen sich die Mäuler über sie. Und allen hat sie es gezeigt, die unverbesserliche, kunstwütige, zugleich schüchtern und provokant wirkende Peggy Guggenheim.

Ein unglückliches Kind, aber eine reiche Erbin, ihre legendäre Kunstsammlung machte sie zu einer der bedeutendsten Frauen ihrer Zeit.

Annette Seemann

»Ich bin eine befreite Frau«
Peggy Guggenheim
23 Abbildungen
Originalausgabe

Econ | Ullstein | List

Mit ihren überlebensgroßen Figuren in knallbunter Farbigkeit, fröhlich und sexy, setzte Niki de Saint Phalle schwellende Formen weiblicher Fruchtbarkeit – gegen eine gewalttätige, technoide Männerwelt. Die kreative Aristokratin war Klosterschülerin, Fotomodell, Ehefrau und Mutter, bevor sie sich von allen gesellschaftlichen Zwängen löste, um bedingungslos Künstlerin zu werden.

Sie schoss sogar auf ihre Bilder – gegen Konventionen, gegen falsche Moral, gegen die Institution Kirche, gegen den Mann als Ursache allen Übels auf der Welt, gegen sich selbst. Sie war eine Terroristin der Kunst und einziges weibliches Mitglied der Nouveaux Réalistes.

Vom aufblasbaren Miniformat bis zu gigantisch großen, begehbaren Skulpturen mit Wohnräumen legen ihre Schöpfungen überall auf der Welt Zeugnis ab von den positiven Kräften einer kompromisslosen Künstlerin.

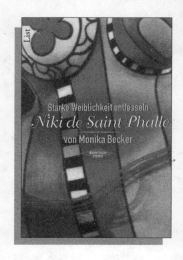

Monika Becker

**»Starke Weiblichkeit entfesseln«
Niki de Saint Phalle**
Originalausgabe

Econ | Ullstein | List